産経NF文庫
ノンフィクション

ルーズベルト秘録

上

産経新聞「ルーズベルト秘録」取材班
キャップ 前田 徹

潮書房光人新社

まえがき

フランクリン・デラノ・ルーズベルトが財務長官のヘンリー・モーゲンソーに突然、こう述べる場面がある。

「私はジャグラー（曲芸師）なのだ。右手と左手が全く別々の動きをする。例えば欧州向けに特定の政策があっても、北米や南米では全く正反対の政策を平気で実施することができる。私は矛盾だらけで、ミスリードだってする。戦争に勝つためなら嘘だってつく」

後に歴史学者、ウォーレン・キンボールがルーズベルトを「ジャグラー」と呼ぶようになったのは、モーゲンソー日記に出てくるこの表現を根拠にしていた。そして二つ以上のボールを同時に空中に浮かせるジャグラーの曲芸を思い浮かべたとき、外交を手玉に取るルーズベルトの姿が連想された。「勝つためなら嘘だってつく」という刺激的な言いようとともに、そうした連想が「ルーズベルト秘録」を連載する出発点となった。

米国においてこれほど評価の分かれる大統領はいない。一九九九年十二月三十一日の米タイム誌はルーズベルトを二十世紀最大の政治家に選んだ。続いて二〇〇〇年春、米歴史家たちはルーズベルトを建国の父、ジョージ・ワシントンをさえ凌ぐ歴代第二位の偉大な大統領（ちなみに一位はアブラハム・リンカーン）に選んでいる。

だが、その一方で、ルーズベルトを「戦争を引き起こした張本人」と描く書籍が毎年のように米国の書店に並ぶのである。リビジョニスト（修正主義者）と呼ばれる一群の歴史家たちは戦後間もなく「真珠湾攻撃が（ルーズベルトの）挑発によるものであり、日本は（戦争への）バックドア（裏口）の役割を果たした」という見方を披露し、その指摘は半世紀を経た今も日米でくすぶっている。

私生活においてもこれほど論議を呼んだ大統領はいない。ルーズベルトが脳出血に倒れたとき、傍らにいたのは愛人だった。それが暴露されるのは二十年後。ルーズベルトを高潔な大統領とイメージしてきた普通のアメリカ人は今もそのショックを隠そうとしない。

大統領時代の父親について、長男のジェームズは「あれほど孤独な人はいなかった」と告白しているが、そのジェームズも四度の離婚経験者である。五人の子供たちがそれぞれ複数（計十九回）の離婚経験者という事実は、ルーズベルトの不幸な家庭生活を物語っている。

ルーズベルトは回顧録を残さなかった。まして第二次大戦前後のさまざまな決定における大統領自身のコメントはないに等しい。われわれが今回、連載ごとに証言者が語るエピソードによってルーズベルトの足跡をたどるという手法を取ったのは、ルーズベルト自身ではなく周辺の話でしか描けないという物理的な事情があったからだ。

しかし、第三者の証言は時に本人の回顧録以上に生き生きとした表情を伝えることがある。ルーズベルトの政治スタイルを見事にとらえた「私はジャグラー」という表現はモーゲンソー日記からしか出てこないたぐいのものだろう。

こうしてみてくると、われわれはルーズベルトの素顔について何も知らないことに気づく。第二次大戦で悲惨な時を過ごした日本人にとってルーズベルトの名前は「災厄」であると同時に「強いアメリカ」を象徴してきた。それほど大きな存在について「何も知らない」という驚きがまずあったわけだ。その驚きと、ジャグラーへの連想が連載の基本モチーフであり続けたと思う。

ほぼ一年前にスタートした調査とその後の執筆は前田徹、佐々木類、スコット・スチュアートの日米三人のチームで行った。その間、「ルーズベルトが日本についてどう考えたか」を常に念頭に置いてきた。それが最も知りたい点だっただけでなく、世界最強国のリーダーが抱く見方やイメージがどれほど日本に影響を与えるかを示す絶好の材料になると考えたからだ。

二十一世紀に入っても米国は日本にとって最も大事な外交相手であり続けるだろう。歴史を扱った連載ではあるが、むしろそれゆえにこそ今後の日米関係を考える材料を提供できたのではないかと自負している。

二〇〇〇年十一月、ワシントンで

前田　徹

ルーズベルト秘録 上 —— 目次

第一部　ヤルタの災厄

第二部　大恐慌のたたり

第三部　日本脅威論

■ルーズベルト政権の相関図

- ルーズベルト大統領
  - 家族・親族
    - エレノア（妻）
    - アンナ（長女）
    - ジェームズ（長男）
    - エリオット（次男）
    - ローラ・デラノ（従姉妹）
    - マーガレット・サッカレー
  - ホワイトハウス側近
    - ルイス・ハウ（初期政権）
    - ハリー・ホプキンズ（戦争中）
    - スティーブ・アーリー（報道官）
    - マービン・マッキンタイヤー（秘書官）
    - マルガリート・ラハンド（首席秘書官）
    - パー・ワトソン（軍事顧問兼秘書）
  - 政府閣僚側近
    - ヘンリー・ウォレス（副大統領）
    - コーデル・ハル（国務長官）
    - ヘンリー・モーゲンソー（財務長官）
    - フランシス・パーキンス（労働長官）
    - フランシス・ビドル（司法長官）
    - ハロルド・イッキーズ（内務長官）
    - J・エドガー・フーバー（FBI長官）
    - ヘンリー・スティムソン（陸軍長官）
    - フランク・ノックス（海軍長官）
  - 米軍指導部
    - 陸　軍
      - ジョージ・マーシャル（陸軍参謀総長）
      - ダグラス・マッカーサー（南西太平洋方面軍司令官）
      - ドワイト・アイゼンハワー（欧州戦線司令官）
      - ヘンリー・アーノルド（航空部隊司令官）
      - ジョセフ・スティルウェル（中国・ビルマ・インド方面軍司令官）
    - 海　軍
      - ハロルド・スターク（海軍作戦部長）
      - アーネスト・キング（42年から海軍作戦部長）
      - チェスター・ニミッツ（太平洋艦隊司令長官）
      - ウィリアム・ハルゼー（南太平洋第3艦隊司令長官）
  - ニューディール・マフィア
    - ブレーン・トラスト
      - レイモンド・モーレー（コロンビア大法学教授、国務次官補）
      - レックスフォード・タグウェル（コロンビア大経済学教授、農務次官）
      - アドルフ・バーレ（コロンビア大法学教授、国務次官）
    - ホワイトハウス
      - トーマス・コーコラン（議会対策補佐官）
      - ロークリン・カリー（中国問題特別補佐官）
  - 大統領個人代表
    - ウィリアム・ブリット（駐ソ連、駐フランス大使）
    - アバレル・ハリマン（武器貸与関連連絡代表、駐ソ連大使）
    - ハリー・ホプキンズ（武器貸与関連代表、ソ連・英国特使）
    - ロークリン・カリー（中国支援特使）
    - エバンズ・カールソン（日中戦争視察特使）
    - エレノア・ルーズベルト（国内向け代理）

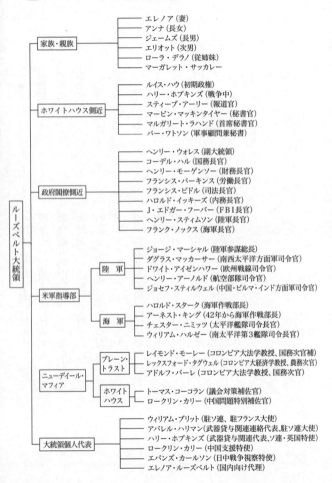

■ルーズベルト時代の米連邦政府内ソ連スパイ網

ウィタカー・チェンバーズ告発

- 米共産党ニューヨーク本部：1938年までJ・ピーターズ、それ以降はルーディ・ベーカー
- ソ連側代表：NKVD派遣はイサク・アフメーロフ、赤軍第4部派遣はボリス・バイコフ
- 連絡要員：ウィタカー・チェンバーズ

- ワシントン

グループA（ウェア班）

ハロルド・ウェア（農務省）
ナザン・ウィット（農務省）
ヘンリー・コリンズ（農務省）
アルジャー・ヒス（国務省）
ドナルド・ヒス（国務省）
ビクター・パーロ（財務省）
ジョン・アプト（司法省）

グループB

アルジャー・ヒス（国務省）
ドナルド・ヒス（国務省）
ローレンス・ドゥーガン（国務省）
ノエル・フィールド（国務省）
ハリー・デクスター・ホワイト（財務省）
フランク・コー（財務省）
ロークリン・カリー（ホワイトハウス）

エリザベス・ベントレー告発

- 米共産党ニューヨーク本部：1938年から45年、ヤコブ・ゴロス
- ソ連側代表：NKVD派遣、イサク・アフメーロフ

- 連絡要員：エリザベス・ベントレー

- ワシントン

シルバーマスター・グループ

グレゴリー・シルバーマスター（戦時経済局）
ソロモン・アドラー（財務省）
フランク・コー（財務省、戦時経済局）
ルドウィッヒ・ウルマン（財務省）
ベラ・ゴールド（財務省）
ロークリン・カリー（ホワイトハウス）
ノーマン・バスラー（司法省）
ジョージ・シルバーマン（陸軍省航空局）

パーロ・グループ

ビクター・パーロ（財務省）
ハロルド・グラッサー（財務省）
エドワード・フィッツジェラルド（戦時生産局）
ハリー・マグダフ（戦時生産局）
アラン・ローゼンバーグ（海外経済局）
ドナルド・ウィーラー（戦略情報局）

その他

マイケル・グリーンバーグ（海外経済局）
モーリス・ハルパリン（戦略情報局）
ジュリウス・ジョセフ（戦略情報局）
ダンカン・リー（戦略情報局）
ヘレン・テニー（戦略情報局）

ホワイトハウス断面図

〈本館拡大断面図〉

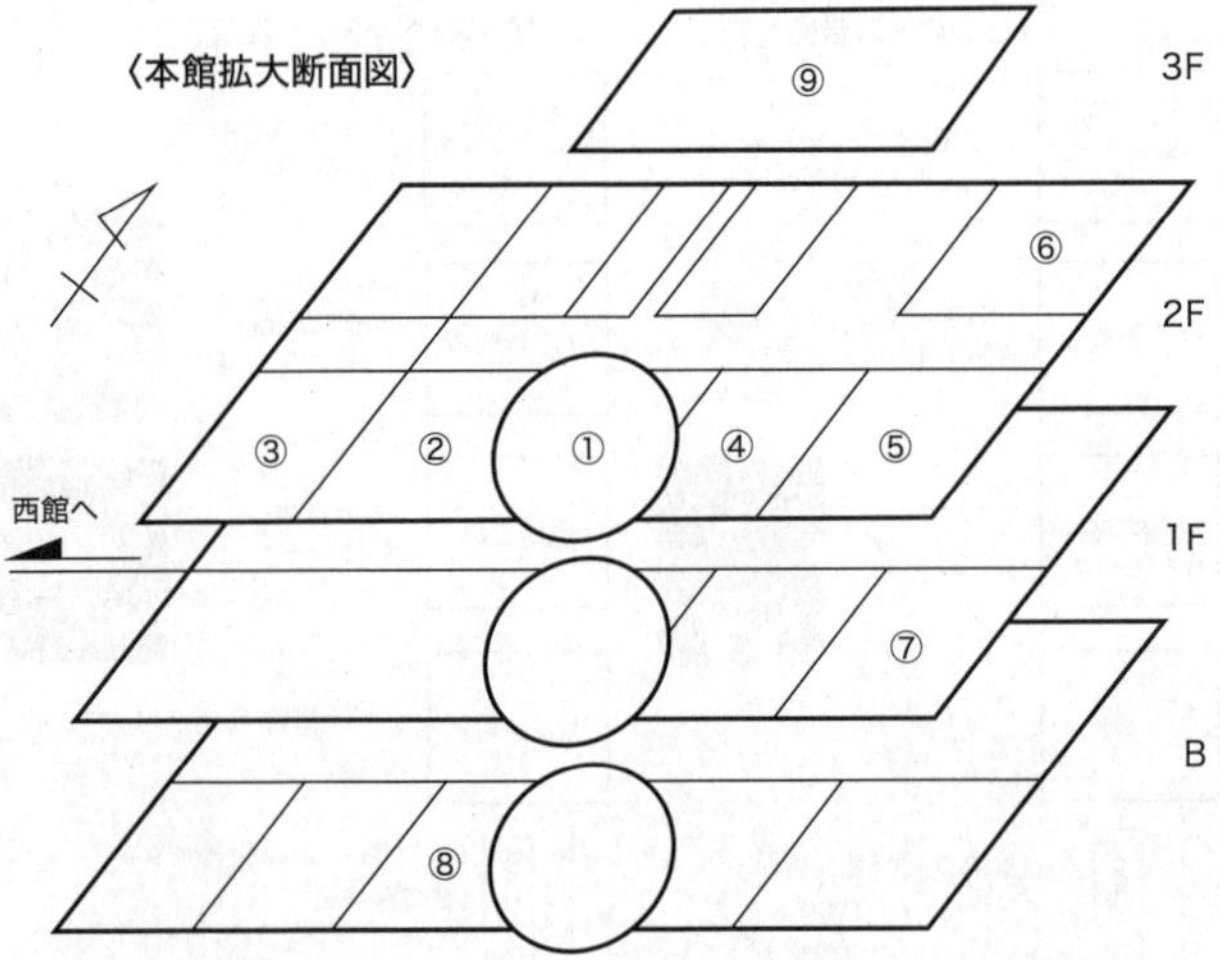

① オーバルスタディ
（「楕円の間」大統領書斎）
② 大統領の寝室、浴室
③ 大統領夫人、エレノアの
寝室、浴室
④ 談話室（カクテルルーム）
⑤ ホプキンズ寝室、浴室
ブルールーム
⑥ チャーチル宿泊室
（ローズルーム）
⑦ イーストルーム
⑧ 地図部屋
⑨ 来客宿泊室

〈西館拡大断面図〉

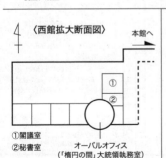

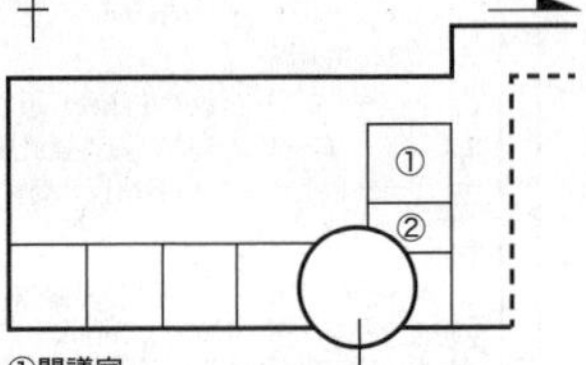

①閣議室
②秘書室
オーバルオフィス
（「楕円の間」大統領執務室）

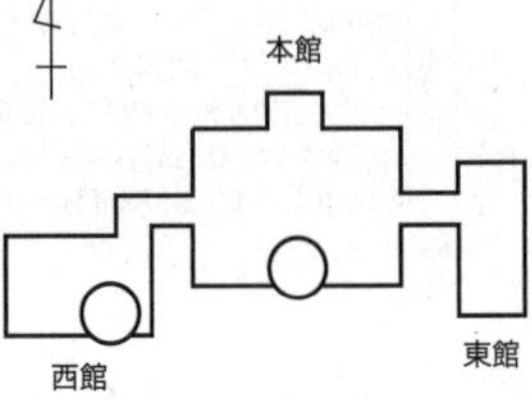

〈ホワイトハウス平面図〉

ルーズベルト秘録　上

第一部　ヤルタの災厄

最後の肖像画①——突然の死、「戦後危機」動かす

一九四五年四月十二日の米ジョージア州ウォームスプリングズは、朝から抜けるような青空が広が いた。第三十二代米国大統領、フランクリン・デラノ・ルーズベルトの静養に同行していたディジーはそんな南部の青空を見上げながら「きょうは、暑い一日になる」と感じていた。

第二次大戦も末期に入ったこの頃、ルーズベルトは急激な疲れを感じるようになり、自らが〝小さなホワイトハウス〟と呼ぶウォームスプリングズの私邸で静養していた。この日、ディジーの予想通り気温はぐんぐん上がったが、昼過ぎになると、大統領は赤いネクタイにダブルの背広を着込み、大好きな海軍用マントまで羽織った。

ディジーが残した日記によると、ルーズベルトは静養地にかつての恋人、ルーシー・ラザフォードを呼び寄せていた。季節はずれのいでたちもルーシーの友人の女

性画家が肖像画を描くために、ルーズベルトに頼んだものだった。

午後一時十五分、絵のポーズをとりながらも書類に目を通していたルーズベルトはルーシーと目が合い、幸せそうなほほ笑みを浮かべた。その瞬間である。ほほ笑みは苦痛に歪《ゆが》み、大統領は頭を抱えて前のめりに倒れ込んだ。ディジーは「頭の後ろが割れるように痛い」とかすれ声で訴えるのを聞いた。意識ある言葉はこれが最後だった。

午後三時三十五分、ルーズベルトは現職大統領のまま息を引き取った。六十三歳だった。複数回の脳出血が死因と診断された。


《一九二一年、小児麻痺《まひ》を患ったルーズベルトは、ウォームスプリングズの温泉療養で健康を回復させて以来、いつかは歩けるようになると信じていた。大統領就任後も健康が悪化するたびにこの地を訪れたのはそのためだ。しかし、結局はその地で絶命するという皮肉な巡り合わせになった。ディジーは、ルーズベルトより十歳若い、いとこのマーガレット・サッカレーの愛称。ディジーの日記をもとにジェリー・ウォードが書いた『最も親密な間柄』に大統領の最期が紹介されている》

ルーズベルトが大統領だった一九三三年から四五年にかけての十二年間ほど、米国が一人の指導者の決断と思考に頼った時代はなかった。大恐慌、戦争と続いた二十世紀前半の危機の時代だったからこそ、そうした独特の政治スタイルが生まれ、米国史上例のない大統領四選も可能だったのだろう。

ルーズベルトの死は、「一人の男への多大な依存」が、突然の死によってどれほどの混乱を生み出すかを示す見本にもなった。第二次大戦は六年の激戦を経てすでに勝敗の行方が決しており、大国の指導者の死とともに戦後に向けての疑念と思惑が渦巻き始める。

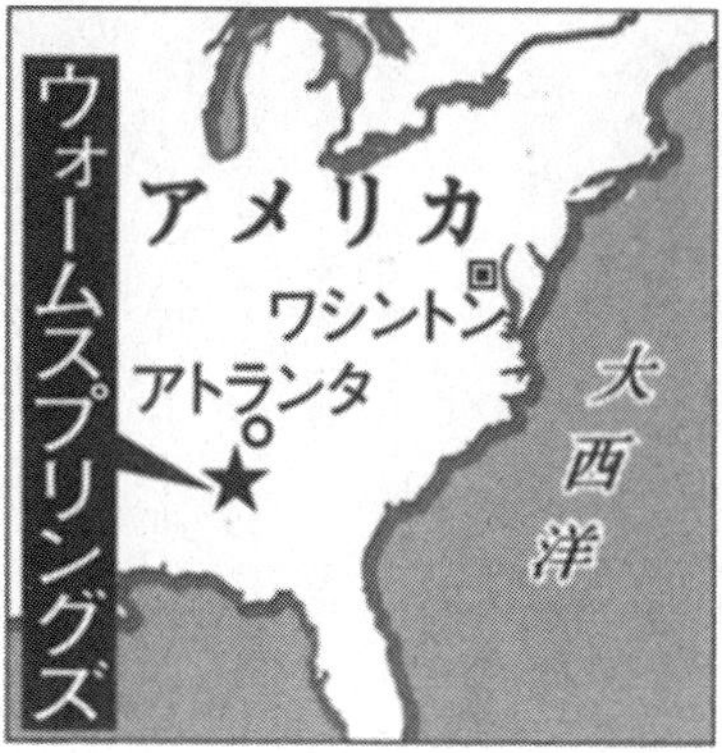

モスクワの米大使公邸「スパソハウス」に、訃《ふ》報《ほう》が伝えられたのは十三日午前一時を少し過ぎた頃だった。公邸ではワシントンへ戻る外交官の送別会があり、華やかなダンスパーティーの最中だった。

至急報を受けた駐ソ連大使、アバレル・ハリマンはパーティーの誰にも告げず、ソ連外務人民委員（外相）、ビャチェスラフ・モロトフに緊急電話を入れた。ソ連側に大統領の死を伝えるとともにソ連首相、ヨシフ・スターリンとの会見を申し入れるためだ。

同日午後八時、手配通りクレムリンを訪れたハリマンは、スターリン自らの出迎えに驚く。スターリンはわざわざドアのところまで足を運び、悲嘆に暮れた表情で、ハリマンの手を三十秒以上も握りしめた。

そしてお悔やみの言葉も早々に「新大統領の下でも、米国の政策は変わらないと私は信じている」と、まるで念を押すかのように繰り返した。

政策とはヤルタ合意のことだった。同年二月四日から十一日までソ連クリミア半島のヤルタで行われた米英ソ三首脳会談で、ルーズベルトがスターリンと交わした密約を後継大統領であるハリー・トルーマンも了解しているのかどうか。それを確認するためにスターリンは「信じている」と繰り返したのだった。

《スターリンとハリマンの会話はハリマン、エレ・アベル共著『チャーチル、スターリンへの特使』に詳しい》＊I—1

遺体を乗せた列車がウォームスプリングズから首都ワシントンへと向かっている頃、

遅い午後の日差しが入り込むホワイトハウスのオーバルオフィス（大統領執務室）では、就任してまだ一日もたっていない新大統領、トルーマンが一心不乱に秘密電文を読みふけっていた。トルーマンもまたヤルタ合意の重要性に気づいていた。

新大統領の求めに応じ、国務長官のエドワード・ステティニアスと通訳だったロシア専門家、チップ・ボーレンの二人は、ルーズベルトとスターリンが交わした電文を山のように積み上げていた。午後いっぱいかけて、それを読み終えたトルーマンは、ゆっくりと結論を出した。

「つまりロシアは周辺の小国を思い通りにしようとしているわけだな。反共系グループと親ソ派の対立で、ポーランドは単に政治危機というだけでなく内戦の危機にある」

ルーズベルトが死の直前に描かせていた肖像画

その声はソ連への不信をにじませていた。ルーズベルトの死を知ってスターリンがみせた不安は、少しずつ現実のものになりつつあった。

《ルーズベルトの死後、合意の解釈をめぐってソ連と米国は対立した。例えば、ポーランド新政府

が親ソ派だけで構成されることに合意しながら米国はそれを破った、とソ連は非難している》

ヤルタ合意は、ルーズベルトにとって最大の成果になるはずだった。実際、国際連合の創設を決め、ソ連の対日参戦によって戦争を終結させるというルーズベルト構想の大半はこの合意に盛り込まれていた。

だが、ルーズベルトの死によってもたらされたのは解釈上の対立だけではなかった。一九四五年八月十五日の日本の降伏後、中国内戦の激化、朝鮮半島の分割、ソ連による日本の北方領土占領など、北東アジアで連鎖的に起きた危機は、すべてヤルタの密約に原因をたどることができる。

最後の肖像画②——「世界分割」を探り合う米英ソ

ヤルタ会議に向かうルーズベルトを乗せた大統領専用機「聖なる牛」は一九四五年二月三日の正午過ぎ、黒海に突き出たクリミア半島の荒れ果てた滑走路にまるでぶつかるようにして着陸した。巡洋艦「クインシー」でワシントンを極秘に旅立って以来、すでに十二日がたっている。

四期目の当選を果たした前年の大統領選で健康を害し、体重を十二キロも減らしたルーズベルトにとって、長旅の疲労は大きかった。しかも、着陸後さらに七時間も悪路を車に揺られ続けなければならず、宿泊地のリバディア宮殿に到着した時にはすでに夜もとっぷりと暮れていた。

《黒海を見下ろすようにそびえるリバディア宮殿は一九一一年、ロシア最後の皇帝ニコライ二世が建設した白花崗岩《かこうがん》造りの夏宮で、十一日まで続いたヤルタ会談はすべてここで行われた。英国首相ウィンストン・チャーチルはルーズベルトとほぼ同時に到着し、近くの館に宿泊したが、ホスト役のソ連首相スターリンは翌朝まで姿を現していない》

ルーズベルトとスターリンの最初の会談は四日午後四時、第一回本会議の一時間前にスターリンが表敬に訪れたのを機会に始まっている。二人が顔を合わせるのは四三年十一月のテヘラン会談以来、ほぼ十五カ月ぶり。打ち解けたムードで戦果を褒め合ったあと、スターリンは探りを入れるかのように切り出した。

「大統領閣下はドイツ占領にフランスが参加する資格があると思われますか」

二人は「今回の戦争でフランスは何の役にも立たなかった」という認識で合意したばかりだった。ルーズベルトは一瞬、戸惑ったあと、「あるとすればそれは親切心からですな」と答え、それを聞いたスターリンと外相のモロトフは「その通り、親切心以外にはフランスなどにそんな地位を与える理由がつかない」と大声で笑った。＊Ⅰ—2

第二次大戦がほぼ終局に達し、戦勝三国の米国、ソ連、英国の指導者は戦後勢力圏をどう配分するかにそれぞれの思惑を巡らせていた。ヤルタ会談はその最終調整が目的だった。ルーズベルトとスターリンの初会談でフランスが話題にのぼったのは、そうした勢力配分のなかでも特に重要な欧州をめぐってソ連と英国が鍔迫《つばぜ》り合《あ》いを演じていたためだ。ドイツをどこが占領するかはそれぞれの勢力圏の拡大を意味する。チャーチルはフランスを戦勝国に格上げすることで巨大なソ連に対抗しようとこの二年ほど米国に強く働きかけていた（ダニエル・イアギン著『砕け散った平和』）。

しかし、欧州の勢力圏配分については実は、ヤルタ会談の前にすでに密議があった。四四年十月九日午後九時、モスクワのクレムリンでチャーチルと英国外相アンソニー・イーデンは机を挟んでスターリンと向き合っていた。ひと通りの事務的な話し合いの後、チャーチルは「そろそろ肝心の用件を済ませよう」と突然、紙と鉛筆を取り出した。

チャーチルがスターリンに手渡した紙には「ルーマニア─ロシア九〇%で英国一〇%、ギリシャ─英国九〇%でロシア一〇%、ユーゴスラビアとハンガリーは双方五〇%ずつ」などと書かれていた。欧州南東部の国々（バルカン諸国）をどちらの勢力圏に入れるか。それをパーセントで示したのだ。

その意味を即座に理解したスターリンは自ら青鉛筆を取り出し、大きなチェックマークをつけて突き返した。しばらく沈黙のあと、チャーチルが「数百万人の運命をこんなふうに扱うのはいかがなものかと思うので焼き払おう」と述べると、スターリンは「いや、保管しておいてくれ」と平然と答えている。

この時の会談でスターリンはルーマニアと引き換えに地中海を英国の勢力圏として認め、その頃活発になりつつあったイタリア共産党の活動を抑制することも約束している。

《この場面はチャーチル著『勝利と悲劇』、ハーバート・ファイス著『チャーチル、ルーズベルト、スターリン』に詳しい》

ヤルタの準備会議とも言うべきモスクワ密議には、ルーズベルトは参加していない。大統領選挙の最中のモスクワ訪問は政治的なダメージになることが予想されたためだ。また、欧州をソ連と英国の勢力圏とみなしていたルーズベルトは密議に大きな意義を見いだすことはできなかった。

ヤルタのリバディア宮殿で円卓を囲むルーズベルト、スターリン、チャーチルの三首脳と随員ら＝一九四五年二月四日

それでも、ルーズベルトは事前に「軍事的にも政治的にも米国が関心を持たない地域はこの地球上のどこにも存在しない。あなた方は当然、それを理解していると思う」という電文をモスクワに送りつけている。電文作成に参加した側近のハリー・ホプキンズと国務省のロシア専門家、ボーレンは「英ソ会談は明らかに欧州勢力分断の謀議になると思われた」と述べており、ルーズベルトはスターリンとチャーチルに対

し、この電文で発言権を留保したのである（『砕け散った平和』）。

ヤルタ会談は大まかに三つの課題を抱えていた。欧州の戦後問題、国連創設、そしてソ連の対日参戦というアジア問題だった。そのうち欧州問題については、ソ連軍の圧倒的な東欧制圧という現実の前に、ルーズベルトは具体的な対抗措置を取ろうとしなかった。

ルーズベルトはヤルタの「東欧解放宣言」で自由選挙という言葉を盛り込んだが、それは多分に「言葉だけの問題」であり、ポーランドを含む東欧諸国におけるソ連支配という現実をむしろ明確に容認するものだった（デービッド・ケネディ著『恐怖からの自由』）。

ルーズベルトの死後、ポーランドなど東欧問題で解釈上の問題が生じたのは、スターリンが「言葉だけのこと」と理解したのに対し、ルーズベルトの後継者、トルーマンが解放宣言を文字通りに受け止めたからだった。

参戦の密約――「いいぞ」スターリンは頷いた

ヤルタ会談がいよいよ佳境に入りつつあった一九四五年二月八日朝、ソ連代表団の一員である駐米大使アンドレイ・グロムイコの部屋の電話が鳴った。押し殺したよう

リバディア宮殿中庭の（前列左から）英国首相ウィンストン・チャーチル、米国大統領フランクリン・ルーズベルト、ソ連首相ヨシフ・スターリン

な声の主は、ソ連首相スターリンだった。

「すぐに私の書斎に来てくれ」

スターリンは、ルーズベルトら米国代表団のいるリバディア宮殿から少し離れた旧ユスポフ宮殿を宿舎にしていた。そして何か考え込むことがあると、宮殿内の古びた書斎に閉じこもった。

グロムイコがその書斎に入ると、いきなりスターリンから紙切れを手渡された。ルーズベルトからのメモである。

「すぐに内容を知りたい」

スターリンはもどかしそうに翻訳をせかした。

グロムイコが読み上げたメモの内容は、日本の千島列島と南樺太に関するものだった。一字一句を確認しながらスターリンは興奮気味に部屋中をぐるぐると歩き、「よし、これはいいぞ」と何度も頷《うなず》いた。

メモは、米国政府が正式に南樺太と千島列島をソ連領として認める内容になっていた。一九〇四〜〇五年（明治三十七〜三十八年）の日露戦争の結果、敗戦国のロシアが南樺太を日本領と認めたことを無視し、ルーズベルトは「千島列島を含めて日本の占領下にある」と明記したのである。

グロムイコがその点に気づき「日露戦争当時の立場を米国は覆したとみられますが」と指摘すると、スターリンは頷きながら「これは非常に重要な手紙だ。アメリカがわれわれの領土権を法的に認めたとなると、領土問題は日本への参戦の引き換えにする必要はない」と言ってメモを握りしめた。

《メモについては『グロムイコ回顧録』に詳しい＊I―3。千島列島は一八七五年（明治八年）の樺太千島交換条約で日本領になり、南樺太は一九〇五年、日露戦争の結果、日本領となった》

四三年二月にソ連赤軍がスターリングラードでドイツ軍を大敗させて以来、ルーズベルトの関心はアジアへと比重を移しつつあった。欧州戦線でソ連軍が破竹の進撃を続けているのに比べ、アジアでは中国戦線で戦闘らしい戦闘もなく、太平洋の島づたいに戦う米兵だけが日本軍から予想以上に手痛い反撃を受けていた。

日本の降伏を早めるために、ルーズベルトはソ連軍の支援を仰ぐ必要性を痛感していた。ヤルタ会談のほぼ四カ月前の四四年十月十四日には、駐ソ連大使のハリマンを通じてスターリンに日本に対する参戦を持ちかけている。

ハリマンは単刀直入に「いつ頃なら日本攻撃を実施でき、その見返りに何を必要とするか」と問いただし、スターリンは早くもその翌日、ドイツ降伏後二、三カ月で攻撃可能と答えている。戦闘に必要な三カ月分の武器と弾薬をソ連の満州国境周辺に米国が用意することに加え、「一定の政治的条件」が満たされることが見返りだった（『チャーチル、スターリンへの特使』＊I－4）。

その政治的条件とは、南樺太と千島列島の獲得、中国・遼東半島の大連港、旅順港の租借と南満州鉄道の管理権獲得である。スターリンが求めたのは、いわば日露戦争前の帝政ロシア勢力圏の復活だった。

日本領の割譲にはルーズベルトも異論はなかった。だが、中国に対する要求には返答ができなかった。日中戦争で米国が一貫して中国を支援したのは、戦争の原因が日本の侵略行為にあると非難してきた手前、スターリンの要求をそのまま認めてしまうことは米国側に論理矛盾をもたらすことになる。日本を非難しておきながら、ソ連には中国に対する主権侵害を容認することを意味するからだ。ダブルスタンダード（二重基準）もここまで露骨になると押し通しにくい。

《ハリマンはルーズベルトの指示で十二月十四日に再びスターリンに会い、ソ連参戦への条件を詰めている。この際ハリマンは中国に対するスターリンの権益要求について、「このままでは中国がソ連の勢力圏に組み込まれる危険がある」と、ルーズベルトに忠告している。また、スターリンが要求した武器提供については「マイルポスト合意」として成立し、米国は四五年、中立国だったソ連の船を使って日本海を抜け、ソ連のウラジオストクに八十万トン相当の武器弾薬を陸揚げしている。ソ連軍の侵攻は米国の援助によって成立した》

ルーズベルトのメモがスターリンに届けられた八日午後、二人はリバディア宮殿でソ連参戦についての最終交渉を行った。

ルーズベルトは当初、スターリンの強い要求に対し「中国の主権は侵したくない」とのらりくらりとかわしていたが、大連を国際港としながらソ連の特別権益を確認し、南満州鉄道についても中国とソ連の共同管理にするという妥協案でスターリンの要求を実質的に受け入れた。

この合意は結局、「中国に知らせると情報が漏れる」というルーズベルトの強い主張で二国だけの密約とされた。スターリンは「時期が来れば、話せばいい」と、ルーズベルトの密約要請に鷹揚《おうよう》に応じている。

密約については米国務長官、ステティニアスにさえ知らされなかった。ヤルタ会談のもう一人の主役、英国首相のチャーチルにとっても寝耳に水だった。英国外相だったイーデンによると、ヤルタ会談最終日の二月十一日に英国が承認を求められた際、チャーチルはイーデンとともに米ソの決定事項に従う以外に選択の道はないとの結論を出しており、しぶしぶ密約を承認した。＊I―5

一方、ルーズベルトは大いに満足していた。ヤルタに同行した大統領侍医長のロス・マッキンタイアは著書『ホワイトハウスの医師』の中で、長旅で体力を消耗させたルーズベルトが「大した代償も支払わず、欲しいものはすべて手に入れた」と、久々に満面に笑みを浮かべていたことを書き残している。

北方領土――「日本の島など取るに足らぬ」

「会議が進むにつれ、私はルーズベルトが〝黒本〟を読もうとしないことに気づいた。

（交渉で）それがどれほど役立ったかもしれないのに。もし大統領が少しでも事前に読んでいてくれれば。そして、あの場（米ソ協議）にいたわれわれのうち一人でもが極東の歴史に精通していたならば、あれほど簡単にスターリンに千島列島を譲り渡すことはなかっただろう」

ソ連の対日参戦をめぐる一九四五年（昭和二十年）二月八日のヤルタ密約協議に同席した米国務省のソ連専門家、ボーレンは戦後、ルーズベルトの交渉姿勢を厳しく批判した。〝黒本〟とは国務省が交渉向けに用意した基礎知識ブックであり、ボーレンはルーズベルトがそれを読もうともしなかったことに憤慨したのである。

《ボーレンによると、ルーズベルトは南樺太と千島列島の両方が日露戦争によって日本が獲得した領土であると誤解していた。このため、スターリンが南樺太と千島列島を参戦の見返りに要求しても、ルーズベルトはロシアが戦争で取られたものを取り返すだけのことだと考えた》

ヤルタ密約の現場にいたもう一人の目撃者、駐ソ大使のハリマンも千島列島の問題

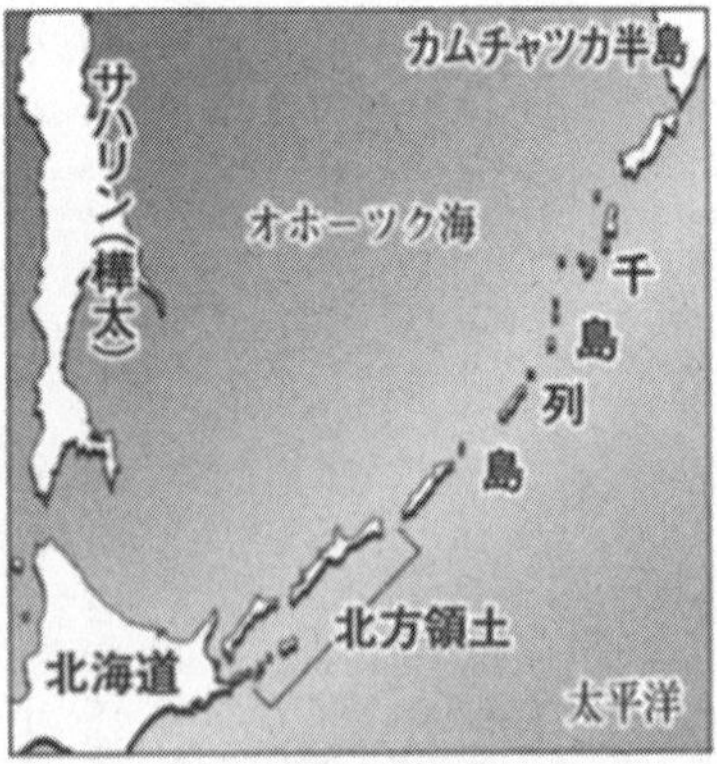

についてはは疑問を抱いていた。

「スターリンはルーズベルトに対し日露戦争で日本が奪った領土を単に取り返したいだけだと何度も強調した。しかし、正確にいうと千島列島は（樺太千島交換条約で）日本領土として正式に認められていたものだった」

つまり、ハリマンはスターリンがこの問題でルーズベルトを欺いたような印象を持ったのだが、ルーズベルトが〝不勉強〟だったというボーレンの批判とは見解を異にしている。千島列島の問題点についてハリマンは実は、正式調印しようとするルーズベルトに忠告していた。ハリマンら共著『チャーチル、スターリンへの特使』によると、ルーズベルトはこの忠告に次のように答えている。

「ロシアが日本との戦いを支援してくれるという大きな利益を考えれば、日本の千島列島など取るに足らないつまらぬことだ」

《戦後、日本とロシアが抱えることになった北方領土問題は、ヤルタ協定に源を発している。ソ連が協定を根拠に千島列島を占領したからだ。日本は一九五一年のサンフランシスコ講和条約で南樺太と千島列島の所有を放棄したが、北方領土については千島列島に含まれていないという見解を堅持している》

ルーズベルトはヤルタ会談で、戦勝国によるドイツ分割統治に強く賛成したように、敗戦国には一貫して厳しい姿勢で臨んだ。ルーズベルトにすれば、戦後世界におけるドイツと日本の存在はないに等しく、千島列島が歴史的にどこに属するかなどどうでもよかったわけだ。力のある戦勝国だけの調整によって新しい秩序が生まれると彼は確信していた。

ヤルタ会談の一カ月前、四期目の就任式を前にしたルーズベルトは、有力上院議員をホワイトハウスに集め、戦後世界についての考えの一端を次のように披露している。

米国務長官エドワード・ステティニアス（左端）と米国の駐ソ連大使アバレル・ハリマン（右端）

「今の時点で占領軍はその占領地においてすべてを所有しているというのが現実だ。他の国がそのことに口を差し挟むことなどできないし、むしろそれはかえって危険な状況を招く」（『砕け散った平和』＊I―6）

ヤルタ会談の時点で、東欧におけるソ連軍の進出は圧倒的だった。ルーズベルトがヤルタ会談でポーランドなど東欧でのソ連圏の出現を実質的に受け入れたのはそうした現実認識があったためだ。問題は、まだ戦勝国側の占領軍の存在しないアジアをどう調整するかだった。

ルーズベルトはスターリンとの密約で対日参戦にソ連を引き込むと同時に、中国国民党の蔣介石政権をソ連が支持することを約束させている。これには、日本への最終攻撃を準備する米軍の被害を最小限に食い止め、しかも戦後中国が米国の影響圏に入るという一石二鳥の狙いが込められていた。

ハリマンが後に明らかにしたところでは、密約の内容をハリマンから見せられた米陸軍参謀総長ジョージ・マーシャルは全く異論を差し挟まず、大統領特別補佐官のウィリアム・レーヒーは「これでヤルタまで来ただけのことがある」と満足していたのである。

八日間のすべての協議を終えた米英ソの三首脳は二月十一日の昼食後、密約を含めたヤルタ協定に署名した。ルーズベルトは「ホスト国として活躍したスターリンが最初に署名すべきだ」と持ち上げたが、スターリンは満面に笑みを浮かべながら首を横に振った。

「もし私の名前が最初にあるようだと、まるでこの会議は私がすべてをリードしたように誤解される」

結局はアルファベット順にチャーチル、ルーズベルト、スターリンの名前が並んだ。ヤルタ会談を総括するように英国外相、イーデンは自著『レッコニング』でルーズベルトの交渉術について次のように書いている。＊I―7

「ルーズベルトほど老練な政治家はいないだろう。何が当面の目的かを完全に理解し、しかも確実に手に入れる。その能力は他に類をみない。しかし、残念ながら、この才能ゆえにか、長期的ビジョンに欠けるのだった」

一九四五年八月八日、七十個師団ものソ連赤軍は怒濤《どとう》のごとく満州へと進撃した。こうして日本敗北後の北東アジアにソ連軍による占領という欧州とほぼ同じ状態が生じ、米国はその新たな現実への対応に追われることになる。

スターリンへの疑念――「裏で毛沢東と結託している」

広島、長崎への原爆投下で日本の降伏がほぼ確実となった一九四五年（昭和二十年）八月十一日、日本上陸を準備する米国の太平洋方面軍最高司令官、ダグラス・マッカーサーと太平洋艦隊司令長官、チェスター・ニミッツは相次いでトルーマン大統領からの秘密指令を受け取った。電文には「中国の大連港と朝鮮半島の京城（現在のソウル）外港を日本降伏と同時に占領せよ」とあり、それを目にした瞬間、マッカーサーは新たな危機を予感した。

ヤルタで米大統領、ルーズベルトとソ連首相、スターリンがソ連の対日参戦を密約してほぼ半年がたつ。ルーズベルトの急死を受け、後継大統領となったトルーマンはあせっていた。密約に基づき、中国の蔣介石と遼東半島の大連港の扱いなどを協議していたスターリンが、力を背景にヤルタ協定以上の権益を得ようとしていたからだ。トルーマンがマッカーサーに中国上陸作戦を命じたのは、ソ連軍が大連に達する前に米軍の占領という既成事実を作り出すためだった。ところが、ソ連軍があっという間に満州全域を占領してしまい、トルーマンも秘密指令を撤回せざるをえなくなった。

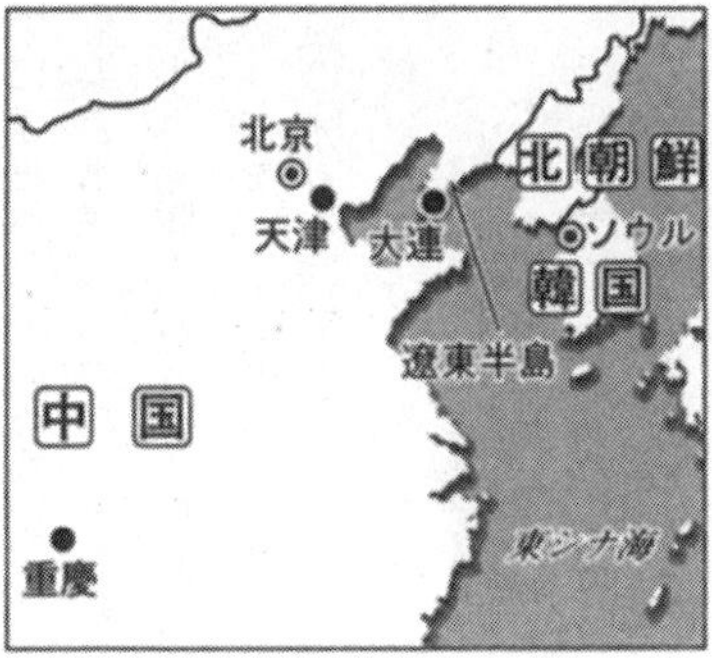

《上陸作戦はリチャード・ソーントン著『中国、その政治史』に詳しい。大連港と満州鉄道のソ連権益を認めた中ソ条約は、日本がポツダム宣言を受諾した八月十四日に発表された。蒋介石は、毛沢東の中国共産党をソ連が支援しないという約束の代償として条約締結に応じた》

第二次大戦が終わり、マッカーサーの大連上陸が挫折してからほぼ二カ月後の十月初旬、北京の南東百五十キロにある天津では奇妙な光景が展開された。天津港の城壁が毛沢東の軍隊に包囲され、激しい銃撃にさらされているなか、背の高い米海兵隊員たちが再武装した旧日本兵とともに防衛線を死守していたのである。

米海兵隊五万三千人は駐留先の沖縄から中国に上陸して以来、戸惑いを隠せなかった。つい二カ月前まで敵だった日本軍兵士が拍子抜けするほど従順に武装解除に応じ、逆に味方のはずの中国人から憎悪の目でにらみつけられたからだ。

《旧日本軍と米海兵隊による協力はマイケル・シャラー著『中国の米十字軍』に詳しい＊I−8。この作戦に参加した米第三海兵師団は旧日本軍の武装解除を目的に派遣されたのだが、実際には天津・北京間の鉄道線防衛を旧日本軍とともに行った》

ソ連軍が八月八日に満州全域になだれ込んで以来、中国北部の混乱は日に日に収拾がつかない状態になっていた。蔣介石は日本軍撤退後の中国支配を早急に進めたかったが、実態はソ連軍の満州占領地が拡大するとともに、中国北部での毛沢東の活動が強まるばかりだったのである。

蔣介石のいる重慶で米中国方面司令官、アルバート・ウェデマイヤーは中国の大きな地図を前に唇を噛《か》みしめながら腕を組んでいた。

ソ連軍による満州制圧後、毛沢東の軍隊が中国北部に出没し始めていることにウェデマイヤーはいらだっていた。

「スターリンは中国共産党を支援しないと約束したはずだ。だが、裏で毛沢東と結託しているのではないか」

疑惑はワシントンのトルーマンの心にも芽生えていた。

ハワイ真珠湾のルーズベルト（中央）とマッカーサー（左）、ニミッツ（右）＝一九四四年七月

米海兵隊の中国派遣はそうした疑惑のなかで決定したものであり、「ウェデマイヤー報告」によると、本当の任務は日本軍の武装解除ではなく、蔣介石の中国国民党軍を支援することだったのである。
ヤルタの密約で、ルーズベルトが描いたアジアの戦後構想は、蔣介石とそれを支援する米国による安定圏の創出だった。ソ連軍の対日参戦は、米軍の被害を最小限に食い止めるだけでなく、アジアでのソ連との協力関係を確固としたものにするはずだった。
スターリンはヤルタで、モンゴル共和国をソ連の勢力圏に含めるのと引き換えに中国の独立を認め、毛沢東ではなく蔣介石を支持すると何度もルーズベルトに誓った。さらにルーズベルトの死から三カ月後の七月中旬の時点でも、スターリンは中国国民政府外交部長（外相）、宋子文に対して蔣介石支持を約束したのである。

しかし、ソ連軍の満州占領という現実が生まれて状況は一転する。東欧では、ヤルタ会談前にチャーチルとスターリンが五〇％ずつの勢力圏分配で了解していたハンガリーが、ソ連軍進出の結果、ソ連だけの勢力圏へと急転した。それと同じ状況が北東アジアで起きたわけだ。

満州に展開するソ連軍と中国共産党に対し、五万人程度の米海兵隊急派では旧日本軍の支援を求めたとしてもどうにもならなかったのである。

トルーマンは内戦への介入を恐れ、間もなく、中国からの全面撤退を命じた。その後は、連鎖的に朝鮮半島分断、中華人民共和国成立というルーズベルトの思惑とは全く別の戦後アジアが創出されていくのである。

戦後の混乱の源となったヤルタ密約について元国務長官のヘンリー・キッシンジャーは著書『外交』の中で「日本の敗戦によって生じる空白を別の力が埋めるという均衡論をルーズベルトは理解しなかっただけでなく、大国の勢力圏争いという考え方そのものを否定していた」と説明している。

東欧ではソ連軍の存在と勢力圏の関係を冷静に見つめていたルーズベルトがなぜ、アジアにおいては冷徹な現実外交ができなかったのか。

その理由をたどるには、ルーズベルトが戦後世界の構築に乗り出したといわれる四三年一月のカサブランカ会談まで、時を戻す必要がある。

「オアシス」での会談——戦後ドイツの分割を話し合おう

まばゆいばかりに照りつける北アフリカの砂漠に、ジャズバンドの「チャタスガ・チューチュー」の軽やかなメロディーが流れる。上陸作戦に成功したアメリカ兵たちは笑い声でリズムをとり、自信に満ちあふれていた。

一九四三年（昭和十八年）一月二十一日、ルーズベルトは約二万人の米第五軍兵士と昼食を共にした。急ごしらえのテーブルに、ゆでハムとスイートポテトが並び、案内役の将軍ジョージ・パットンは説明に大わらわだ。時折のぞき込む若い兵士が大統領の姿を見て「おい、おやじがいるぞ」と声を上げるたびにルーズベルトは大笑いし、うれしそうに手を振った（エリオット・ルーズベルト著『父はこう考えた』）。

日本の真珠湾攻撃（四一年十二月七日＝日本時間は八日）で、米国が第二次大戦に参戦してから一年一カ月が過ぎていた。米国は太平洋でこそミッドウェー海戦で日本の機動部隊をほぼ壊滅させていたが、欧州では四二年十一月八日の北アフリカ上陸作戦「トーチ（たいまつ）」によって初めて本格的な地上戦を経験したのである。

米英首脳によるカサブランカ会談は米軍初の上陸作戦の意義をアピールするかのように一月十四日に始まった。ソ連首相、スターリンが欠席し、中国の蒋介石は招待さえされなかったこの会談は、連合軍の結束を示すというより、米国の登場を際立たせる場となった。

ルーズベルトが会談途中にわざわざ砂漠の野営地を訪問し、米兵らと談笑したのもそうした効果への狙いがあったからである。

《『恐怖からの解放』によると＊I－9、ドイツ軍との正面対決を主張した参謀総長、マーシャルら米軍指導部に対し、ルーズベルトは迂回《うかい》戦術ともいえる北アフリカ上陸作戦を支持した。四二年十一月の米議会中間選挙前に「何らかの戦果を示したかったため」であり、大統領は参謀総長に手を合わせて早期の上陸作戦を頼んだ》

米国は参戦以来、「ドイツをまず叩き、しかる後に日本を叩く」という欧州優先戦略をとってきた。米国の戦略物資のほぼ八割を欧州戦線に投入し、英仏を隔てるドーバー海峡を渡ってベルリンを目指すという「ラウンドアップ（結集）」作戦は、米陸軍を中心に常に重視されてきた。

だが、カサブランカ会談の直前に米統合戦略委はマーシャルに次のような報告書を提出している。

「戦後欧州におけるソ連の脅威を阻止するため、ドイツの敗北をむしろ遅らせるべきだ。それによってソ連軍を消耗させ、さらにソ連の国力そのものの減退も招くことができる」

「今日の敵」と「明日の敵」を戦わせ漁夫の利を得る戦略は英国が伝統的に踏襲してきた。独ソ戦が始まった四一年六月以来、英国は実際、ドイツとの本格的な交戦を避けるようになった。

マーシャルに手を合わせてまで選挙前の北アフリカ上陸を頼んだルーズベルトが果たしてそうした戦略を心に抱いていたかどうかは明らかではない。

だが、米英軍によるフランス上陸を今か今かと待っていたスターリンは疑惑を強めていた。首脳会談への参加を交渉したソ連大使、ハリマンはスターリンの怒りをこう報告している。

「スターリングラードだけでなくロシア中央でもドイツとの戦闘が激しくなっている。こんな時にロシアを離れられるわけがない。問題は（米英が）第二戦線をつくることだ。話し合いではなく、実行あるのみだ」

カサブランカのフランクリン・ルーズベルト＝一九四三年一月十八日

ルーズベルトはスターリンが忙しいと聞いて会談を三月まで延期しようと提案したが、スターリンは逆に「あなた方が約束した第二戦線はどうなったのか。もうこれ以上、時間を浪費すべきでない」という電文をルーズベルトに送りつけている。

《カサブランカ会談当時、ソ連軍はドイツ軍二百個師団（約二百万人）と壮絶な死闘を繰り広げていた。これに対し北アフリカに上陸した米英合同軍は三十万人規模のドイツ・イタリア軍に対する掃討作戦を行っていた。米英はソ連あるいはドイツが打倒された際の緊急上陸作戦「スレッジハンマー（大鉄槌《だいてつつい》）」の準備はしていたが、結局はソ連の勝利が確定した後のノルマンディー上陸（四四年六月六日）まで第二戦線は形成されなかった》

ルーズベルトは英首相、チャーチルへの手紙の中で、この時期のカサブランカ行きについて「アフリカ戦線で結果的に若い兵士らにも会える」と書いている。国内向けの宣伝効果を狙ったことは間違いない。

大統領が前線兵士を慰問するのは南北戦争当時のアブラハム・リンカーン以来だった。

だが、ルーズベルトの心にはもう一つ、より大きな狙いも秘められていた。

「ティルジットの筏《いかだ》よりも快適なオアシスのほうがよい」（四二年十二月三日のチャーチルあて電文）

「ティルジット」とは、一八〇七年、フランスのナポレオンとロシアのアレクサンドル一世が川に浮かべた巨大な筏の上でプロシア（ドイツ）分割案を話し合った故事を指す。「オアシス」はもちろんカサブランカのことだ。

つまり、カサブランカでドイツの戦後を話し合おうというわけだ。ソ連とドイツが死闘を繰り広げている時に、ルーズベルトの関心はドイツ分割を含めた戦後問題へと移ろうとしていた。

厄介なドゴール――「せめて握手を」と背後の英国を牽制

ルーズベルトがアメリカ兵と昼食を共にした翌日、カサブランカの米大統領宿泊地である豪華な邸宅「ダール・エス・サーダ」はいつもより緊張していた。廊下の隅々に屈強な大統領警護員が機関銃を手に潜み、居間のベランダの厚いカーテンの後ろには警護責任者のマイク・ライリー自身が抜き身の拳銃《けんじゅう》を持って控えていた。

ルーズベルトの招待に応じ、「自由フランス」の将軍、シャルル・ドゴールがやってくる手はずになっていたからだ。もしも身長が一九四センチもある大男のドゴールがかっとなり、下半身不随の大統領を襲うようなことがあれば、即座に射殺する。警護グループはそう判断し、異様な態勢をとったのである（ライリー著『ホワイトハウスに仕えたライリー』＊Ⅰ—10）。ルーズベルトにとって、気位の高いドゴールに象徴されるフランスほど厄介な存在はなかった。一九四〇年（昭和十五年）六月、ドイツ機甲師団の破竹の進撃にあっさりと降伏して以来、フランスは米国の味方なのか、それとも準敵国なのかさえ判断しかねていた。

《英国が、ドイツ占領軍に宥和《ゆうわ》的なビシー政権に抵抗するドゴールを拾い上げ、ロンドンに居を構えるレジスタンス運動「自由フランス」を養ってきたのに対し、米国はカサブランカ会談の少し前までビシー政権を正当なフランスの政府として扱い、外交関係を保ってきたのである。米国は戦後問題を協議するうえで英国とのねじれを解消する必要に迫られていた》

ドゴールは機関銃に囲まれていることを知ってか知らずか、こわばった表情ながら、ゆっくりと話し始めた。

「大統領、私は単なる軍事上の指導者ではないことを告げなければならない。つまり、誇り高きフランスを復活させるという使命を帯びたジャンヌ・ダルクの再来と思ってもらいたい」（ロバート・シャーウッド著『ルーズベルトとホプキンズ』＊I―11）

ドゴールがここで五百年以上前に祖国を救ったジャンヌ・ダルクの名前を挙げたのは、戦後フランスを指導する正当な権限を強調したいがためである。一方、米国はビシー政権を見限ってはいたが、戦後の指導者にはアンリ・ジロー将軍を据えようと画策していた。ドゴールはそれに釘を刺したのだった。

《ジローは一八七九年生まれ。四〇年にドイツ軍の捕虜となったが、四二年に逃亡し、米軍の北アフリカ上陸作戦に合わせて連れてこられた》

フランスの指導者をめぐる米英間の確執の裏には、欧州諸国の植民地をめぐる米英の方針の相違があった。カサブランカ会談前に敢行された北アフリカ上陸作戦は、米国とフランスの初の軍事衝突という事態を招いている。

四二年十一月八日、ドワイト・アイゼンハワー将軍率いる米軍上陸部隊は四手に分かれ、モロッコのカサブランカ、アルジェリアのアルジェなどに突入した。ビシー政権と冷戦状態にある英国は後ろに控え、より友好的な米国が前面に出ることで、大した抵抗はないと期待されたのだが、フランス植民地軍は意外にも上陸作戦を侵略行為とみなし、激しく抵抗した。

まだ本格的な戦闘を経験していなかった米軍は悲惨な状況に追い込まれた。上陸用舟艇が浜辺に着くたびに猛烈な砲火を浴び、上陸できない。そこでアイゼンハワーは植民地軍に発言力のあるビシー政権の要人、ジャン・ダルランとの停戦交渉を余儀なくされたのである。

《ダルランはフランス降伏の際にナチス・ドイツに協力し、その見返りにビシー政権の指導者、アンリ・ペタン将軍の後継者に指名されている。ところが、アイゼンハワーとの交渉では仏領北アフリカ全域の高等弁務官という地位を英米に保証させて停戦に応じた。ダルランは四二年十二月二十四日、過激なフランス人青年の銃弾に倒れている》

カサブランカの(左から)ジロー、ルーズベルト、ドゴール、チャーチル＝一九四三年一月二十四日

後に「ダルラン取引」と呼ばれたアイゼンハワーの停戦交渉は貴重な米兵の命を救うことに成功したのだが、米国では新聞が「ドイツや日本に譲歩したに等しい」と糾弾し、世論の厳しい批判にさらされた。さらに困った問題はダルランの地位を保証したために、仏領北アフリカがまるで独立したような格好になったことだ。

カサブランカ会談では、英国が後援するドゴールと米国が見つけ出したジローの二人が、暗殺されたダルランの後釜《あとがま》、つまり将来のフランスを代表する地位の認知を狙って競い合ったのである。

会談最終日の二十四日正午過ぎ、ドゴールとジローはこわばった表情ながら握手し、カメラのフラッシュを浴びた。ルーズベルトが記者会見で「せめて握手ぐらいは」と促したのに応じたポーズだった。その後ろには苦虫を噛みつぶしたような英国首相、チャーチルの姿もあった。

共同声明は「フランス解放のため、一緒にドイツと戦う」という抽象的なものだったが、ジローが最高司令官に任命され、連合軍から提供される武器と弾薬で装備した解放軍を指揮することが承認されるなど、明らかにジローを推すルーズベルトの意図が感じられる結果だった（『チャーチル、スターリンへの特使』）。

ルーズベルトがドゴールを嫌ったのは、背後に英国の影を感じ取ったからだけではなかった。ドゴールが「フランスの栄光」というとき、それはアフリカ、アジアに散らばる仏領植民地の復活を意味する。ルーズベルトは英仏の植民地主義が米国の理念と国益にそぐわないと考えていた。

植民地の解放——英仏の支配回復に手は貸さぬ

カサブランカでドゴールと初めて会談した一九四三年一月二十二日夜、ルーズベルトは次男の米陸軍中佐、エリオットと会談を振り返りながら次のように語っている。

「ドゴールは（日本とドイツが敗北すれば）仏領植民地をすべてフランスに返還すべきだと求めた。ばかげたことだ。日本軍が東南アジアの仏領インドシナ（現ベトナムなど）をうまく占領できたのは、厳しいフランス支配よりはましだと住民が考えたからだ。太平洋で日本軍と戦う米海軍や海兵隊員らはフランスや英国、オランダの植民地を奪還するために死んでいるわけではないのだ」

ルーズベルトは話しながら時折興奮した。エリオットが「しかし、結局は植民地を返還しなければならないのでは」と反論すると、「そもそも誰がフランス領と決めたのだ。植民地をこのままにすれば、また戦争になる」と強い口調で言った（『父はこう考えた』＊I—12）。

ルーズベルトがドゴールを嫌ったのは「フランスの栄光」という言葉で植民地復活を強く要求したからだった。ルーズベルトは四一年十二月に米国が参戦する前から、第二次大戦を「民主主義と全体主義の戦い」、あるいは「自由国家に対する独裁国家の挑戦」ととらえ、公式には事あるごとにそう表現してきた。

だが、エリオットとの会話で明らかなように、植民地の争奪が今回の戦争の実相のひとつであるともみていた。

カサブランカ会談の一年半前の四一年八月三日、ルーズベルトは側近だけを引き連れ、魚釣りと偽ってカナダ・ニューファンドランド島沖に出かけた。英国首相、チャーチルとの初顔合わせとなった大西洋会談である。ルーズベルトはこの会談で植民地に対する米国の立場を強く示している。

「英国とドイツの金融家たちはこれまでずいぶんと長い間、一緒になって世界貿易を支配し、金儲けをしてきた。ドイツが第一次大戦で負けたにもかかわらずだ。実はアメリカにとってこれは非常によろしくない」
「米国を世界貿易から締め出してきたドイツと英国が戦争を始めた今、米国はこれにどう対応すべきなのか。ナチズムは憎むべきで、米国の国益も心情も英国側にあるのは間違いない。だが、人のよいチャーリー（米国）とはいえ、いつでも大英帝国の救援に駆けつけるとは限らない」（『父はこう考えた』＊I—13）

二男のエリオット・ルーズベルト（中央）と三男、フランクリン・ルーズベルトJr（右）

大西洋会談で米国の参戦を促すチャーチルに対し、ルーズベルトは明確な言質を避けた。代わりに大英帝国に属するインドなど植民地諸国と英国の間の特恵貿易（オタワ合意）に対する異議を唱えている。

《英国は三一年、それまでの自由貿易の立場を一転させ、オタワ合意で帝国内植民地と英国本国だけの関税特恵地域をつくり、外国製品を締め出した。他の植民地帝国も同様の措置を

とっている》

会談最終日の十四日、世界に向けて発表された大西洋憲章には「民族自決」と「自由な通商」の二項目がわざわざ盛り込まれた。「民族自決」は第一次大戦後にウッドロー・ウィルソン米大統領が唱えた時には、欧州諸国しか念頭になかったのに対し、ルーズベルトは世界レベルでの植民地解放を意図していた。そして「自由な通商」は自由貿易への強い確認となったのである。

ルーズベルトとドゴールがカサブランカで初めて対面したその夜、大統領宿泊地の豪邸「ダール・エス・サーダ」ではモロッコ国王（サルタン）主催の夕食会が催されている。ルーズベルトがエリオットにドゴール嫌いの背景を語ったのと同じ夜のことだ。

サルタンを真ん中に左側にチャーチル、右側にはルーズベルトが座り、盛り上がったところでルーズベルトは「戦争が終われば、植民地諸国は次々と独立することになるでしょう」といかにも楽しそうに語っている。サルタンは信じられないといった表情で「本当ですか。モロッコもフランスから独立することになるのですね」と念を押し、チャーチルはその会話の間、居心地悪そうに何度も足を組み直していた（ドリス・グッドウィン著『ノー・オーディナリー・タイム』＊Ｉ－14）。

大西洋憲章に署名して以来、植民地問題はチャーチルを悩ませた。民族自決について英議会から「大英帝国の崩壊を意味する」と追及され、「あくまでドイツ占領下の欧州に限った「問題」と苦しい説明を余儀なくされている。ルーズベルトはカサブランカ会談の間、ドゴール嫌いを示すことでチャーチルに強い警告を発していたのである。

実際、ルーズベルトはエリオットに「ドゴールは、チャーチルに頼まれれば何でもする。英国は植民地を維持したいし、フランスも植民地を手放す気はないからだ」とまで言っている。植民地問題でドゴールとチャーチルが共謀しているとみなしていたのだ。

これほど植民地解放にこだわった理由について大統領側近のチャールズ・トーシッグは「大統領は十一億もの有色人種の反乱を心配していた。彼らは白人を憎んでいた。（米国の）敵になる可能性のある彼らを解放することが重要な戦争目的だった」と証言している。

だが、ルーズベルトは明らかに植民地解放による英仏の衰退、それに伴う「自由貿易の覇者」としての米国の登場というビジョンも描いていた。経済のグローバリゼーションと、米国の繁栄への萌芽である。

無条件降伏宣言――「侵略を生み出す思想の破壊」

米英首脳による会談の最終日だった一九四三年一月二十四日、カサブランカは雲ひとつない青空が広がった。ルーズベルトとチャーチルは会場となった「ダール・エス・サーダ」の裏庭に椅子を持ち出して座り、背後には米英両軍の首脳陣がずらりと並んだ。

この日、集まった五十人ほどの戦争特派員はホワイトハウスからの呼び出しがあるまで、二人がカサブランカにいることさえ知らなかった。まばゆい陽光がはじける芝生に記者たちは緊張した面持ちで腰を下ろした。

「皆さんに知ってもらいたいのは、ドイツと日本の戦争能力を完全に破壊するまで決して平和はやってこないということです。われわれはドイツ、イタリア、日本に対し無条件降伏を突きつけたい」

日本とドイツが最後の一兵になるまで戦う決意を固めたという「ルーズベルトの無条件降伏宣言」はこうして世界を駆け巡った。突然のこの発言は実は、米軍幹部を含め誰も予想しないものだった。

会見の場にいた駐ソ連大使、ハリマンは「チャーチルは怒りで顔が青ざめていた。これではドイツ軍の決意を強めるだけだと漏らした」と証言している。

また、チャーチル自身も著書『運命の蝶番《ちょうつがい》』で、その時の様子について「無条件降伏には驚いた。共同声明にはそんなことはなかったからだ。ただ、その場では異議を唱えるわけにはいかなかった。戦争努力に深刻な影響が出るからだ」と述べている。

ルーズベルトはそうした周囲の反応を楽しむかのように側近のホプキンズに説明している。

「あの日、ドゴールとジローという二人のフランス人将軍を和解させる難しさを考えていると、ふと南北戦争当時のグラントとリーのことを思い出し、そうすると無条件降伏という言葉が無意識のままに出てしまった」（『ルーズベルトとホプキンズ』＊Ⅰ―15）

《ルーズベルトが引用した逸話は南北戦争終結時のもので、北軍総司令官、グラントが南軍総司令官のリーに対し「無条件降伏」を突きつけた。リーが春の耕作に必要な馬の返却を求めたのに対し、グラントはいったん拒否しながら、無条件降伏が受け入れられると返却を認めた》

だが、誰もルーズベルトのそんな説明を信じてはいなかった。米議会選挙に合わせて北アフリカ上陸作戦を考え、南北戦争のリンカーン大統領以来という前線兵士の慰問をカサブランカ会談の最中にやってのけた政治家である。無条件降伏という言葉が持つインパクトも十分に計算していたはずだ。

無条件降伏という発想は、それまでの伝統的な概念を大きく覆すものだった。『戦争論』を書いたプロイセンのクラウゼビッツが「戦争は異なる手段の政治である」と定義づけたように、戦争は常に外交的な交渉と並行して継続されるべきこととされた。お互いの被害を最小限に食い止めながら戦争目的を達することができるからだ。

だが、無条件降伏宣言は「全面的な自棄、あるいは死」という究極の戦争を示唆していた。ルーズベルトは記者会見で「侵略を生み出す思想の破壊」と言い切っており、まるでイデオロギー戦争のような響きもあったのである。

カサブランカ会談に同行しなかった米国務長官、コーデル・ハルは大西洋の対岸で無条件降伏宣言について聞き、言葉を失った。もし無条件降伏が文字通り適用されるなら、外交政策の根本的な見直しが求められるからだ。

ハルは「ドイツなど枢軸国は冷静な判断をなくして絶望的な戦いを繰り広げ、結果として破壊され尽くした敵国は自ら復興できなくなり、最終的に米国がその責任を負わなくてはならない」（『ハル回顧録』）と、無条件降伏宣言の欠点を指摘している。

カサブランカ会談のチャーチル（右）とルーズベルト

ハルだけでなく同盟国の英国、ソ連からも同様の指摘を受けながら、ルーズベルトは「原則を曲げるわけにはいかない」とかたくなに訂正を拒んだ。だが、ルーズベルトはその後、「グラント将軍の逸話の通り降伏受け入れ後の寛大な措置を意味したことを理解してもらえるはずだ」と説明し、四三年のクリスマスイブには全米に向けてラジオで「無条件降伏はドイツ、日本の一般大衆に向けたものでなく、その指導者に対するものだ」と原則的な側面を柔らげようとしている。

カサブランカで「無条件降伏」と言ったとき、ルーズベルトが考えていたのは戦争遂行への劇的効果だけで、軍事的な問題点はあまり重視しなかったのかもしれない。少なくともハルやハリマンは回想録でそう推測している。

しかし、無条件降伏という原則的な側面は、ルーズベルトの意図がどうであれ、米国を最後まで悩ませ続けた。四五年七月のポツダム会談で、トルーマン大統領は日本に対し無条件降伏を突きつけたが、日本は天皇制維持を条件にかたくなにそれを拒んだからだ。その対応にトルーマン政権では大論争となった。沖縄で手ひどい反撃を受け、さらなる米兵の死が予想される本土決戦を回避したい米軍指導部は即座に条件受け入れを了解したが、バーンズ国務長官は「無条件降伏が原則」と激しく反発したためだ。

米国はそうした論議の末に広島、長崎に原爆を投下した。これによって戦意を打ち砕かれ日本は結局、ポツダム宣言を受け入れたわけだが、それでもなお日本は天皇制維持にこだわったのである。

米国も結局は「天皇及び日本政府は占領軍最高司令官に従属する」という含蓄ある

言い回しによって条件を認めざるをえなかった（ガー・アルペロビッツ著『原爆投下決断の内幕』）。

ドイツ懲罰案――「二度と工業力を与えるな」

ルーズベルトがカサブランカ会談で「無条件降伏」を高らかに宣言してから一年八カ月後の一九四四年九月二十日、米国務長官室のハルは怒りで顔を真っ赤にしていた。隣に座る陸軍長官、ヘンリー・スティムソンはあきらめたように宙を見つめている。そんな二人を無視するかのように財務長官のヘンリー・モーゲンソーは、ドイツを原始的な牧畜農業国家にするという信じられないようなプランの説明を続けた。

米国政府はこの日、戦後ドイツの扱いを検討する特別閣僚委員会を開いた。敗戦確実となったドイツをどう扱うかは外交と軍事が複雑に絡む問題であり、英国やロシアとの調整もある。国務省と陸軍省がこれまでさんざん検討を重ねてきたのに、ここに来て、なぜか財務省が異様な関心を示したのである。

委員会は、財務省の意見を取り入れるようルーズベルトが特別に指示したため設置された。

ハルもスティムソンも「モーゲンソー案」と呼ばれる財務省案についてはすでに

知っていたが、内容があまりに過激で、大統領の支持を受けるような代物だとは思っていなかった。モーゲンソーがルーズベルトの親しい友人であるという単なる個人レベルの問題として聞き置く程度にしか考えていなかったのである。

ところが、モーゲンソーはこの日、「(カナダのケベックで開かれた) 米英首脳会談で私の案が承認された」と言い出した。そもそも首脳会談に財務長官が列席したことさえ知らなかった二人は、モーゲンソーが勝ち誇ったように見せた「OK、FDR (ルーズベルト)、WSC (チャーチル)」の承認サインを前に黙り込むしかなかった。

《この場面は『ハル回顧録』とスティムソン、マクジョージ・バンディ共著『平和と戦争への奉職』に詳しい》*I-16

国務、陸軍省が作成した案と財務省案は、ナチズムの否定や占領軍による戦後のドイツ分割統治など重なる部分も多かったが、決定的に違ったのは財務省案には「ドイツに二度と工業力を与えない」という懲罰的色彩が強かった点だ。簡単に説明すると、ドイツを国際監視域と北、南ドイツに三分割したうえで、それぞれの工業地帯を徹底的に破壊あるいは取りはずし、ドイツ人は農業か牧畜にしか従事できないようにするというものだった。ハルはこの案を聞いて、「復讐と言うほかない。なぜならドイツ工業力を抹殺することで、欧州経済そのものを破壊し尽くすことに全く気づいてないからだ」と激しく反発し、スティムソンも「懲罰は必ずやドイツに復讐心を起こさせ、いずれ新たな戦争への引き金になる」と日記に書いている。

　ではなぜ、ルーズベルトはそんなモーゲンソー案の検討をハルとスティムソンに指示し、ケベック会談では彼らに相談もなく承認を与えたのか。冒頭の閣僚委員会のわずか五日前、九月十五日のケベック会談での夕食会の様子をモーゲンソーは日記で次のように記している。

ケベック会談のルーズベルト（左）とチャーチル＝一九四四年九月十二日

「大統領からの要請で、ドイツについての財務省案を説明した。首相（チャーチル）は見る見るうちに怒り始め、そんなばかげた案で〝英国をドイツの屍《しかばね》に鎖で縛りつけるつもりなのか〟と私を罵《ののし》った。その間、大統領は何も言わず黙っていた。しかし、これが首相を説得する際の大統領のいつもの手なのだった」

モーゲンソーによると、チャーチルの怒りに触れて眠れない一夜を過ごした翌日、状況は一変した。ルーズベルトはドイツの工業力抹殺の必要性を強調し、チャーチルも少しずつ協力的になった。英国外相、イーデンの強い反対にもかかわらず二人はモーゲンソー案に承認を与えたのである。

一方、チャーチルは「ルーズベルトが強く主張するので、モーゲンソー案をよく理解しないまま了解してしまった。モーゲンソーに頼み事が多かったことも背景にある」と証言している（『勝利と悲劇』＊Ⅰ-17）。

《『スティムソン日記』などによると、英国はケベック会談で六十億ドルの戦後経済支援の約束を得ている。チャーチルがモーゲンソー案に応じたのは、この借《しゃっ》款《かん》問題が背景にあったとスティムソンは指摘している》

モーゲンソーとチャーチルによれば、ドイツへの罰はルーズベルト自身が強く支持したものだった。ルーズベルトはケベック会談前にスティムソンへの覚書の中で、

「すべてのドイツ人は敗者であることを認識すべきで、餓死させないまでも、軍キャンプのスープを日に三度も与えるだけで十分だ」とまで書いていたのである。

だが、モーゲンソー案は間もなく葬られる。二十一日付ワシントン・ポスト紙がこの案をめぐる意見の衝突をすっぱ抜いたのをきっかけに、各紙が過激なモーゲンソー案と、それを承認したルーズベルトに非難の矛先を向けたからだ。ルーズベルトは当時、四期目を目指す大統領選キャンペーン中だった。

モーゲンソー案を承認してからわずか二週間後、ルーズベルトは記者会見で正式にドイツの戦後案を白紙に戻したと言明し、財務省は今後、財政問題だけに携わると述べている。

ルーズベルトは撤回後、「内容を知らないまま承認してしまった。どうもモーゲンソーのへまにやられたようだ」とスティムソンに言い訳したと記録されている（『スティムソン日記』）。

日本矯正案――飢えて死なせるほどではない

敗戦国ドイツの扱いに関する「モーゲンソー案」はルーズベルトの強い支持を受けながらも結局、内容が過激なため葬られることになった。一連の騒動は結果的に、ルーズベルトの敗者に対する姿勢と戦後秩序への考え方を知るうえで貴重な材料を提供している。

カナダのケベックで英米首脳会談が開かれる直前の一九四四年九月二日、ルーズベルト夫妻はニューヨーク州フィッシュキルのモーゲンソー家に招待されている。財務長官、モーゲンソーの豪華な邸宅は同じニューヨーク州のハイドパークにあるルーズベルト家から三十キロ南にあり、両家はいわば近所付き合いの間柄だった。

森に囲まれた庭園でお茶を楽しむルーズベルトに、モーゲンソーは財務省で作成したばかりの分厚い計画書を見せた。ルーズベルトは時間をかけて読み終えた後、「ヘンリー、次のことも付け加えてくれないか」と述べ、グライダーを含む飛行機の所有、あらゆる制服、すべての行進の「三つの禁止」を強調した。「ドイツ人に敗戦を思い知らせるため」である。

モーゲンソーはこの日、ルーズベルトと約一時間にわたって話し、「ドイツに二度と戦争を起こさせないため、まずルール地方の工業地帯を完全に破壊し、これによって生じる二千万人のドイツ人失業者については中央アフリカへでも送り込めばよい。問題はその子供たちをどう扱うかだが、それは正しい教育で解決できると思う」と説明した。ルーズベルトは頷いて「そうなれば、全く新しい教科書をつくらなければならないだろう」と締めくくっている（『モーゲンソー日記、戦争の日々』＊I―18）。つまりモーゲンソーは、ドイツ人が将来、復讐を思いつかないようにする新教育制度の必要性を説き、大統領はそれをおおむね了解していたわけだ。この提案がとりわけ大きな意味を持つのは、ドイツ人を民族として裁き、すべてのドイツ人が罪を負わなければならないとした点だろう。

モーゲンソーは日記の中で、財務省のドイツ案作成について相談した際、ルーズベルトが「われわれはドイツに厳しくあらねばならない。それは単にナチズムだけでなくドイツ人全体を意味している。ドイツ人を骨抜きにするか、あるいは二度と過去のようなことを起こさないように扱う必要がある」と言明したことを記録している。

当時の新聞は、モーゲンソーがドイツを牧畜国家に改造する過激な計画を進めたことについて「自身がユダヤ人であるため、ユダヤ人虐殺への復讐だった」と書いたが、ルーズベルトの場合は、ドイツの民族的な罪を裁くことで戦後の世界秩序をつくろうと強く意識していたようにみえる。

それでは、日本についてルーズベルトはどう考えていたのか。やはり「民族の犯罪」とみなしていたのだろうか。

モーゲンソー案が検討されていた頃、国務省は日本の天皇制の扱いなどをめぐって研究段階に入ったばかりで、財務省も日本には興味を示していなかった。だが、中国国民政府の蔣介石総統政治顧問としてルーズベルトによって派遣され、その後、米戦時情報局（ＯＷＩ）極東部主任の要職にあったオーウェン・ラティモアは、日本の戦後問題を書いた『アジアにおける解決』を発表しており、その内容は示唆に富んでいる。

《ＯＷＩは四二年六月、海外向け戦時宣伝を目的に発足した機関で、ラティモアは四三年から四四年一月までサンフランシスコにある極東部主任だった》

ラティモアは第二章で「日本に民主主義を導入するには結局のところ天皇神聖化に風穴をあけるしかないだろう」としたうえで、最終章「米国の対アジア政策要綱」で次のように述べている。

「ドイツと同様、日本も侵略能力を剝奪《はくだつ》されるべきである。幸いドイツと異なり、日本は本土に資源を持たず、日本の工業はドイツと違って自給不可能でバランスが取れていない。技術にも偏りがある。（中略）われわれにとって日本人ほど憎むべき敵はいない。だが、幾百万の者を飢えて死なせるほどではない。自動車、航空機のエンジン製造を禁じ、軍工場、軍艦の造船所を取り壊すべきだが、残余の工業は生かしてもよい。残しておいても市場競争に生き残れるかは別問題だし、日本は資源がないので原材料の輸入を監視できるからだ」

ルーズベルト（手前）とモーゲンソー＝一九三四年二月九日

モーゲンソーは、ドイツ民族を二度と立ち上がらせないよう「工業をすべて奪い、炭鉱さえも使えないように封じる」と主張したのに対し、ラティモアは日本の自動車、航空機など軍事技術を禁じながらも無駄な餓死を防ぐため他の工業は残すとしている。

しかし、それはあくまで日本が将来、第一級の工業国家にならないとの見通しに立ったうえでの措置だった。

ラティモアは日本を共和国へと矯正するには天皇とその後継者となりうる皇族男子をすべて中国に監禁すべきだと主張している。戦勝国による敗戦国改造という意味ではラティモア案とモーゲンソー案は驚くほどの類似性を持っていたといえるだろう。

『アジアにおける解決』はモーゲンソー案が新聞報道などで一般に知られる前の四四年三月と四月にまず講演で発表された。そして四五年二月、ルーズベルトがヤルタでスターリンとソ連の対日参戦を密約していた頃、満を持したように出版されている。ルーズベルトが当時、米国一の極東専門家といわれたラティモアの提案を承知していた可能性は十分にある。

天皇制攻撃――禁止を承知でラジオ放送流す

ルーズベルトは一九四三年十一月のカイロ会談で日本の無条件降伏を改めて要求している。これをきっかけにして、降伏後の日本をどう扱うかが徐々に米国の極東専門家らの強い関心を呼ぶようになった。ドイツのヒトラーとナチズムを破壊するという点では一致できたのだが、日本の天皇制についても同一視すべきかどうかでは議論が分かれていたからだ。

カイロ会談で中国国民党政権の蔣介石主席がルーズベルトと話し合っていた頃、中国の重慶では、国民党の創始者、孫文の長男で当時、立法院長（国会議長）だった孫科が「ミカドよ去れ」という長い提案文をラジオ放送で流していた。孫科は「最近、米国務省内には日本の天皇制を維持しようと謀るグループがいる」と憂慮し、次のように訴えた。

「戦後日本の重工業と化学工業は連合軍の統制下に置き、軽工業をも一定の期間監視下に置く。原則的に工業は国内資源で調達しうる限度に縮減し、自給自足体制をとらせるべきだろう。（中略）さらに戦犯への峻厳な処罰を実施すべきであり、天皇がその犯罪者の一人である明確な証拠がある」

最初に国務省の姿勢を危惧《きぐ》したことでもわかるように、米国の世論を意識した提案であり、孫科は降伏後の日本の天皇制打破を目標に掲げていた。

「ミカドよ去れ」が重慶で放送される直前、米ヘラルド・トリビューン紙は「ヒロヒト（昭和天皇）の一九四一年における平和への呼びかけは彼を救うかもしれない――連合軍は彼を皇位にとどめるか」という論説記事を掲載している。国務省の公開外交文書の中に、日本の真珠湾攻撃のほぼ二カ月前に天皇が陸海軍に対し米英への攻撃を禁じたことを記した文書が含まれていたことを報じたものだった（長尾龍一著『オーウェン・ラティモア伝』＊Ⅰ―19)。

攻撃禁止という天皇の平和への意図を伝える外交文書の公開には、天皇制維持を前提にした日本降伏という米側の意向が感じられ、孫科の訴えはそうした動きに強く反発した結果だったのである。そして日本が到底受け入れないであろう天皇制打破を掲げる孫科の提案には日本の早期降伏を阻止する狙いが込められていた。

実際、中国の天皇制非難のキャンペーンはその後、強まっており、「ミカドよ去れ」は米国内で広く配布されたうえ、四四年十月には影響力ある米外交誌「フォーリン・アフェアーズ」にも掲載された。

そのキャンペーンがいかに幅広いものだったかを示す事件が、当時の米戦時情報局(OWI)サンフランシスコ支部で起きている。OWI極東部主任で支部のトップの地位にいたラティモアは、戦後の米上院マッカラン委員会の五二年三月十日付証人尋問で次のように述べている。

モリス議員　あなたは米統合参謀本部が当時、OWIに対し天皇およびその家族への攻撃をしないよう命じていたことを知っていましたか。

ラティモア　ええ、知っていました。
モリス　それでは聞きますが、孫科が行った天皇への攻撃を放送したことはありませんか。
ラティモア　確か、放送の中に一部を引用したとは思います。
モリス　では、それが禁じられた天皇への攻撃に当たるとは思わなかったのですか。
ラティモア　いや、そうは思いません。あれはあくまで中国政府による天皇批判を紹介しただけで、米国の意見ではありません。そう理解しております。
モリス　ところでオズボーン氏をご存じですか。彼がこの問題で抗議していましたよね。
ラティモア　ええ、知っています。彼は当時の日本課長でした。

レイテ島のダグラス・マッカーサー

つまり、海外で米国の公式見解と理解されるＯＷＩ放送が、孫科の「ミカドよ去れ」を伝えることで、天皇制打倒というメッセージを流していたのである。少なくとも日本側がそう理解した可能性は高い。

《マッカラン委員会は戦後、米国で吹き荒れた共産主義脅威論をバックにパトリック・マッカラン上院議員が五〇年十二月、司法委員会国内安全保障小委員会として設置した。三三年から四一年まで太平洋問題調査会（ＩＰＲ）の機関誌「パシフィック・アフェアーズ」の編集長をしていたラティモアは、米国のアジア政策に大きな影響力を持っていたＩＰＲへの共産主義者の影響を追及する目的で召喚された》

日本上陸作戦が現実になりつつあったこの頃、米軍は戦略の練り直しを迫られていた。中国大陸での日本と中国の戦闘を無視し、太平洋の島づたいに北上する飛び石作戦は順調に進んでいたのだが、死傷者の数は欧州戦線に比べてかなり多かったのである。米国防総省の記録では、欧州方面での戦死者が十三万五千人だったのに対し、太平洋方面は十七万人を超えていた。

いずれは本土上陸を決断しなければならない米統合参謀本部は、激しい抵抗を少しでも弱める必要から、ＯＷＩなど政府機関に対し天皇への攻撃的言動を禁じていた。同時にこの頃から、ソ連軍参戦による上陸作戦の負担減、および早期の日本降伏の可能性を探る考えが芽生えつつあったのである。

ソ連の対日参戦と日本の早期降伏という二つのアイデアはその後、ルーズベルトの掲げた無条件降伏についての解釈に加え、スターリンや蔣介石の思惑も絡んで複雑な経緯をたどっていく。

日本の戦後処理論争――「異端」だった天皇制維持論

東京が大きな被害を受けた一九四五年（昭和二十年）五月の空襲から二日後の二十八日、ワシントンでは米国務長官代行となっていたジョセフ・グルーがホワイトハウスのトルーマン大統領を訪ねた。ルーズベルトの死からすでに一カ月半がたっていた。ヒトラーのナチス・ドイツが崩壊し、戦況の関心は沖縄戦が最終段階にある日本へと移っている。オーバルオフィス（大統領執務室）に入るなり、グルーはメモを広げ、意を決したかのように語り始めた。

「われわれの戦争目的は日本が二度と世界平和を脅かすようなことがないようにすることであり、それは日本軍国主義を根絶やしにすることでした。その目的に妥協があってはならない。しかし、無条件降伏要求によって狂信的な日本兵は最後の一兵まで戦うでしょう。それによる米兵の犠牲は計り知れない。もし日本に対し敗戦後も自らの未来を決めることができると、いま保障してやれば、降伏を早め犠牲を最小限に食い止めることができます」（ウォルター・ジョンソン著『ジョセフ・グルー四十年の外交記録』＊I—20）

日米開戦まで日本大使だったグルーは天皇に戦争責任はないと考え、天皇制維持をこの時点で約束することが早期の戦争終結につながるとみていた。トルーマンは五月三十一日に新大統領としての国民向け演説を予定しており、グルーはその中に降伏への呼びかけを含めるよう直言したわけだ。

トルーマンはグルーに感謝して、「異論はない。ただ、軍の指導層がどう考えるかを知る必要がある」と述べ、結論は翌二十九日午前十一時にペンタゴン（現国防総省）で開かれた陸、海軍長官および参謀総長のマーシャルら軍指導部とグルーとの協議にゆだねられた。陸軍長官のスティムソンらは賛意を表明したが、沖縄戦で死闘を繰り広げている最中での和解的な声明はかえって逆効果との見方が協議の大勢を占め、結局は時機を待つという条件付きで採用は見送られた。

グルーのこの時のメモには戦後日本における立憲君主制への移行構想なども展開されているが、こうした天皇制維持論は当時の米国では〝異端〟ともいえる考え方だった。

中国国民政府の立法院長、孫科が四三年十月に発表した「ミカドよ去れ」は天皇の戦争犯罪を告発し、米国でも広く知られるようになっていたし、真珠湾攻撃以来、米世論は天皇と軍国主義を同一視する傾向が強かったからである。

さらに極東専門家の第一人者、ラティモアはその年の二月に出版した『アジアにおける解決』の中で、天皇とその一族の中国監禁を主張し、ラティモアが時折執筆した左翼系アジア専門誌「アメラジア」は、事あるごとに天皇の戦争犯罪説をキャンペーンしていた。

トルーマン政権の閣僚会議に向かう海軍長官、ジェームズ・フォレスタル＝一九四五年八月十日

国務省特別顧問のユージン・ドゥーマンは五一年九月十四日の上院マッカラン委員会の公聴会で当時の様子を次のように証言している。

「四五年三月か四月にＯＷＩ（戦時情報局）心理戦部隊主任のジョンソン大佐が国務省に来て、ハワイで行った日本軍高級将校らからの調査で、天皇が戦争犯罪で裁かれる可能性がある限り日本軍は降伏しないという結論に達したとのことだった。その直後の四月七日、日本は鈴木（貫太郎）内閣になった。（中略）鈴木は天皇が強く信頼する穏健派に属しており、明らかに降伏について協議に入りたがっていた。しかも、われわれは日本とモスクワ日本大使館との交信電文を（暗号解読で）読むことができたわけだから、その面からも降伏への動きが確認できた。米国内の左翼系雑誌が訴えている天皇の戦争犯罪説を米国が公式に取り上げないなら、日本は降伏に応じるであろうということがこれでわかった」

《ドゥーマンは一九一二年に国務省に入り、日本で語学研修した後、長く日本に暮らした外交官で、開戦当時は日本大使館参事官。天皇制維持を構想するグルーの腹心だった》

ドゥーマンはこのほか、日本の降伏への動きを促進するため天皇制維持を示唆した提案を作成するようグルーから指示され、それがトルーマンへの提案になったことや、国務省政策委員会で国務次官のディーン・アチソンらが「天皇制は許せない」と猛然と反対したことなどを証言している。ドゥーマンによると、後に国務長官となるアチソンの反対理由は、ラティモアの『アジアにおける解決』の引用に近いものだったという。

こうして日本の天皇制について、スティムソンや海軍長官のジェームズ・フォレスタルら軍事面の指導者たちがグルーの現実主義的な考え方に傾いていくのに対し、『アジアにおける解決』に代表される国務省内のグループは、文字通りの無条件降伏を盾に天皇制維持という条件付き案を拒否した。「天皇制の打破とともに工業力の大幅削減」という、ドイツに対するモーゲンソー案のような日本改造を推し進めようとしたのである。

フォレスタルは、ドイツ人に対し農業と牧畜以外に生活の糧を認めないというモーゲンソー案に最初から反対していたが、日本に対する同様の原則の押しつけにはさらに反発した。五月一日付の日記にはこう書いている。

「どこまで日本を破壊すべきなのか。日本をモーゲンソー化すべきなのか。もしそうなら、極東に増大するロシアの力に中国をもって対抗しようというのか。米国はまるで野球ゲームのように戦争に勝つことばかりに集中してきたが、ドイツと日本が消滅した後の国際関係への思慮が欠けていたのではないだろうか」（ウォルター・ミルズ

著『フォレスタル日記』＊Ⅰ―21）

消えた報告書――徐々に薄められた懲罰的色彩

一九四五年二月のヤルタ会談直後、ルーズベルトはドイツに対する賠償問題を決める連合軍委員会の米国代表にイザドア・ルービンを任命した。ルービンは、ドイツの工業力剥奪を求めた財務長官、モーゲンソーの提案を支持しており、彼の起用でドイツへの厳しい賠償要求と戦後占領計画は不可避と考えられていた。

ところが、ルーズベルトの死の十五日後、後継大統領トルーマンはルービン任命を破棄し、新たにエドウィン・ポーリーを代表に任命する。ポーリーは大手石油業者で、民主党への資金集めの功績とトルーマンとの個人的つながりを誇っていたが、トルーマンの狙いは論功行賞的な配慮よりも、ポーリーのタフな交渉力でソ連代表に対抗し、ドイツへの賠償要求を極力、和らげることにあった。

ポーリー代表団はまず欧州で、ソ連によるドイツ人捕虜を使った過酷な労働問題の解決に尽力し、大統領の意図はある程度、達成された。ポーリーは次に、日本からの賠償徴収案を大統領に勧告するための使節団を率いることになった。

日本について知識のないポーリーは、米賠償委員会が「極東問題の権威」として推薦したラティモアを使節団に含め、ラティモアが対日賠償要求を決めるポーリー報告書を起草することになったのである。

報告書は、まず「日本経済の最低限度を維持するのに必要のないものはすべて没収する。最低限度とは日本が侵略した諸国の生活水準よりも高くないという意味だ」と規定し、軍需産業関連の機器はすべて破壊したうえで、賠償取り立ての対象となる工場や機械類を指定した。

ホワイトハウスのハリー・トルーマン大統領（右から四人目）と閣僚たち＝一九四五年八月十日

大まかにいうと、航空機工場、陸海軍工廠はすべて没収し、さらに年間百五十万トン以上の鋼材生産能力に相当する工場や機材も賠償対象として没収するとしている。

ラティモアは四五年二月に出版した『アジアにおける解決』で日本が二度と一級の工業力を持ちえないようにすることを示唆しており、その条件作りがポーリー提案として結実したことになる。

敗戦国の経済問題を担当する経済安全保障政策

局の局長だった経済学者、ジョン・K・ガルブレイスはポーリー使節団が調査を進めていた頃、たまたま日本に滞在していた。日本の工業の大半を取り除くというポーリー報告書についてはこう述べている。

「ドイツを牧畜国家にするというモーゲンソー案はその支持を弱めてはいたが、完全に消えてしまったわけではなかった。ドイツの工業生産量に上限を定めるという考えが採用されたからだ。私は日本到着後の気の重くなるような日々から、唯一の人間的な政策があるとすれば、日本とドイツの経済をできるだけ早く回復させることだという結論を出していた」

ガルブレイスは賠償問題に影響力を行使できる立場にいたうえ、友人でもあったポーリーが強い懲罰的気分にある配下の言うがままになっていることには我慢ならなかった。

しかも、事前に見せられた草案は日本の工業力を根こそぎにするものだった。爆弾で破壊され、荒廃した日本の都市を見るにつけ、この上そんな懲罰を加えることは耐え難いとガルブレイスは義憤に駆られた。

「ポーリーをある方向に説得する者がいるならば、私はその反対へと説得しようと思った。だから草案が整いそうになるたびに夜、ポーリーを訪ね、日本人だって何か着なければならないだろうから、繊維工業は賠償から除外しましょう。次に石油、そして肥料工場というように進め、実に骨の折れるものだったが、結果は満足のいくものになった」（ガルブレイス著『回想、私たちの時代と生活』＊Ⅰ―22）

四六年四月、正式に大統領に提出されたポーリー報告書はガルブレイスによって相当、内容が弱められていたが、それでも厳しいことに変わりはなかった。日本の占領政策を実質的に仕切るマッカーサーは結局その実施を渋り、そのうち報告書そのものが忘れ去られてしまう。

《ロナルド・マクグロスレン著『ディーン・アチソンと米アジア外交』によると、ポーリー報告書が実施されないまま、四八年三月にストライク使節団が新たな報告書を出し、さらに陸軍次官のウィリアム・ドレイパーも直後に使節団を率いて日本を訪れ、別の報告書をまとめている。賠償額はそのたびに減り、最終的に

《ポーリー案の十分の一になった》

ラティモアが『アジアにおける解決』で示した天皇の監禁、日本の工業力剥奪という提案はこうして日の目を見ずに終わり、「（日本消滅後）ソ連がアジアに強力な工業地帯を築き、中国がその後を追って米中ソ時代に入る」との予想も実現しなかった。九〇年にコロンビア大学が米国で配本した回顧録『中国と私』（磯野富士子編纂）で、ラティモアは終戦間際に天皇監禁を唱えた背景をこう説明している。

「天皇は軍国主義者に利用されただけであり、その意味で戦争犯罪人ではなかった。ではなぜ監禁すべきかというと、ナポレオンを島に幽閉したのを二十世紀に適用しようと考えたからだ。軍国主義者によって再び利用されないようにだ。監禁場所に中国を選んだ理由は、少なくとも中国を大国の仲間入りさせるだけの威信をつけさせるためだった」

ラティモアは、ソ連に対しては、あまりにナイーブで楽観的すぎたと述べ、スターリンの過酷な粛清を擁護したことについては、ソ連在住ジャーナリストの意見を信じてしまったためだったと言い訳している。

四人の警官——大統領は「強い中国」を求めた

日本とは十四時間の時差があるため、米東部時間一九四一年（昭和十六年）十二月八日は真珠湾攻撃の翌日にあたる。米国務長官のハルはこの日、ワシントンに赴任したばかりの新ソ連大使、マキシム・リトビノフを長官室に招いていた。リトビノフは、ハルが三三年に米ソ国交樹立について交渉した際のソ連側代表の一人であり、顔見知りという気持ちから単刀直入に米国の意思を伝えた。

「ご存じのように米国は日本に宣戦布告を行った。われわれとしては日本本土爆撃にソ連国内の基地使用の許可をいただきたい。また（日本海に面するソ連領の）ウラジオストクへの軍事物資運び込みにロシア籍の船を使用することについても検討願いたい」

見る見るうちに青ざめたリトビノフは早急に返答すると約束し、三日後に「ドイツ軍との戦いに手が取られ、加えて日本の攻撃という危険を冒すわけにはいかない」というソ連政府の見解を伝えている。

ハルは恐縮するリトビノフに対し、「日本がソ連を攻撃するかもしれない」と述べ、

カイロ会談の（前列左から）蔣介石、ルーズベルト、チャーチル、宋美齢＝一九四三年十一月二十五日

「米国がソ連のドイツ戦を物質的に支援しているのに、太平洋で対日戦を戦う米国を助けようともしないことに米国民は納得できないだろう」と強い口調で通告した（『ハル回顧録』＊I―23）。

日本に対するソ連参戦の時期は米国にとって最も重要な戦略ポイントになっていた。欧州戦線では、ソ連への軍需物資支援と英軍との共同作戦という戦略が描けたが、太平洋では米国だけが日本と対決する図式が続いていたからだ。

待望のソ連参戦は四三年二月、スターリングラードで二十五万人にものぼるドイツ軍が壊滅したのをきっかけに進展する。

その年の十月三十日、クレムリンの壮麗な「エカテリーナ大帝の間」で夕食会が催され、ハルは晴れやかな気持ちでいっぱいだった。モスクワで開かれた初の米英ソ外相会議に出席し、しかも、この日はソ連首相、スターリンのすぐ右側に席を与えられた。直接話ができると喜んだハルは、さっそく会議の成功を祝し、米ソ首脳会談への期待を述べたのに対し、スターリンは唐突にも「ドイツとの戦争が決着すれば、ソ連は日本を倒すことをお手伝いしましょう」と切り出したのである。

《『ハル回顧録』によると、このあとスターリンは自らルーズベルトに対日参戦への意思を伝えると述べた。ハルは国務長官ながら目立った役割を演じることが少なく、真珠湾攻撃前の日米交渉を担当して以来、モスクワ会議が最初で最後の檜《ひのき》舞台だった。四四年十一月、健康を理由に辞任している》

ルーズベルトはカサブランカ会談後、スターリングラードでのソ連の大勝利を知り、欧州戦線にはめどがついたとみていた。残るは太平洋方面における対日戦略の見直しであり、そのためにもソ連と中国を引き合わせる必要性を痛感していた。だが、米国の強い説得にもかかわらず、スターリンは日本を刺激することをまだ恐れ、蔣介石と公式に顔を合わせることを拒否していた。蔣介石のほうも渋っている。

十一月二十二日から米英中のカイロ会談、さらにその直後の二十八日から米英ソのテヘラン会議が開かれたのは、二人が直接、顔を合わせずに実質的な四カ国会談を成立させるための、ルーズベルトによる苦肉の策だったのである。

ギザのピラミッドを望むカイロのメナ・ホテルで二十三日、ルーズベルトは蔣介石と膝突き合わせて話し合っている。通訳は蔣介石夫人の宋美齢《そうびれい》が行い、ほかに誰も出席しなかった会談の内容を伝える公式記録はない。

だが、歴史家ソーントンは台湾当局提供の資料をもとに、二人が遼東半島の大連と旅順を米中共同管理の自由港にすることに合意したと書いている（『中国、その政治史』＊I－24）。

中国はそれによって外国勢力の干渉を防ぐことができる。ルーズベルトはさらに強い中国をつくるため、九十個師団を武装し、軍事訓練を施すことさえ約束した。蔣介石はその見返りに中国共産党を政府に招いて戦後の民主化を進めることを約束したのである。

ルーズベルトはここで、日本が敗北した後のアジアの戦後構想を見事に描いている。それは米国が後ろ盾となった「強い中国」の登場によりアジアに新秩序を築くことだった。ルーズベルトが掲げる戦後の国連は世界規模の集団安全保障体制なのだが、その核心は結局のところ米英ソ中という「四人の警官」による紛争解決にあった。

しかし、国民党と共産党による内戦が確実視される中国はそうした強国の地位にはなく、ルーズベルトは米国の力でそれを補おうと考えていたわけだ。一方、戦後のソ連、英国などの干渉を恐れる蔣介石は米国の後ろ盾を必要としており、中国共産党との妥協はやむをえないものだった。

《戦勝国による紛争解決という「四人の警官」構想は、拒否権を持つ国連の安全保障常任理事国として実現する。米英ソ中にフランスを加え、結果として「五人の警官」となった》

カイロ会談の数日後、ルーズベルトの側近、ホプキンズは蔣介石から「大連についてはロシア側に言わないでほしい」と意味不明のことを頼まれている（『中国、その政治史』＊I―25）。

その発言の真意はわからないが、少なくともルーズベルトはソ連の対日参戦に対する何らかの見返りを用意する必要があった。米中が合意した共同管理の大連と旅順は、その取引材料としてクローズアップされることになる。

親愛なる大統領――ソ連は不凍港に心を動かした

中国国民政府主席、蔣介石は米国大統領、ルーズベルトとの膝詰め会談で合意した米国の中国への約束がよほどうれしかったのか、一九四三年十一月二十六日にカイロを去る直前、大統領にあてたメモをホテルに残している。二十七日にテヘランへと飛び立ったルーズベルトが実際にそのメモを手にしたのはカイロに戻ってきた翌月二日以降だという。

夫人の宋美齢が代筆したメモは「親愛なる大統領」で始まっている。

「乱筆、お許しください。大統領が中国のためにどれほど良いことをしてくださったか。主席は感謝の気持ちでいっぱいです。あの午後、大統領とお別れしたとき、主席はあまりにも感謝の気持ちが強く、どう表現したらいいのか、適当な言葉さえ思いつかなかったと申しておりました」（ハーバート・ファイス著『中国の紛糾』＊I―26）

一方、メモを見る間もなくテヘランに到着したルーズベルトは二十八日午後三時にソ連首相、スターリンとの初会談に臨んだ。米ソ初の歴史的な首脳会談が開かれたこの日、テヘランは素晴らしい天気に恵まれた。黄金色の太陽と青空の下、ソ連赤軍の元帥姿で現れたスターリンは胸にレーニン勲章をつけ、護衛とともにソ連大使館から直接歩いて同じ敷地内にあるルーズベルトの宿舎へと向かっている。

スターリンの姿を認めたルーズベルトは「ずいぶん、この時を待ったような気がする。お会いできて本当にうれしい」と、固い握手を交わした（チップ・ボーレン著『歴史の証人』）。


テヘラン会談は欧州戦線における米英ソの軍事的取り決めを主な目的としており、実際、最大の課題だった米英のフランス上陸作戦（四四年六月のノルマンディー上陸作戦）はこの会談で最終確認されている。

だが、ルーズベルトにとって、テヘランはあくまでカイロ会談とセットの関係にあった。蔣介石と協議した成果をスターリンと話し合わなければならない。

欧州の軍事問題について協議をほぼ終えた三十日午後、ソ連の広大な領土が話題になったのを見計らって英国首相、チャーチルは「それほどの国なのだから当然、不凍港を持つに値する」と持ちかけた。チャーチルの意を察したスターリンは「それでは、極東に何らかのものを期待してよいのだろうか。ウラジオストク港は完全な不凍港でなく、対馬海峡を通して常に日本に封じられる位置にある」と応じている。

ルーズベルトが大連について触れたのはこの直後だった。

「大連を（ソ連が使える）自由港にするというのはどうだろうか」

スターリンが「中国が嫌がるだろう」と言うと、ルーズベルトは「国際的保証があれば、中国はむしろ乗り気だろう」と答えた。

《大連をめぐる会話は『チャーチル、スターリンへの特使』より＊Ⅰ―27。スターリンは二十八日の初協議ですでにドイツ敗北後の対日参戦を約束していた。ソ連への不凍港提供はこの対日参戦と密接に関係していた》

蔣介石がカイロ会談で旅順の米中共同管理を申し出たのは、米軍が旅順に駐留することで米国の後ろ盾が期待できたからだ。これに対し、ルーズベルトは共同管理する国際港（自由港）という名称を使用した。蔣介石が旅順、大連をソ連に提供することを承知していたかどうかは明らかでないが、ルーズベルトが自由という名称を使った時には、そうした意味が込められていた可能性が高い。

ルーズベルトは戦後構想を描くうえで植民地解放を大きな目標に掲げてきた。四一年の米英の大西洋憲章の中に「あらゆる国の民族自決権」を掲げたのは、アジア・アフリカの植民地の独立を強く意識していたためだ。だが、ルーズベルトがソ連の対日参戦への見返りとして提供した大連は「国際管理の自由港」という名称ながら、明らかに植民地時代の「租借権」の復活を意味していた。

ヤルタ密約でスターリンは南樺太、千島列島の獲得に加え、南満州鉄道の管理権と大連、旅順港における「特別な権益」を手に入れている。帝政ロシア時代の植民地権益をすべて復活させるこの取り決めはテヘラン会談の段階で道筋がつけられていたのだった。

テヘラン会談の(左から)スターリン、ルーズベルト、チャーチル＝一九四三年十一月二十九日

カイロ、テヘラン会談は米国の太平洋戦略の転換点となった。米南西太平洋方面軍司令官、マッカーサーは海軍長官のフォレスタルに対し、こう述べている。

「中国軍を当てにした戦争はもう意味がなくなった。われわれは満州に展開する日本軍を釘付けにするソ連軍の登場を待たなくてはならない。ソ連軍の侵攻

後、ゆっくりと日本本土に上陸すればよい」（『フォレスタル日記』＊Ⅰ―28）

ルーズベルトの蔣介石支援への熱意もこの頃を境に大きく変化している。カイロで蔣介石が強く求め、ルーズベルトが了解したビルマ（現ミャンマー）奪還作戦はテヘラン会談後に取りやめになった。もし作戦が実施されれば、米軍は初めて中国大陸に向けての進撃に参加する予定だった。

ルーズベルトはこの作戦についてテヘラン会談の初日に「中国が日本との戦争をやめることがないようにするのに必要なものだ」と説明しているが、大連の提供でソ連軍の参加が確約された時点で、ビルマ作戦の意義は一気に弱まってしまったのである。

鉄のギプス——死を早めた二万二千四百キロの旅

ヤルタ会談から帰国したルーズベルトは一九四五年三月一日、上下院議員が詰めかけたキャピトルヒル（米議会）に車椅子姿で現れた。ヤルタでの成果を書き連ねた草稿を読み出す前に大統領は議場を見回し、「今日は座ったままでご容赦願いたい。足に五キロ以上もある鉄製ギプスをはめる苦痛にもう耐えることができないからです」と挨拶した。

ルーズベルトは小児麻痺で下半身不随になったにもかかわらず、三三年の大統領就任以来、十二年もの間、公式の場では車椅子を使わなかった。鉄のギプスで下半身を支え、上半身の力だけで手すりを伝って進む。そうすることで、歩けるのだと信じ込ませることさえできた。

それほど「強い大統領」を演じてきたルーズベルトが見せた弱さに、周囲は奇異な感じを受けた。しかもこの日の報告は、演説上手のルーズベルトにしては奇妙なほど一貫性もなく精彩を欠いていた、と側近は証言している（『恐怖からの解放』＊I—29）。

ヤルタ会談から帰国後、初めて座ったまま議会報告を行うルーズベルト＝一九四五年三月一日

「強さ」を必要とする大統領にとっても、鉄のギプスは快適なものとはいえない。ヒュー・ギャラガー著『ＦＤＲの素晴らしき欺き』によると、ルーズベルトがギプスで立つことに恐怖心を抱くようになったのは四三年八月の第一次ケベック会談の時だった。無条件

降伏宣言のカサブランカ会談と、四人の警察官構想で知られるカイロ会談の間に挟まれた米英首脳のケベック会談には、報道向けイベントの色彩がある。戦争を勝利に導く強い指導者を国民は期待していた。

ルーズベルトはカメラの前では常にギプスとステッキ、さらには側近の肩に支えられて立ち続けたのだが、会談最終日にチャーチルを見送り、車に乗り込もうとした途端、バランスを失った。大統領警護官のライリーがとっさに抱えて車に乗り込ませたものの、ライリーによると、ルーズベルトはそれ以来、鉄のギプスに病的な恐怖心を抱くようになった。

ルーズベルトがその後、鉄のギプスを余儀なくされたのは四選を目指す四四年秋の選挙キャンペーンで、妻のエレノアから「二本足で立っているところを国民に見せなければ、再選は難しい」と忠告されたためだった。だが、ブレマートン造船所の駆逐艦デッキで選挙演説を行った際、ルーズベルトはギプスによる締めつけと苦痛で気を失いそうになった。医師は、極端な血管締めつけで生じた一時的な狭心症と診断している（『FDRの素晴らしき欺き』＊I—30）。

大統領の健康が目立って悪化したのは、ギプスを使ってハードなキャンペーンを続けた後だった。いったん落ち込むと、極端に口をきかなくなったのもこの頃からである。

四五年一月二十日、ルーズベルトは四度目の大統領就任式に臨んだ。本来なら議会で行われる式典は戦時を理由にホワイトハウス南側ポーチで質素に行われた。わずか五分足らずの、史上最短の就任演説の間、ルーズベルトは再び鉄のギプスによる激しい苦痛と狭心症の脂汗を経験している。

付き添っていた長男のジェームズは「見るからにひどい状態だった。医者が何と言おうと、父の余命はもう幾ばくもないと確信した」と書いている（ジェームズ著『愛情を込めて、ＦＤＲ』＊Ｉ－31）。

ルーズベルトは二日後、ヤルタへと旅立っている。出発の前日、大統領はホワイトハウスに十三人の孫を全員集め、執務室や居間にある記念品を整理した後、「もし私が死んだら何が欲しい」と言い出した。まるで形見分けのような言いぐさに秘書のグレース・タリーらは当惑している。

一方、ジェームズは就任式前日に遺書の内容を聞かされている。どんな時も離そうとしなかった家紋入り指輪の引き渡しにまで言及するルーズベルトの姿にジェームズは死への予感を感じ取っていた（『ＦＤＲの素晴らしき欺き』）。

ルーズベルトは大統領就任式から八十日後、車椅子の演説からだと四十二日後に静養先のウォームスプリングズで息を引き取った。医師団は前年暮れ、ルーズベルトの血液循環に重大な障害を確認している。すでに衰弱していた体で二万二千四百キロというヤルタへの旅を強行したことが死を早めたのは確実だろう。

ハリマンによると、米国が地中海方面での会談を望んだのに対し、スターリンは「長旅は禁じられている。気候の変化がよくない」などと言ってのらりくらりと断り続けている。

ドイツの敗退に伴い、ソ連軍の東欧占領は確実になっていた。ルーズベルトはそうした状況下で早急に戦後を協議する必要に迫られていたのに対し、スターリンはソ連軍の進撃がある限り、協議は遅ければ遅いほど有利と判断していたのである。あせるルーズベルトには結局、チャーチルが「最悪の場所」と呼んだヤルタに向かうしか選択の道は残されていなかった。

戦後、トルーマン大統領がスターリンを米国に招待した際、スターリンは皮肉を込めて次のように述べている。

「米国を訪問したいのはやまやまだが、そんな長旅はもう私にはできない。人は力を温存することを知らねばならない。ルーズベルト閣下は確かに義務感の強い人ではあったが、力を温存することを知らなかった。もしわかっていたなら、多分今も生きていただろう」（ジョン・ガンサー著『ルーズベルト回想』＊I―32

共産主義脅威論――高官たちはソ連の横暴を恐れた

ドイツ敗北後、共産主義の脅威が囁かれ始めた一九四五年五月、国務長官代行のジョセフ・グルーは眠れぬ日々を過ごしていた。

十九日午前五時、グルーは身じまいをすませた後、書斎で自らの考えをまとめるための覚書を書き始める。メモはおおむね次のようなものだった。

「この戦争は米国に関する限り、ひとえにドイツと日本の侵略から身を守るのを目的としてきた。自衛のために戦わなければならなかったのである。だが、〝二度と戦争を起こさないための戦争〟とはなりえず、ただ全体主義独裁を枢軸国（日独）から単にソ連に移し替えただけのことではないのか。（中略）ひとたびロシアが日本に参戦すれば、モンゴル、満州、さらに朝鮮半島がロシアの手に落ちるだろう。そして、いずれは中国や日本も同じ運命をたどる」

グルーは翌日、このメモを駐ソ大使のハリマンとロシア専門家でヤルタ会談の通訳だったボーレンに読み聞かせている。対ソ外交の最前線に立つ二人は、グルーの意味するところを理解し、大きく頷《うなず》いた（『ジョセフ・グルー四十年の外交記録』＊I-33）。

ヤルタ会談から二カ月後、ハリマンはぜひとも帰国したいと国務省に願い出るようになった。一度は国務長官のステティニアスに「持ち場を離れることは許されない」と拒否されるのだが、サンフランシスコの「国際組織創設のための連合国会議（国連憲章会議）」に出席するソ連外相、モロトフに同行することを理由に四月十九日、ハリマンはワシントンに到着している。

翌日、ハリマンはホワイトハウスで新大統領、トルーマンと面談した。ルーズベルトの葬儀からちょうど五日後。ステティニアスとグルーが同席している。

「大統領、今、欧州では新たな野蛮による侵略が起こりつつあります。ロシアに対する幻想を捨てなくてはなりません」

ハリマンはヤルタ会談以降のソ連が横暴になり、欧州解放宣言にもかかわらずソ連占領地では、傀儡《かいらい》政権が樹立され、仮借なき共産化が行われていると報告した。

これだけでは足りず、ハリマンは五月にも再帰国して政府首脳を相手に熱弁を振るった。五月十二日の国務、陸海軍の三省調整会議では次のような質問を行っている。

「ソ連の日本への参戦は果たしてそれほど必要なことなのだろうか。そもそもわれわれの対日戦の目的は何なのか。日本の完全破壊か、それとも日本を残すべきなのか」

（『チャーチル、スターリンへの特使』）

グルーが眠れぬまま一気に書き上げた共産主義脅威論は、このハリマンの問いかけに答えたものだった。そしてこの問いかけは、日本が原爆投下とソ連参戦で壊滅的な打撃を受けて降伏するまで米国指導部を悩ませることになる。

ルーズベルトが満州の旧ロシア権益の復活に応じてまでソ連の対日参戦を熱望したのは、軍事的理由からだった。四四年秋の陸軍省参謀情報局の報告では、ガダルカナルの日本軍による玉砕戦術以来、米兵の被害はうなぎ上りで、日本本土突入は四六年以降になるという悲観的な見方をもとにソ連参戦の必要性を強調していた。ヤルタ密約は、米兵の犠牲を食い止め、戦争を早期に終結させる戦略としてマーシャル参謀総長らの強い支持を受けたものだった。

だが、ハリマンの問いかけは、ソ連軍が共産化の元凶になるとの考えを米政府内にも植え付けた。グルーがソ連参戦前に日本を降伏させなければならないと痛感し、無条件降伏勧告に「天皇制の維持を許す」との項目を入れるよう主張した動機はここにあった。

六月十二日付の日記で海軍長官、フォレスタルは次のように書いている。

「スティムソン（陸軍長官）とグルーと私は日本の無条件降伏について話し合った。問題は米国に最も深刻な課題を投げかけている。果たして無条件降伏に明確な定義があるのか。われわれの目的は日本の非軍事化であり、奴隷化ではないとスティムソンは強調した。グルーは、国務省が日本人に逃げ場をつくる方法を考慮していると話した」

ルーズベルトが掲げた無条件降伏がここに来て米国首脳にジレンマを生んでしまったわけだ。グルーらの天皇制擁護に対し、あくまで文字通りの無条件降伏を迫る声はまだ国務省内には強かったのである。

国務次官補、アーチボルト・マクリーシュは七月六日付の国務長官への提案で「無条件降伏とはまさに条件を伴わないことである。もしわれわれが無条件降伏を変えるなら、国民は納得しないだろう。日本が危険なのはあくまで天皇信仰にある」と述べ、グルーに強く反発している（『米外交関係文書・四五年第一巻』＊I―34）。

こうして天皇制と無条件降伏の解釈をめぐって国務省は二分され、一方で戦争の早期終結を狙ってソ連参戦を渇望した陸、海軍が、今度は日本の降伏に期待をかけて天皇制擁護へと傾いていった。

そうしたなかで、トルーマン政権はもうひとつ、深刻な決定をめぐる論議に結論を出さなければならなくなった。

ルーズベルトが推進し、二十億ドルもの巨額の開発費を投じた原子爆弾がいよいよ完成しようとしていたのである。最高責任者、トルーマンと陸軍長官スティムソン、そして当時のトルーマンに大きな影響力を持った新国務長官、バーンズの三人は、無条件降伏の解釈とともに、最終兵器を日本に投下すべきかどうかをめぐる厳しい選択を迫られた。

原爆使用覚書——情報は極秘、ソ連には伝えない

米国大統領、ルーズベルトと英国首相、チャーチルは一九四三年八月と四四年九月の二回、カナダのケベックで会談を行っている。

ドイツに対する戦後計画「モーゲンソー案」を採用したのは第二次ケベック会談のほうなのだが、実はその前日の四四年九月十日にも二人はニューヨーク州ハイドパークのルーズベルト家で密談を行っている。

「モーゲンソー案」が会談の直後に報復的な側面を新聞に書き立てられ、採用撤回の憂き目にあったのに対し、原爆使用について覚書を交わした二人だけの密談のほうは漏れることがなかった。

ルーズベルトが推進した原爆製造計画はこの頃、三年に及ぶ研究を経てようやく実用にめどがついており、米英首脳は密談で次のような覚書に合意している。

「十分な考慮のあと日本に使用し、降伏するまで投下すると警告する。原子力研究は日本降伏後も継続する。そして原子爆弾に関する情報は極秘であり、ソ連には伝えない」（リチャード・ローズ著『原爆製造』＊I―35）

米兵の犠牲を最小限に食い止めて日本の降伏を勝ち取る方法として、米国はソ連参戦を渇望したが、四五年五月を境に駐ソ大使、ハリマンらの共産主義脅威論から米首脳部にはソ連参戦前に日本を降伏に導く方策を模索する動きが生じていた。その前月の四月にはルーズベルトの死により、大統領はトルーマンに引き継がれている。

原爆投下によって日本を降伏させるという考えは、ルーズベルトの覚書を念頭に置きつつ、そうした文脈の中で浮上した。

トルーマンは原爆使用に関する内務委員会を四五年五月三日に設置している。七月頃には本格的な実験段階に入るとみられ、決断の時は迫っていた。

委員会議長となった陸軍長官、スティムソンは、就任した頃の日記に次のように書いている。

「原爆開発が戦後にどのような意味を持つのか。さらに人類最初の原爆投下によって生じる責任問題についてもわれわれは理解しておかなくてはならない。（中略）果たして日本に原爆は投下されるべきなのか、もしそうならばどのような条件で」

六月一日付の委員会最初の勧告は「日本に警告を与えず、その破壊力を示すことができる効果的な目標を選んで投下すべきだ」というものだった。スティムソンはその勧告を無視するかのように七月二日、トルーマンに次のような提案を行う。

「日本上陸作戦は激しい抵抗を伴うことは明らかです。問題はこうした力による方法でしか日本を無条件降伏に導く手段はないのかということです。私は（原爆投下の破壊力について）事前に警告し、降伏のチャンスを与えるべきだと考えます」「日本は米国の新聞が報じるように狂信者ばかりの国ではありません。それどころか非常に知的な人々がいることをこの一世紀の歴史が示しています。（中略）もしわれわれが現在の天皇家の存在を立憲君主制として認めるなら、日本が降伏に応じる可能性は非常に高いと思うのです」（『平和と戦争への奉職』＊I―36）

スティムソン提案は国務長官代行、グルーらが唱えた「天皇制維持の承認による早急な降伏」の路線を引き継いだうえで、グルーらの提案をさらに一歩進め、原爆投下を一種の脅しとする「事前警告の必要性」を訴えていた。

だが、トルーマンは最終的にスティムソンの提案を採用していない。大統領に影響を与えたのは、内務委員会に大統領代理として参加した新国務長官、バーンズだった。

核融合の研究者で原爆製造計画に携わってきたシカゴ大学のレオ・ジラードは五月二十八日、アインシュタインの推薦状を手にサウスカロライナのバーンズの自宅を訪ねている。

最初に面談を求めたトルーマンから「この問題についてはバーンズに会ってほしい」と指示されたためだ。

ジラードは十五ページに及ぶメモをバーンズに手渡している。原爆開発に携わった科学者の総意とされるメモの内容は「戦争終結が間近な今、原爆投下は単なる破壊でしかない。原爆の使用によって戦後、ソ連などと一層の開発競争を強める可能性もあり、使用はまだ控えるべき」というものだった。

これに対しバーンズは信じられないといった表情で「あなた方は何もわかっていない。巨額の開発費に見合う結果を出さずに次の研究への予算が議会を通るとでも思うのですか」と反論している。二十億ドルを超える開発費の成果を今こそ原爆投下で証明しなければ政治問題化すると説得したのである。

バーンズはスティムソンが日本に対し事前に警告すべきだと提案したことについて

も委員会で次のような反論を展開している。

「そんな警告を与えたら日本の軍国主義者たちは目標地点に捕虜の米兵をわざわざ送り込むだろう。それに原爆が不発に終わったらどうするのか。軍国主義者らは原爆が不発だったと逆宣伝するに違いない」（デービッド・ロバートソン著『バーンズ評伝』＊I－37）

こうしてバーンズの強引な説得が原爆投下計画を推し進めることになり、トルーマンらがポツダム会談に向かう直前には「京都、広島、新潟」の三地点が目標候補地に選ばれている。

日本を訪問したことのあるスティムソンは「京都は文化的な美しい街であり、候補からはずすべきだ。もし破壊すれば、米国は将来、許されることがないだろう」と主張し、この説得にはトルーマンもさすがに納得したのか、京都をはずして「小倉と長崎」が付け加えられた（フォレスト・ポーグ著『政治指導者ジョージ・マーシャル』＊I－38）。

幻の近衛特使――ソ連、日本の和平努力を無視

米英ソのポツダム会談が開かれる一九四五年（昭和二十年）七月が近づくにつれ、日本外務省とモスクワ大使館の秘密交信は日に日に量を増していった。開戦前にすでに解読に成功し、戦争中の日本軍の動きを把握してきた米国は、敗戦前の日本外交の絶望的な交信も冷静に観察している。

マジックと呼ばれた外交暗号解読文を収録した『米外交関係文書・四五年第一巻』は、東郷茂徳外相からモスクワの佐藤尚武大使にあてた七月十二日午後八時五十分の至急電を次のように伝える。

「モロトフ（ソ連外相）から何の反応もなく、まるで斥候なしで軍を送り込むような嫌な感覚にとらわれている。だが、こうなれば三強国（ポツダム）会談前に日本帝国の停戦意思を伝えるほかない。（中略）天皇陛下は犠牲者のことを心配しておられ、早急な停戦を望んでおられる。大東亜戦争で米英があくまで無条件降伏を主張する限り、わが国の名誉と生き残りをかけて最後まで戦うしかない。だが、陛下は、人類の幸福を思う気持ちを伝えるために近衛文麿公を特使としてソ連に派遣することをお決めになった」

これに対し、佐藤大使の二時間半後の返電は、ドイツ敗戦後、ソ連の対日参戦の可能性が大きくなる一方なのに、そのソ連を通じて停戦を模索するという滑稽なほど現実離れした日本の外交感覚を批判している。

「ソ連をわれわれの側につけ、考え通りにしようというのは不可能というほかない。（中略）あなたもご存じのようにソ連当局の考え方は現実主義そのものです。抽象的な言葉や美しい言葉を並べ立てても無駄です。もしわが国が本当に停戦を望んでいるなら、それを明確にするほかない。国際関係には慈悲は存在しない。現実を直視しなければならない」

米国の駐ソ大使、ハリマンが就任当初、友好をもってソ連に対そうとし、「目的のために手段を選ばない」ソ連外交のすさまじさをヤルタ会談後に気づいたのと同様、佐藤大使は最後の場面でソ連の現実主義の厳しさを思い知らされることになる。日本の鈴木貫太郎内閣が無条件降伏を求めるポツダム宣言を無視し、原爆が広島に投下された直後の八月八日深夜、佐藤大使はモロトフと面会していた。

モロトフは日本側の土下座せんばかりの要請をすべて無視してきたが、この日は珍しく面会に応じた。佐藤大使は会うなり、米英との停戦および和平仲介をソ連政府に正式にお願いしたいと申し出たのに対し、無表情のモロトフは次のように冷たく通告している。

「ソ連政府はあす九日、日本に対し戦争状態に入る。ご了承ください」

モロトフ（前列中央）と米国務長官、ステティニアス（同左）

七月十六日に始まったポツダム会談は英国首相、チャーチルの強い要望で開かれた。

ドイツ敗北後、ソ連赤軍の占領地域が広がるのに対し、欧州の米軍は日本との決戦に向かうため太平洋方面に部隊を移動させる動きをみせており、チャーチルは早急に欧州の戦後を取り決める必要を感じていた。

だが、米国大統領、トルーマンの関心は、前任者のルーズベルトがヤルタで密約したソ連軍の日本への参戦を確認し、日本との戦争にできるだけ早くけりをつけることにあった。

それを察してか、ソ連首相、スターリンは十八日、一枚の紙を机の上に置き、「実は日本から要請書が来ている。どう対応すべきかアドバイスしてほしい」と切り出している。メモは「近衛公が和平努力のためモスクワを訪問する」という日本からの正式要請書だった。

スターリンは紙切れを前に「こういうのは無視するに限る」と述べ、「近衛訪問はまだ問題があり、貴国はしばらく静観すべし」というソ連側が用意した回答まで教えている。

トルーマンは解読電文により、日本の停戦への動きはすべて知っていた。スウェーデンやスイスを通じて非公式に停戦を求めていることも承知だった。

だが、日本の和平努力についてスターリンが突然、言及したことにトルーマンは「やっと米国と正直に付き合うつもりになったのかもしれない」と好意を抱いた。

通訳としてポツダムでの重要な場面にはすべて同席した国務省ロシア専門家、ボーレンはトルーマンの解釈をナイーブだと受け止め、「人の良さなどでなく、対日参戦で約束された〝獲物〟のことを考えれば、スターリンの意図はむしろ停戦の可能性を引き延ばすことにあった」と述べている（『歴史の証人』＊I−39）。

トルーマンはスターリンの親切に感謝したのか、米国が原爆実験に成功したことをソ連に伝える決意をする。

二十四日の会談では、赤軍のアントノフ将軍が「ソ連は八月十五日以降に日本に対する攻撃準備を完了する」と発表した。トルーマンはチャンスを待ち、会談の合間に通訳を連れずにスターリンに近づいて「実は通常爆弾では考えられない破壊力を備えた新兵器開発に成功した」と耳打ちした。

ソ連側通訳を通して内容を知ったスターリンは表情を変えず、「それはよかった。これで日本への効果的な使用も期待できるわけだ」と頷いている。

八月六日に広島、次いで九日には長崎に原爆が投下され、ソ連は満州に侵攻を開始した。トルーマンの原爆告知が対日参戦の時期を早めたのは明らかだとボーレンは断言している。

北緯三八度線――思い付きで一気に書き込んだ

日本のポツダム宣言受諾が米国に伝えられた一九四五年（昭和二十年）八月十四日、ワシントンにある国務省の一室では激しい議論が交わされた。天皇の降伏宣言のあと旧日本軍が散らばる中国大陸と朝鮮半島のどこまでを米軍は占領すべきか。この問題が未解決だったからだ。

《戦後の朝鮮半島についてルーズベルトは独立を前提とした信託統治案を主張していたが、ヤルタ秘密協定では千島、南樺太のソ連獲得と満州における旧ロシア権益復活の見返りにソ連の対日参戦を決めただけで、そのほかは曖昧なまま残されていた。ソ連軍は協定に基づき八月九日に侵攻して満州全域を占領し、日本の降伏で朝鮮半島をのみ込むのは時間の問題とされていた》

国務、陸軍、海軍の三省代表が政策調整のために開いたその日の会議では、陸海軍が占領後の苦難を予想して消極的だったのに対し、国務省は「中国北部まで進むべし」と強く主張した。会議は深夜に及び、朝鮮半島に形だけでも米軍を進駐させることになったのだが、今度は「それでは半島のどこまでを占領すべきか」という厄介な問題が持ち上がった。

会議室わきの一室では、米陸軍参謀本部作戦室のディーン・ラスク大佐がその難問を解決するため、同僚とともに、米国地理院の大きな朝鮮半島の地図を前にしていた。

《ラスクは後にケネディ、ジョンソン両大統領の国務長官を務め、ベトナム戦争の指導に深くかかわったことで知られる》

「われわれは韓国のことをよく知らなかったし、研究する時間もなく焦っていた。ただ何となくソウルは米国側だと考えた。そこで最初はソウルのすぐ北に都合のいい地理的ラインを探したのだが、そうしたものがなく、結局、北緯三八度線が手っ取り早いと考えて一気に線を書き入れた」

ラスクが思い付きで書き込んだ三八度線は即座に承認され、驚いたことにソ連側もこの申し入れに応じたのである。こうして朝鮮半島分断は確定し、今もそのラインを挟んで軍事的な緊張は続いている。

ラスクはその経緯について「実はあとで、三八度線が二十世紀初頭に日本とロシアが朝鮮半島の勢力圏を区切る際に引いたのと同じだったことを知った。そうならば別の線にすべきだったと後悔した」と述懐している（ラスク著『私が見たままに』＊Ⅰ―40）。

ラスクが三八度線を思い付きのまま引いてから二週間後、米南西太平洋方面軍最高司令官、マッカーサーはマニラの司令部で烈火のごとく怒った。「ソ連軍が北海道に上陸した」という電文を受け取ったからだ。マッカーサーは即座に強い抗議を申し入れたが、その返信は「米軍こそ千島列島に上陸した。これはヤルタ協定違反だ」という逆抗議だった（クレイトン・ジェームズ著『マッカーサー』）。

米ソの上陸は結局、根も葉もないものとわかるのだが、マッカーサーがとっさに噂を信じたのにはわけがあった。日本降伏がほぼ確実になった頃、ソ連首相、スターリンは「日本もドイツ同様に分割されるべきだ」として北海道占領を強く要求し、米国大統領、トルーマンは一時的措置として了解さえしていたためだ。

この事態に我慢ならなかったマッカーサーは、連合軍司令官の権限を使って本州の真ん中にある米軍に取り囲まれた地域をソ連軍駐留地に指定したうえ、それでも北海道上陸を強行すれば「（司令部に派遣された）デレビャンコ中将らソ連軍事代表をすべて逮捕する」と通告していた（ジェフリー・ペレット著『老兵は死なず』＊Ⅰ−41）。

スターリンは結局、これで上陸をあきらめるのだが、ソ連軍が上陸を敢行したら、マッカーサーに具体的な対抗措置はなかった。

こうした確執は日本敗北と同時に〝陣取り合戦〟が始まったことを意味していた。

欧州がソ連の東欧圏確立とともに沈静化しつつあったのに対し、満州から朝鮮半島北部一帯に殺到したソ連軍、中国共産党軍、さらには中国国民党軍に旧日本軍までが入り乱れて混乱は深まり、マッカーサーはなすすべもなかったのである。

ルーズベルトはヤルタ会談後、ソ連との協定で「少なくとも今後二十年は戦争が起きない秩序を確立できた」と米国民に説明した。だが、ヤルタ密約で生じたアジアの混乱は、日本敗戦からわずか五年後に朝鮮戦争を招いたのである。

『中国の赤い星』を書き、中国情勢でルーズベルトの相談に応じたこともあるジャーナリスト、エドガー・スノーは五七年に「ＦＤＲの断章」という長文の記事の中で「ルーズベルトがあと数年生きていれば、こんなひどいことにはならなかった」と書いている。

ジョンソン大統領の国務長官時代のディーン・ラスク。朝鮮半島の三八度線は一九四五年八月に彼が引いた

だが、事実はトルーマンら後継者がヤルタ協定を忠実に守ろうとした結果の悲劇ではなかったのか。さらに言えば、スノーが主張する「ルーズベルトなら築いたであろうソ連との協調」とは一体どのような平和を指すのだろうか。

ルーズベルト政権唯一の女性閣僚で、大統領の友人でもあった労働長官、フランシス・パーキンスは葬儀の際、「これほど複雑な人物を私は知らない」と述べている。その複雑な軌跡を理解するには、一九二九年十月のニューヨーク株式市場の大暴落に端を発した大恐慌と、それを克服するためにルーズベルトが唱えたニューディールの時代へと戻らなければならない。

第二部　大恐慌のたたり

ニューディール――政権中枢にスパイ網が広がった

大不況、世界戦争と危機が連続した十二年に及ぶルーズベルト時代は、戦後、アメリカでソ連に対する強い疑惑を招く結果になった。ナチス・ドイツという共通の敵と戦うための米ソの同盟はフランクリン・デラノ・ルーズベルトの死によって蜜月《みつげつ》に終わりを告げ、その後にやってきたのは共産主義への激しい怒りだった。

その意味で、五〇年代前半のアメリカの「マッカーシズム」という激烈な反共運動は、ルーズベルト時代からの揺り戻し現象だったといえる。

だが、米国の怒りは、単に事実無根の非難ばかりではなかった。その語源となったジョセフ・マッカーシー上院議員による共産主義への雑多な追及とは別に、さまざまな議会委員会がルーズベルト時代に出来上がったソ連の巧妙なスパイ網とその活動の詳細を明らかにしている。

大統領を引退したばかりのハリー・トルーマンが一九五三年（昭和二十八年）十一月十六日、全米に向けてスピーチを行ったのも、ルーズベルト時代に蓄積された負の遺産の清算を迫られた結果だった。トルーマンは当時、「スパイと告発された財務省高官を昇任までさせた」という厳しい批判の矢面に立たされていたのである。

問題の財務省高官はルーズベルト時代のヘンリー・モーゲンソー財務長官の右腕で、戦後もトルーマン大統領の下で財務省次官補という地位を維持したハリー・デクスター・ホワイトだった。ホワイトは「ブレトンウッズ体制」で知られる戦後の国際金融システムを確立し、四六年には国際通貨基金（ＩＭＦ）の初代米国理事に就任していた。そして四八年、米下院非米活動委員会による喚問を受けた直後に心臓麻痺《まひ》で死亡している。

トルーマンの後を継いだアイゼンハワー政権の司法長官、ハーバート・ブラウネルはそうしたホワイト疑惑を取り上げ、「捜査と証拠によりスパイと証明された」と述べたあと、トルーマンが米連邦捜査局（ＦＢＩ）の忠告を無視してまで昇任させたことに強い疑念を向ける発言をしたことから騒ぎになったのである。

トルーマンは全米中継のラジオとテレビでこう反論している。

「ホワイトに疑惑があるのを知ったのは四六年二月だった。確かＦＢＩ報告からと記憶している。しかし、当時はまだ証拠も十分でなかった。国務、財務長官らと協議し、ホワイトのＩＭＦ理事への転出を決めたが、捜査が続行中でしかも共犯者の可能性があり、このままＩＭＦ転出を認めたほうが捜査の邪魔にならないと考えたからだ。実は捜査の進展とともに少しずつ閑職へと追いやっており、その結果、辞任を余儀なくさせている」（デービッド・リード著『ハリー・デクスター・ホワイト』＊Ⅱ―１）

つまりトルーマンは、ホワイトとその仲間にＦＢＩによる捜査を気づかせないため〝偽装〟の意味で昇任させたと説明したわけだ。

これに対し、翌日の米上院国内安全保障小委員会（ジェナー委員長）は、ブラウネルとＦＢＩ長官のジョン・エドガー・フーバーを喚問し、トルーマンへの再反論の場を提供している。前大統領の異例の反論に対し、政府の捜査責任者二人が証人に立つとわかり、否《いや》が応でも全米の目を引きつけた。

まずブラウネルが証言席に着く。

「私のスピーチがもとで政府への共産主義者たちの浸透ぶりが大きな反響を呼び、多くの雑誌などにも取り上げられた。たまたまホワイトの件に集中しているが、トルーマン氏と彼の側近たちはスパイが政府に浸透しているという事実を直視しようとしなかったことが問題だった」

ブラウネルはトルーマン政権の失態を攻撃したあと、四五年十二月にＦＢＩが大統領に対し「政府内に二グループのスパイ網がある」と警告した文書などを捜査資料とともに委員会に提出している。

また、証言席のフーバーはホワイト自筆のソ連赤軍情報部（ＧＲＵ）への報告書が、事件発覚の端緒の一人となった元スパイでジャーナリスト、ウィタカー・チェンバーズの有名な「パンプキン・ペーパーズ（カボチャ資料）」から見つかったという新事実も明らかにしている（『米上院国内安全保障小委員会議事録』＊Ⅱ−２）。

《『パンプキン・ペーパーズ」はチェンバーズがスパイ時代にホワイトらから入手した秘密資料のことで、庭のカボチャの中に隠していた。四八年に全米を揺るがした米下院非米活動委員会による国務省高官、アルジャー・ヒスに対するスパイ容疑聴聞会で揺るがぬ証拠とされた。ヒスはスパイ容疑については時効で免除されたが、偽証罪で禁固五年の実刑判決を受けている》

ブラウネルは委員会に捜査資料を提出したことについて「マッカーシーが証拠もないのに反共的〝魔女狩り〟をすることに反発し、証拠によって共産主義の浸透を証明しようとした」と述懐しているが、この資料は結局、ルーズベルト時代にさかのぼっての追及材料とならず、トルーマンへの政治的攻撃に使うためのものと誤解されてしまった（フレッド・グリーンスティーン著『大統領の隠し刀』＊Ⅱ—3）。

右手を挙げ大統領就任の宣誓をするハリー・トルーマン(中央)＝一九四五年四月十二日

ドワイト・アイゼンハワーは後にこの点を指して「新聞はトルーマンを弁護しようとホワイトまで助けようとした。あのような男が政府高官になること自体が追及されるべきなのに残念だ」と、漏らしている。

だが、ブラウネルとフーバーが聴聞会で行った証言は全米に大変なショックを与えた。ホワイト以外にも数人の名前が指摘されており、そのいずれもがルーズベルトが推し進めたニューディールという進歩的政策の推進者たちだったからだ。

その男、ホワイト――米政策に望み通りの影響狙う

トルーマンが大統領退任後、全米に向けて説明しなくてはならなかった「ホワイト事件」の張本人、ホワイトはルーズベルト政権内に存在したソ連のスパイ網の中でも最高ランクに属した高官だった。

ユダヤ系ロシア人移民の子として一八九二年に生まれたホワイトは一九三四年、ハーバード大で経済学博士号をとるとほぼ同時に、大胆なニューディール政策を展開するルーズベルト政権の財務省に金融専門家として招かれている。ホワイトは経済学者として優秀なだけでなく政策立案能力が並外れて高く、三〇年代後半にはモーゲンソー財務長官にとってなくてはならない補佐役を務めるようになっている。

四一年に筆頭次官補、四五年には次官へとトントン拍子に出世しているが、モーゲンソー日記をみる限り、財務長官への強い影響力は三〇年代後半から歴然としており、しかも、モーゲンソーがルーズベルトの親しい友人だったことを考慮すれば、ホワイトが単なる高官以上の存在だったことがわかる（ジョン・ヘインズ、ハーベイ・クレ

ア共著『VENONA』＊Ⅱ—4）。

ブレトンウッズ会議で戦後の金融制度についての協議を成功させたホワイトは、一九四四年八月六日、モーゲンソーに伴われてロンドンへの機上にあった。ドイツ敗北後の戦後復興を英国側と話し合うのが主な目的だ。飛行機が大きなエンジン音とともに大西洋上へと機首を向けた途端、ホワイトは膝の上のブリーフケースから分厚い資料を取り出した。

ハリー・ホワイト（左）とケインズ博士

資料は国務省が作成した戦後ドイツ復興案だった。当時、将来のドイツ占領政策については陸軍省と国務省が共同で取り組んでおり、財務省はいわば門外漢だったが、ホワイトはそのコピーを何とか手に入れ、隣に座るモーゲンソーに見せたのである。

ホワイトによれば、国務省案の欠点はドイツ工業の復活を前提にしている点であり、これによってドイツは容易に復興し再び脅威になる危険が指摘された。説明を聞いて、モーゲンソーは怒った。モーゲンソーは日頃からユダヤ人迫害はドイツ民族そのものの犯罪と断じており、ドイツの復興を許す国務省案を阻止することを決意したうえで、ホワイトには別の占領政策をつくるよう命じている（『ハリー・デクスター・ホワイト』＊Ⅱ－5）。

こうして作成されたのが「モーゲンソー案」だった。ドイツの工業を根こそぎ取り払い農業と牧畜だけの国に造り変えるという同案は、モーゲンソーの説得に応じてルーズベルトもいったんは了承したのだが、そのあまりに復讐的な側面に結局は撤回している。

モーゲンソー案の撤回までの経緯については第一部ですでにみてきた。以下では、ホワイトが根本的なところで、最初から関与していたことがわかったことで、所管が違う財務省がなぜドイツ戦後案を推進したのかという疑問に新しい光をあてることになる。

四五年十一月、ＦＢＩに駆け込むまでスパイ網の要《かなめ》にいたエリザベス・ベントレーは五一年八月、米上院国内安全保障小委員会でホワイトら政府内の情報員の活動実態について証言している。

ベントレーはまず「工作員の役割は極秘文書を持ち出すことのほかに、米国の政策にこちらの望むような影響を与えることだった」とし、その例を聞かれると、「影響を行使できたのはホワイトとロークリン・カリー（ルーズベルト大統領の中国問題特別補佐官）ぐらい」であり、「ホワイトはこちらの指示でモーゲンソー案を強く推進した」と内幕を述べ、委員会を驚かせている。

スターリンは四三年十一月のテヘラン会談で、ドイツ戦後問題について、「二度と立ち上がれないようにする必要がある」と強く主張し、その後もドイツ分割と厳しい賠償を要求していた。ベントレーはその当時のスターリンの意図を、ホワイトがモーゲンソー案の作成によって遂行したと宣誓証言したのである。

第二次大戦中のルーズベルト政権がいかにソ連スパイによって浸透されていたかは、こうした議会の調査委員会やFBI捜査でかなりの部分が明らかにされた。実際、アイゼンハワー政権のブラウネル司法長官が五三年十一月に米上院国内安全保障小委員会に提出した捜査資料は、ホワイト以外にカリーや陸軍省のジョージ・シルバーマンらの名前も明記していたのである。

だが、戦争中のソ連の交信記録（四三年から四四年）を解読した米VENONA資料によると、スパイ網はFBI報告をはるかに上回る規模であり、少なくとも二百人以上もの米職員がソ連のために何らかの情報を提供している。

ではなぜ、これほどまでのソ連協力者がルーズベルト政権に浸透、あるいは存在することができたのか。

ベントレーは、ホワイトについて「根っからの共産党員ではなく、むしろ共産主義という理想にひかれて協力していた。その点にずいぶん気を使った」と証言している。ホワイトはその一方で、ルーズベルトが唱えた米社会改革運動に強く共感して政府に参加した人でもあった。

世界的な大不況で街には失業者があふれ、首都のワシントンでさえ暴動の危険があった三三年、ルーズベルトは大統領に就任している。ホワイトのような米知識人がスパイになるほど魅力のあった共産主義と、ルーズベルトが掲げたニューディールのかかわりを知るためにも当時の時代背景から話を解きほぐさなければならない。

ホワイトハウス炎上――「偉大な国は必ずや復活する」

オーバルオフィス（大統領執務室）のあるホワイトハウス西棟が焼け落ちたのは暮れも押し詰まった一九二九年十二月二十四日、クリスマスイブの夕刻のことだった。ホワイトハウスの主であるハーバート・フーバーは別棟での夕食を途中で切り上げて駆けつけたが、凍《い》てつく空に真っ赤な炎を噴き上げるホワイトハウスは出火から約五時間後には瓦礫の山となり、分厚いコート姿の大統領はただ呆然《ぼうぜん》と立ち尽くしたと記録されている（ウィリアム・ドイル著『オーバルオフィスの中で』＊Ⅱ−6）。

フーバーが前年、「貧困という言葉がなくなるだろう」と豪語したアメリカの好景気は曲がり角に達していた。ホワイトハウス出火のほぼ二カ月前、十月二十五日付ニューヨーク・タイムズ紙は「株式市場は史上最大の破壊的な落ち込みに襲われた」と大見出しで歴史的大暴落を報じている。世界最大の米国経済は、まるで焼け落ちたホワイトハウスのように崩壊の危機に直面していた。

炎上するホワイトハウス＝一九二九年十二月二十四日

ニューヨーク州知事だったルーズベルトが三二年の大統領選で現職の共和党候補、フーバーと一騎打ちを演じたのは、景気後退で社会が騒然としている時だった。当時の商務省統計をみても、失業者数は二九年百五十五万人、三〇年には四百三十四万人、三三年には千四百万人にまで膨れ上がっており、街の通りは食い詰めたホームレスであふれていた。

だが、肝心の景気回復論争は二人ともほとんど代わり映えせず、結局、選挙を制したのはホワイトハウス火災に続く大不況というフーバーのマイナスイメージだった。ルーズベルトは変化を求める声だけを頼りに勝利をものにしたのである（『恐怖からの解放』）。

ルーズベルトは選挙に勝ったあと十一月にホワイト ハウスにわざわざ立ち寄っている。二人が直接、顔を合わせるのはこれが初めてだ。

その日、ホワイトハウス「赤の間」に通されたルーズベルトは同行した政策顧問のレイモンド・モーレイを相手に軽口を叩くなど上機嫌だった。一方、部屋で待たされたフーバーは葉巻をくわえ、苦虫を嚙《か》みつぶしたような表情で足元のカーペットを見つめていた。重苦しい雰囲気を破ったのはフーバーだった。

「大不況は世界を覆おうとしている。米国は今こそ世界経済立て直しのリーダーシップをとらなくてはならない」

フーバーが約一時間にわたって語り続けたのは第一次大戦で最大の債権国となった米国が世界同時不況の今、借金取り立てを一時的にでもあきらめなければ不況の悪循環はさらに広がり、ひいては米国経済を悪化させるという持論だった。

モーレイは「フーバーが具体的な数字を含め完全に問題点を理解しており、その緻密さに圧倒された」と証言しているが、その間、ルーズベルトはまるで素人のような質問を繰り返すばかりで論点を理解していないような印象を与えた。

《ルーズベルトとフーバーの会話はモーレイ著『七年を経て』より＊Ⅱ−7。英仏の債務返済停止への見直しは三二年末にあり、停止措置が延長されないと英仏が破綻の危機にあった。モーレイはルーズベルトの有識者補佐官グループ「ブレーン・トラスト（学者アドバイザー）」の中心人物》

ルーズベルトはその後も、国際経済を重視すべきと訴えるフーバーを避け続けた。その間、次期大統領の経済政策が不明のまま米国経済は転落の一途をたどり、取り付け騒ぎが連鎖的に起き、銀行は次々と閉鎖状態へと追い込まれている。こうした急速な悪化に居ても立っても居られなくなったフーバーは翌年二月、退任まであと十日しかない時点で、ルーズベルトに次のような長文の手紙を書いている。

「（不況の）問題は人々の心の中に潜んでいる。将来への不安が増大し、今や危険点に達している。（新大統領である）あなたの確約こそ人々に自信をよみがえらせ、購買欲を引き起こし、景気を回復させることができるのです」

ニューヨークで風刺劇を観劇中にこの親展の手紙を手渡されたルーズベルトはそれを無視しただけでなく、何と二週間も返事さえ書かなかったのである（『恐怖からの解放』）。

三三年三月四日土曜日、ルーズベルトはキャピトルヒル（米議会）の広場で、大統領宣誓式に臨んだ。これまで公的発言を避けてきたルーズベルトはまるで堰《せき》を切ったように訴えかける。

「偉大な国は必ずや復活し、栄える。恐れるべきは恐怖です。必要なのは行動であり、重要なのは失業者を仕事に就かせることなのです。この危機に直面し私は戦争をも想定したような幅広い権限を議会に求めるでしょう。実際、外国の侵略を受けた時に与えられるであろうほどの強大な権限をです」

新春のまだ肌寒い突風が時折吹き抜けるキャピトルヒルの演壇に立つルーズベルトは顔を紅潮させながら、十万人規模に膨れ上がった民衆に訴え続けた。当時、急速に普及したラジオのおかげで多分その百倍近くの人が演説に耳を傾けていたはずだ。『エレノア・ルーズベルトの登場』(ジョセフ・ラッシュ著)によると、妻のエレノアは、ルーズベルトが演説で「戦争を想定した」といった途端、聴衆が思わず歓声を上げ、拍手喝采《かっさい》したことに「何だか恐ろしい印象を受けた」と語っている。

ルーズベルト時代はこのようにして始まった。

暗殺未遂と首都暴動――社会改革、さもなくば革命だ

ルーズベルトが一九三三年の大統領就任演説で「恐怖にとらわれることなく進もう」と訴えなければならなかったのは、破壊的な不況で社会そのものが危うくなり、国民の大半が恐怖にとらわれていたからだった。初期のルーズベルト政権を支えたブレーン・トラストの一人、アドルフ・バーレは当時の状況について「社会改革、さもなくば革命」と警告しているが、ルーズベルト自身、大統領就任直前に銃弾を浴びるという形でそうした社会不安の怖さを体験している。

就任式まであと二週間余りを残す二月十五日のことだ。ルーズベルトは友人が所有

するヨットでカリブ海を周遊中だったが、民主党支持者らへの挨拶を兼ね国民に気さくな姿を見せるという狙いから、マイアミのフォント湾公園に立ち寄ることになった。

会場は新大統領を一目見ようとする群衆であふれんばかりだった。そこへ警護官らに囲まれたルーズベルトのオープンカーが現れた。後部座席のルーズベルトが歓声に手を挙げ、簡単な挨拶を済ませて立ち去ろうとした時だ。

たまたま近くにいた知人のシカゴ市長、アントン・サーマックが車のわきに立ち、ルーズベルトに話しかけている最中に鋭い銃声がした。瞬間、銃弾はルーズベルトからわずか十数センチのところをかすめ、サーマックの胸を貫いていた。


《暗殺未遂は『恐怖からの解放』と『FDRの素晴らしき欺き』より。この事件は結局サーマックが死亡、群衆の数人も流れ弾で重傷を負うという惨事になったが大統領が九死に一生を得ているうえ、青年の単独犯ということで大きな政治事件にはならなかった》

実は、こうした血なまぐさい事件はこの頃、米国で頻発していたのである。ルーズベルトが三二年七月二日、シカゴで民主党大統領候補指名を受け、「ニューディール」という呼びかけを行っていた頃、首都ワシントンの米議会周辺は二万人以上の退役兵士らの居座りテントで埋まっていた。

第一次大戦後、帰還したものの仕事もなく極貧の生活を余儀なくされたこれら退役兵士たちは、不況による最大の犠牲者だった。彼らは、政府が約束した退役年金のボーナスを即座に支払うよう求める「ボーナス軍」を組織し、議会への圧力団体としてペンシルベニア通りに面したビルや空き地を占拠したのである。

焼き払われるボーナス軍テント村の掘っ立て小屋

七月二十八日朝、群衆の投石で始まった小競り合いは警官側の発砲で退役兵士二人が即死。それがきっかけで五千人以上の群衆がレンガや棍棒を手に暴れ回るなど手がつけられない状態になった。その日の午後、警察はついにフーバー大統領に軍の出動を要請した。

後に連合国総司令部（GHQ）最高司令官となる米陸軍参謀総長、ダグラス・マッカーサーは直ちにドワイト・アイゼンハワー少佐とジョージ・パットン少佐に鎮圧を命じた。鎮圧軍は、パットンが指揮する六両の戦車隊を先頭に、アイゼンハワーが率いる銃剣の歩兵大隊、さらにサーベルを抜刀した六縦列の騎兵隊が続いた。

急ごしらえの部隊はホワイトハウスからキャピトルヒル（米議会）に向けペンシルベニア通りをゆっくりと威嚇するように行進した。馬上のマッカーサー自らが指揮をとる鎮圧軍は議会周辺で投石を繰り返す群衆を蹴散らし、アナコスティア川にかかる橋に追い込んだあと一気に南岸に広がるボーナス軍のテント村に突入した。テントには女性や子供もいたが、軍はすべてのテントと掘っ立て小屋を焼き払った。

暴徒はこうして鎮圧されたが、数百人が負傷したこの事件は、まるで内乱の印象が強く、国民に不安と恐怖を与える結果ともなった。

《ボーナス軍鎮圧はT・ワトキンス著『ハロルド・イッキーズの生涯』と『老兵は死なず』より。無防備の群衆に対する過剰警備ではないかとの批判に対し、マッカーサーは「ボーナス軍と呼ばれる群衆は本質的には革命を起こそうとした暴徒たちだった。私は共産主義者による革命暴動の一環という報告を軍情報部から受けていた」と証言している。また、作戦に参加したアイゼンハワーとパットンは第二次大戦で英雄となり、アイゼンハワーは戦後、第三十四代大統領に就任

する》

銃撃に遭遇し、さらには首都騒乱を目の当たりにしたルーズベルトは、恐怖という米国の危機を十分に理解していた。就任二カ月後の三三年五月、再びボーナス軍六千人がワシントンに舞い戻ったとき、ルーズベルトは軍を差し向ける代わりに食料を提供したうえ、腹心の顧問、ルイス・ハウを送り込んでいる。

ハウはわざわざ雨の日を選び、大統領夫人、エレノアを誘った。泥《どろ》んこ状態のテント村に着くと、ハウはエレノアに告げた。

「車を降り、男たちの不満を聞いてやってほしい。できるだけキャンプ内を歩き回り、フランクリン（ルーズベルト）から頼まれたと言うんだ。大統領の代理で来たということを忘れないように」

エレノアは膝まで泥につかって退役兵士たちと握手を交わし、一緒に歌までうたった。ボーナス軍とホワイトハウスの対決はこうして回避された（パトリック・アンダーソン著『大統領の部下たち』＊II—8）

妻を送り込むことで危機を脱するというアイデアが果たしてルーズベルトによるものか、それとも交渉術の天才といわれたハウが考えたものなのか。ルーズベルトはこれまでの大統領には全くみられないスタイルで、国民に強いインパクトを与えていった。

禁酒法の廃止――そろそろビールでも飲もうか

大統領に就任して二度目の日曜日を迎えたルーズベルトは側近のハウらとホワイトハウスのオーバルオフィス（大統領執務室）で軽い夕食をとりながら、突然こう切り出した。

「おい、ところでそろそろビールを飲む頃じゃないのか？」

その夜遅く、ルーズベルトの意図を理解したハウは前年の大統領選キャンペーンの際に用意した民主党綱領を取り出し、アルコール度三・二％のビールおよびワインの飲酒を許可するビール法案を完成させた。

『私たちの国』（マイケル・バロン著）によると、ビール法案はルーズベルトが夕食で示唆した翌日の一九三三年（昭和八年）三月十三日、議会に提案され、十六日までに上下院ともスピード可決した。一九一九年にウッドロー・ウィルソン大統領が導入し、十四年間続いたアメリカの「禁酒法時代」はこうしてあっさりと幕を閉じたのである。

《禁酒法廃止は同年十二月五日の憲法修正によりウイスキーなども許可され、正式に成立した》

米国は宗教的にかなり厳格な国で、「飲酒は道徳的に戒めるべきだ」との考え方に逆らってまで禁酒法廃止を唱える政治家は少なかった。とりわけ「キリスト女性節酒連合」や「反酒場連盟」などが激しくロビー活動をしており、ルーズベルトが禁酒法廃止へと傾いた三二年大統領選の準備段階でも、禁酒法をいじることは選挙に悪影響があると考えられていた。

ルーズベルト家でも、妻のエレノアは極端ともいえる絶対禁酒主義者だった。父親が三十四歳の若さで重度アルコール依存症から墜死し、十歳で親類宅に預けられるという境遇を経験して同居の叔父が酒に溺《おぼ》れるのを目撃している。エレノアは自宅テーブルにワイングラスが置いてあるだけでも嫌悪をあからさまにしており、ルーズベルトのスピーチライターだったサム・ローゼンマンは「全く妥協のない人物だった」と述懐している（ラッシュ著『エレノアとフランクリン』）。

一方、ルーズベルトはというとハーバード大在学時代からウイスキーをたしなみ、禁酒法施行後もエレノアに隠れて夕暮れ時のカクテルを欠かさなかった。禁酒法の陰で多くの人が密造酒を飲んでいることを承知していたルーズベルトが、むしろ禁酒法廃止にこそ当選へのカギをみたとき、エレノアの強い反対は大した意味を持たなかった。

当初、選挙の焦点は不況の克服にあったのだが、ルーズベルト、フーバーとも失業者救済、財政均衡などどれをとっても代わり映えのしない対策ばかりを並べ立てていた。そのなかで、道徳面から禁酒法維持に傾いた共和党に対し、ルーズベルトは廃止を公約することで違いをアピールできたからだった。

不況で気持ちが沈んでいる国民にとって、「そろそろビールでも飲もう」というルーズベルトの公約はあまりにも魅力にあふれていた。

《フーバー大統領も禁酒法がすでに有名無実化し、この法によって密造業者がはびこり警官汚職の温床になっていることに気づいていた。だが、「法を守るべき立場では、言い出せなかった」という。フーバーは禁酒法時代の密造酒マフィア、シカゴのアル・カポネ逮捕に全力を挙げたことで知られている》

ルーズベルトは就任後、ビール法だけでなく、矢継ぎ早に新法案を提示している。就任翌日の五日の日曜日に特別議会を招集し、九日にまず最初の法案「銀行法」を通した。

あらゆる銀行の閉鎖命令権から金の差し押さえに至る絶大な権限を大統領一人に付与する画期的な法律だった。その年、就任日までに全米で三十八の銀行が閉鎖に追い込まれるという緊急事態の中で、まるで独裁権を与えるかのような銀行法を上下院とも迷わずに可決している。

デトロイト警察当局の手入れを受ける、ビールの密造工場

同様のことが、十日に議会に提出された経済法案にもいえた。この法案は、ボーナスマーチで恐れられた第一次大戦退役兵士の年金予算を一気に四億ドル削減し、連邦政府職員の給与に至っては一律一五%カットすることで政府予算を二五%も緊縮するのが狙いだった。それがわずか一日で承認されたところに、ルーズベルトの強引で素早い議会運営がうかがえる（『ルーズベルト回想』＊Ⅱ―9）。

「ルーズベルトの百日」と呼ばれる三月から五月にかけてのすさまじい法案ラッシュにより、米国はかつてない強い権限を大統領に与えることになった。だが、その中で人々が今も覚えていることがあるとすれば、「人目をはばからずビールが飲めるようになった」ことだろう。

ビール法案が承認された三月十六日、ホワイトハウスで記者会見に応じたルーズベルトは「これからはホワイトハウスでもビールが飲めるのか」という質問に対し、オフレコを条件に「エレノアに聞いてくれ」と答えている。エレノアのほうは記者団の同様の質問に「私自身はアルコールは一切飲まないが、飲みたい人に（禁酒を）押しつける気はない。ビール解禁が節酒と密造解消に結びつくことを期待する」という短いコメントを報道官を通じて発表した。

街でビールが飲めるようになった日、ニューヨークでは六頭立ての馬車がエンパイアステーステートビルに巨大なビール樽を運び込み、かつてのビールの街セントルイスでは終日、ビール工場の甲高い警笛が鳴り響いた。

汚辱の日——劇的効果を狙った文言を選ぶ

ルーズベルトは禁酒法時代にピリオドを打つなど目立った法改正を矢継ぎ早に出す

ことで、少なくとも「何かが起きようとしている」というメッセージを米国民に伝えることができた。米国のような大衆社会を奮い立たせるには、「まずは気分を一新させる」という鋭い政治感覚がそこに潜んでいる。

ルーズベルトのこうした一種のドラマチックな政治手法は実は、大統領就任前からの特色だった。ルーズベルトの社会政策を意味し、その後、世界中に知られるようになる「ニューディール」もそうした劇的な場面で登場している。

一九三二年（昭和七年）七月二日、民主党がルーズベルトを大統領候補と決めたシカゴの党大会でのことだ。本来、候補者は党指名を地元で厳かに受けるものであり、実際に指名が決定する党大会には顔を出さないのが慣例だった。ところが、ルーズベルトは新聞記者らを引き連れ、行く先々で観衆に手を振りながらついに会場に姿を現したのである。

会場の党代議員らは予想に反して拍手で迎えている。ルーズベルトが演壇に立った時には会場は熱狂に近い状態になり、聴衆の歓呼のためルーズベルトは演説をすぐには始められないほどだった。

「皆さん、候補者がここに姿を現すことを異様だと思われたかもしれない。だが、今（米国は）前例のない事態に追い込まれているのです。（中略）今ここで、アメリカの人々にニューディールを誓いたい。勇気と能力にあふれた新秩序に結集し、武器を手にせよというほどの真剣さで、アメリカを民衆の手に戻す改革十字軍を助けてほしい」

ルーズベルトが演説で使ったこの「ニューディール」こそが、その後の社会政策を総称するキーワードとなるのだが、果たしてルーズベルトがこの時どれほどの意味を込めていたかは実は、はっきりしない。

コラムニスト、ウィリアム・サファイアは著書『ニュー政治用語辞典』で、ニューディールについて「スピーチライターはこれほど有名になるとは考えもしなかった。ルーズベルト自身も草稿を読んだとき、単語に大した意味を見いださなかった」と説明している。

サファイアによると、演説には四つのキーワードが用意されていた。一つは「新秩序」。これは皮肉にもヒトラーが演説で使うことになる。もう一つは「改革十字軍」。こちらはアイゼンハワー大統領が使う。三番目の「武器を取れ」は誰も注意を払わなかった。つまり、四番目の「ニューディール」は全くの偶然から不況時代に希望を与える用語として受け入れられ、具体的なプログラムもないまま民主党キャンペーンのキャッチフレーズとなった。

そして、ルーズベルト政権誕生後には国内のあらゆる社会政策を総称するようになる。

日本の真珠湾攻撃を受けた翌朝の四一年十二月八日朝（米東部時間）、ルーズベルトはキャピトルヒル（米議会）へと急いでいた。日本への宣戦布告を議会に承認してもらうためだ。車椅子のルーズベルトはエレベーターで二階に達し、さらに議場の演壇には、腰と足に鉄のギプスをはめ、必死でよじ登っている。

そして、この時の演説が日本のだまし討ち攻撃を非難する時には必ず使われる「汚辱の日を忘れるな」という呼びかけとして知られるようになる。

ルーズベルトはこの日、普段とは違ってスピーチライターを使わず、自分の手で草稿を作成した。三度にわたって書き換えられた草稿は当初、「きのう十二月七日は世界史に残る日となるでしょう」で始まっていた。二度目の草稿で「世界史」の部分が「汚辱」に書き換えられ、三度目の最終稿では日本の攻撃個所が生々しく付け加えられている。

この使い分けは絶妙というほかない。実際、ルーズベルトが「汚辱の日」としたことで、米国民は「リメンバー・パールハーバー（真珠湾を忘れるな）」を誓ったのである。

宣戦布告を求めるこの歴史的な演説はわずか六分という短さだった。当時の議会演説は三十分以上が普通で、ハル国務長官が日米交渉や日米関係についての歴史をすべて盛り込むべきだと主張したのに対し、ルーズベルトは「劇的な効果を狙いたい」と答えている。この言葉からもその狙いは明らかだろう。

ルーズベルトは三五年三月に友人にあてた手紙で、演説における劇的効果について次のように書いている。

「大衆心理は、あるいは個人の心理状態からみても、常に同じことばかりを聞かされていると人間的な弱さからすぐに慣れきってしまう。それにこの国は自由でセンセーショナルなニュースがあふれている。本来なら重要な名前や出来事にしても毎日、毎日、新聞の見出しに出ていてはいずれ誰も注意しなくなる。もし私が三三年や三四年と同じ調子でやっていたらいずれは新人の役者やコメディアンらによってすぐに表舞

台から引きずり降ろされてしまうだろう」（リチャード・ニュスタット著『大統領の権力』＊Ⅱ−10）

大衆心理に関するこの認識はルーズベルトの鋭い政治感覚に裏打ちされている。不況であふれる失業者に希望を与えた「ニューディール」にしても、日本を憎むために使われた「汚辱の日」にしても、この政治感覚によって生み出されたものだった。

青鷲パレード——共産主義？　それともファシズムか

ニューヨーク五番街の大通りは二十五万人行進がいつ果てるともなく続いていた。茶色の制服に身を包み、軍隊調に足並みをそろえる「自然保護市民団（ＣＣＣ）」の青年もいれば、派手なバトンガールもいる。誰の胸にも青鷲《あおわし》の記章が誇らしげに輝いている。沿道はそれをはるかに上回る百五十万人もの群衆で埋まり、「私たちは（お国のための）役割を果たしている」と興奮のあまり涙ぐむグループまで出るなど異様な雰囲気を醸し出していた。

一九三三年九月初秋のこの壮大な行進は、紙吹雪パレードで知られるニューヨークにあっても史上最大規模として今も記録に残っている。これに匹敵する大衆動員があるとすれば、翌年、ドイツのニュルンベルクで行われたナチ党大会の労働者大行進ぐらいろう。

事実、パレードに参加したCCCはルーズベルトの発案で失業者対策として組織され、植林などを行う軍隊組織の青年団体だった。米国内ではナチの労農隊と比較されることが多かったのである（アーサー・シュレシンジャー著『ニューディールがやってきた』＊Ⅱ―11）。

「青鷺パレード」と呼ばれた大衆動員は、ルーズベルトの百日間に及ぶ法案ラッシュ直後に本格化したニューディール政策の柱ともいえる重要な意味を持っていた。銀行法で金融システムへの介入を実現し、経済法で緊縮財政への手段を手にしたルーズベルトは次のターゲットを、米国経済を支える産業界の再編へと絞りつつあったからだ。

三三年四月十二日、ホワイトハウスの記者会見で「米企業のばかげた過剰生産を何とか規制しなくてはならない」と漏らしたルーズベルトは五月七日のラジオ炉辺談話でさらに次のように語りかけている。

「（米産業を復興させるため）国とビジネスが手を取り合わなくてはなりません。政府は不公正を防ぐ義務があるのです」

何の変哲もなさそうなこの談話は実は、市場優先、自由放任経済を信奉してきた米国に根本的な転換を迫る内容を含んでいたのである。談話づくりを手伝った側近のモーレイもその点に気づいており、「大統領、これは自由放任という（米国の）伝統的な哲学から大きく逸脱するのでは」と、深刻な表情で注意を促している。

これに対しルーズベルトは一瞬、考え込んだ後、「そんな哲学は今や破綻している。そうでないなら、フーバー（前大統領）が私の代わりにここに座っているだろう。私はこの路線の正しさを確信しているよ」と、強い口調で答えた（『ニューディールがやってきた』）。

ガンサー著『ルーズベルト回想』によると、米国が不況に陥ったのは生産過剰と極端な自由競争が原因で、資本主義を救うには価格統制以外に道はなく、自由競争より独占企業のほうが有益と考えられた。同年六月十三日に設立された「国家復興庁（NRA）」の初代長官、ヒュー・ジョンソンは米国人の意識改造を進める必要性を強調し、まるでナチズムのような青鷲行進もそうした狙いから実施された。

一方、この青鷲行進と並行するようにルーズベルトが熱心に推進したのが、失業者救済のための地方への入植運動だった。

ワシントンから西へ数百キロ離れたアパラチア山脈の炭鉱町は不況で次々と閉山し、

ＮＲＡの象徴、青鷲マークのポスターを店先に張り出す女性＝一九三四年

病気の子供が貧しさのため治療も受けられない悲惨な状況となっていた。妻、エレノアの克明な報告を聞いたルーズベルトは即座に炭鉱労働者を新たに農民として入植させるアイデアを議会に諮り、住宅建設費用二千五百万ドルの予算を獲得して計画はスタートしている。

国が土地、家屋の建設、農機具の購入のほか、家具工場のような軽工場の誘致も行い、失業者を入植させる計画で、そのモデルタウンに選ばれたのがアパラチア山脈にあるアーサーデールだった。画一の組立式住宅が並び、住民は共同で農作業から町の行事にまで加わるなど一種の共同体運動の側面が強く、当時、ソ連で進められていたコルホーズ（集団農場）を連想する人も多かった。

《『ルーズベルト回想』によると、ＮＲＡ創設の頃、コラムニストのドロシー・トンプソンは青鷲行進を「ニューディールはファシスト運動」と評し、逆にフラ

ンク・シモンズは「ニューディールは共産主義運動にほかならない」という大コラムを発表していずれも注目された。》

ルーズベルトが不況克服の特効薬として推進したこれら一連の構想は一年も経ないうちに次々と行き詰まりをみせている。

青鷲運動の場合、憲法に違反せずに価格を統制するのは最初から無理があり、国民運動によって企業に圧力をかけるというジョンソンの考えも思うような結果は出なかった。アーサーデールの場合は入植地建設に費用がかかり過ぎ、さらに失業者に現金収入の道を与えるはずの工場を誘致することもできなかった。

内務長官、ハロルド・イキーズはアーサーデール計画が行き詰まる中、エレノアの希望で予算がどんどん膨張する点を非難して「まるで酒飲みの水兵が（酒代に給料すべてを）注ぎ込むようなものだ」と忠告した。これに対しルーズベルトは「うちの女房はどうも普通の奥さんと違い、金銭感覚があまりないようなんだ」と、溜《た》め息《いき》をついている（『イッキーズ秘密日記』＊Ⅱ—12）。

クーデター計画――反ニューディール勢力が動いた

深刻な不況が原因とはいえ、ルーズベルトが自由の国アメリカで経済の国家統制という当時のファシズムや共産主義のような実験を試みていたとき、奇妙なクーデター計画が発覚した。大統領暗殺というテロは何度か経験しているこの国も、政府転覆という大掛かりな政治暴力にさらされそうになったのは建国以来、初めてだった。

一九三四年九月二十日の米下院非米特別委員会は米海兵隊退役少将のスメドレー・バトラーを証人に迎えた。バトラーは「ファシストによるクーデター計画が存在する」と自ら訴え出たのである。

バトラーによると、ウォール街の債券ブローカー、ジェラルド・マクガイアが接触してきたのは三三年初秋のことだ。マクガイアはルーズベルトのニューディール政策が米国の企業家精神を蝕《むしば》んでおり、アメリカを救うには将軍が退役兵士を組織して立ち上がり、ルーズベルトを軟禁するとともに新政府を樹立すべきだと説得したのだった。

最初は信じられない表情のジョン・マコーマック委員長も、バトラーが資金三百万ドルを提示され、しかも有名企業シンガーミシンの会長、ロバート・クラークが五千万ドルもの軍資金を用意していたと聞いて啞然《あぜん》とした。生活に困っていた退役兵士五十万人が動員されることになっており、銃はレミントン社、火薬はデュポン社がまかなうなど、説明は具体的で、指摘された名前がニューディール批判を強めていた「アメリカ自由同盟」の面々だったことも、マコーマックの心証を強めた。

マクガイアは否定していたが、マコーマックは記者会見で「バトラーは証拠を持っており、マクガイアは矛盾だらけ」と事件追及に自信満々だった。ところが、十二月に入るとなぜか公聴会が行われなくなり、翌年二月には証拠不十分を理由に追及そのものが取りやめになった。

《クーデター疑惑とバトラー証言については米議会図書館所蔵の第七十三回議会下院特別委員会報告（三四年十一月二十四日付）と雑誌「今日の歴史」に発表されたクレイトン・クラマーの「米国のクーデター」（九五年）に詳しい。バトラーは南米各地や中国の戦闘で勇猛さを発揮し、二度の栄誉勲章を受けた海兵隊の伝説的英雄。三二年にワシントンで暴動を起こした退役兵士らに同情的で人気も高かった。一方、マクガイアは委員会が追及を中止した直後の三月、急病で死亡している》

こうして反ニューディール勢力として有名になった「アメリカ自由同盟」はその後も登場し、大統領再選問題が浮上した三六年初頭にはルーズベルトつぶしの集団として一層、警戒されている。一月二十四日午後のホワイトハウス閣僚会議では次のようなやりとりが展開された。

「モーゲンソー（財務長官）は三時になると、いつものように部屋を出た。たぶん、最新ニュースを聞くためだろう。帰ってきたモーゲンソーは大統領に耳打ちしたあと、『この日午後三時半、GM（ゼネラル・モーターズ社）が突然、大量のドル売りを開始した』と言って閣僚を見回した。この結果、ドルは英ポンドに対し五ドルにまで急落したという。大統領は『祖国の貨幣をおとしめるとは、これほどの非愛国的行為を知らない』と鋭い口調で述べた」（『イッキーズ秘密日記』＊Ⅱ－13）

ドル売りにルーズベルトがこれほど怒ったのは、翌日に予定されていた民主党の大物、アル・スミスの反ルーズベルト演説と呼応する動きではないかと疑ったからだった。演説会の主催者は「アメリカ自由同盟」であり、その最大の会員がGMを支配するデュポン社グループだったことがこの疑惑を生んだ。

ルーズベルトは再選を意識して早くからニューディールの成果を強調し、年頭教書でもそれを誇ったばかりだった。しかし実際には経済が順調に回復したわけでも、失業者が目立って減ったわけでもなかった。

むしろ、国家復興庁（ＮＲＡ）の価格統制が違憲判断を受けるなど、アメリカの自由を損なう試みとの危機感を抱く人々が発言を強めていた。

「アメリカ自由同盟」はその中でも最大の政治団体だった。ジェファソン時代以来、民主党を支えてきた大富豪デュポン家を中心にＧＭや金融のモーガン家など米社会を代表する富裕層のほか、スミスら反ルーズベルトの政治家も有力メンバーとなり、影響力は侮れなかった。

ルーズベルト（左）とアル・スミス

ドル売りの翌日、ワシントンでも指折りの高級ホテル「メイフラワー」の夕食会でスミスが行った演説は次のようなものだった。

「皆さん、ニューディールとはマルクスと

レーニンのことなのです。問題はワシントンか、モスクワか。星条旗か、それとも赤旗かの選択です。われわれはルーズベルトが民主党候補に再指名された場合、党を離脱する覚悟です」（アルバート・フリード『FDRとその敵』）

スミスはルーズベルトの前任のニューヨーク州知事であり、二八年には民主党大統領候補にも指名された人気政治家で、小児麻痺に苦しむルーズベルトを政界復帰させたことでも知られていた。そのスミスの批判は、ニューディールと共産主義を同一視する極端なものだった。

そして、この演説は「金持ちによるニューディールつぶし」という反論をむしろ補足し、皮肉にもルーズベルト再選を決めるきっかけになったのである。

戦争への予感——大統領はナチス台頭を恐れた

ルーズベルトが大統領になる五週間前の一九三三年一月三十日、ドイツではナチス（国家社会主義ドイツ労働者党）党首、アドルフ・ヒトラーが首相の座に就いている。ナチスの躍進が第一次大戦後の大不況に促されたことを考えると、ニューディールを誓うルーズベルトがヒトラーとほぼ同時期に登場したことはいかにも暗示的だ。

例えば、ヒトラーが国家統制経済で産業の効率を高めようとしたのに対し、一方のルーズベルトも国家復興庁（ＮＲＡ）によって米産業の効率化を図ろうとした。この類似性は二人が同じ時代の要請によって登場したことを裏付けている。だが、ルーズベルトはかなり早い段階で、ヒトラーを非常に危険な存在とみていた。それを示すメモがルーズベルト記念図書館に残されている。

「リッチモンド・ニューズ・リーダー」紙のフリーマン編集長はルーズベルトがナチズムに強く対抗し始めたと指摘したうえで、「大統領の政治哲学を明確にするうえでも、（ナチズムの前身となった）イタリアのファシズムについてどう考察するかをお聞きしたい」という質問状を大統領に送った。これに対し、ルーズベルトは三九年一月十日付返書で、こう答えている。

「ファシズムについてはロシアの共産主義に近い社会実験と分析してきた。秩序とモラルがイタリアに復活すれば、いずれ民主主義が復活すると期待してきた。だが、問題はヒトラーとナチズムが登場し、極端な道を歩んだことだ。これによって（ファシスト党首の）ムソリーニは独裁的になった。そうでなければ、イタリアのファシズムは実験段階だったとはいえ、世界的に大きな意味を持つ運動だったといえる」

ここで注目されるのは、ルーズベルトがファシズムを共産主義と同じ社会実験とみなす一方で、ナチズムについてはファシズムを脱線させたむしろ危険な存在と明確に断じていることだ。

《『FDR、その時代と生活』(オーティス・グラハムら編纂)によると、ニューディールは二期に大別できる。大不況克服の手段として計画経済導入を図った一期(三三〜三五年)と、大企業を締めつけ、労働者階級を救う社会の公正を目的とした二期(三五〜三八年)だ。いずれもルーズベルトがファシズムと共産主義を社会実験として強く意識していたことをうかがわせる》

では、ナチズムはルーズベルトにとってどれほどの脅威だったのか。初期の側近で、ニューディール政策推進者のレックスフォード・タグウェルは次のように証言している。

「(三五年頃までに)ヒトラーはルーズベルトの真の敵に位置づけられていた。共産主義も米国にとって受け入れられない全体主義ではあったが、進歩的リベラルと協調できる別種の存在であり、ましてムソリーニのファシズムは単なる小規模の帝国主義的脅威だった。（中略）だが、ドイツは第一次大戦の記憶をたどればすぐにわかるように、最高の軍隊と参謀組織に加え狂信者に率いられている点からみてまさに恐怖だった。ルーズベルトはドイツを恐れていたのである」（タグウェル著『民主主義のルーズベルト』＊Ⅱ－14）

駐独米陸軍武官とドイツ空軍基地を視察するチャールズ・リンドバーグ(右から二人目)

ルーズベルトがナチズムを恐怖の対象とみなし始めたのとほぼ同じ頃、もう一人の著名な米人が、ナチス・ドイツによる戦争の可能性を予感していた。二七年五月に単独で大西洋横断飛行を果たし、「翼よあれがパリの灯だ」で一躍、知られたチャールズ・リンドバーグだ。三二年に長男が誘拐、殺害され、さらに有名人であるがゆえにマスコミの追いかけ取材に悩まされたあと、空の英雄は欧州に長期滞在していた。

三六年夏のある日、リンドバーグ夫妻はベルリンの米大使館駐在武官、トルーマン・スミスの強い要請でドイツ空軍を視察したあと、ナチス政権ナンバー2のドイツ空軍元帥、ヘルマン・ゲーリングの自宅昼食会に招待されている。

ゲーリングは食後、リンドバーグに新たに建設されたばかりという七十カ所もの空軍基地の写真を披露した。大量の戦闘機や爆撃機が製造段階にあることを見てきたリンドバーグはさらに空港の規模まで知ったことで、「ドイツは明らかに戦争準備をしている」と結論づけ、ドイツの脅威をスミスとともにワシントンに報告している。そして、欧州の戦争を実感したことでむしろ米国の参戦回避を心に誓うようになる。

「今度の戦争は西欧文化そのものの破壊につながる恐れがある。ドイツはいずれソ連と戦うだろう。独裁国家同士の戦争をさせればよい。アメリカがそれに参加することはない。私は戦争の危機に直面し、アメリカに帰って戦争回避を説得することを決意した」(『リンドバーグ自伝』＊Ⅱ－15)

風雲急を告げる欧州を後にしたリンドバーグ夫妻は三九年春、帰国している。アメリカの「空の英雄」は以来、戦争回避のための講演やラジオ演説を繰り返し、ドイツとの戦争を不可避と考えるルーズベルトと鋭く対立する。
その対立はリンドバーグを「ナチス信奉者で、国家の裏切り者」という中傷にまみれさせ、日本の真珠湾攻撃とともに存在そのものが忘れ去られていった。

海の向こうの嵐——戦争準備へ大きく舵を切る

リンドバーグは帰国直後の一九三九年四月十五日、ホワイトハウスでルーズベルトと直接、会う機会を持った。最初で最後となった二人の会合はわずか十五分にすぎなかったが、リンドバーグはその時の印象を日記に詳しく書いている。

「大統領は部屋の隅にある大きな机の後ろに座ったまま、前かがみになって握手で迎えてくれた。足が悪いなどとは全く気づかせないそぶりに感心した。大統領の話しぶりは驚くほどスムーズで、しかも、もの柔らか。魅力にあふれていた。だが、そのあまりに居心地よい語り口に何だか信用おけないものを感じた」(『リンドバーグ自伝』＊Ⅱ―16)

会話の内容は「妻のアンが大統領の娘と同級だった」といったたわいもないもの

だったにもかかわらず、リンドバーグが「信用おけない」と感じたのには理由があった。前年九月、リンドバーグ夫妻がパリの米大使公邸に滞在した際、ウィリアム・ブリット大使から奇妙な相談を持ちかけられていたからだ。

ブリットは極秘と前置きしたうえで、米国がフランスに対し戦闘機や爆撃機を本格的に提供する計画を進めていると語り、協力を求めた。当時、米国は中立法によって交戦国への武器類の輸出を禁じており、ドイツと交戦する可能性の強いフランスに戦闘機を輸出することはほぼ不可能だった。だが、カナダに工場を建設し、そこを経由すれば、本格支援が可能になる。

ブリットの要請に対し、リンドバーグは一応、相談に応じることなどを約束したのだが、この〝脱法行為〟が結果的に米国を戦争に介入させる糸口になるのではないかと強く危惧《きぐ》している。

リンドバーグが疑問を持ったカナダ経由の爆撃機提供は、フランスに対する米国の肩入れが第二次大戦の一年も前に本格化していたことを意味する。実際、この計画はルーズベルトの強い要望で推し進められ、最終的にはカナダに販売したように見せかける書類を用意しただけで手っ取り早く輸出することになった。

三九年一月十六日、ルーズベルトはホワイトハウス閣僚室に、計画の推進者であるブリットのほか財務長官のモーゲンソー、陸軍長官のハリー・ウードリングらを集め、具体的な協議を行った。まず、大統領が「フランス支援は何としてもやり遂げなければならない」と主張し、それを受けてブリットが「（開戦が近づき）もう時間がない」と急《せ》かしたうえで、当時、最新のダグラス爆撃機をそっくりそのままフランス軍に提供するよう要請した。

これに対し、ウードリングは「ダグラス機には軍の機密が多く含まれ、開発には米政府の予算が使われている」と疑問を差し挟んでいる。だが、ルーズベルトは激しい口調で支援の必要性を説き、この剣幕に押し切られる格好で極秘計画にゴーサインが出されたのである（オアビル・ブリット編纂『大統領のために』）。

《モーゲンソー日記によると、この計画は直後にフランス軍事使節団がテスト飛行で事故を起こしたため挫折した。事故の大きさに加え、フランス人が米軍機に乗っていたことがスキャンダルとなったが、議会調査委員会の追及に対し、ルーズベルトは政府の関与を否定し事なきを得ている》

ドイツの航空機生産工場を視察するチャールズ・リンドバーグ（左端）

リンドバーグが帰国したのは、ルーズベルトがフランスを米爆撃機で武装し、紛争への直接介入に一歩踏み出そうとしていた頃だった。

ルーズベルトはこの年の年頭教書で「海の向こうの嵐に備えなければならない。嵐は、アメリカにとって最も重要な三つの原則への直接の挑戦となりつつある。原則とは個人の尊厳であり、民主主義であり、他国の主権への尊重である」と、例年になく強い口調で欧州の危機に言及している。嵐の中心にいるのはヒトラーであり、アメリカはその挑戦を受けているという強い宣言だった。

ルーズベルトはこれ以降、ニューディールから戦争準備へと米国の舵取《かじと》りを大きく変えていく。

これに対し、リンドバーグは激しく抵抗している。ラジオや講演会での戦争回避の訴えは結構、受け入れられた。その頃の米国の世論はまだ八割以上が戦争に強く反対していたからである。

妻であり、作家でもあったアン・リンドバーグは欧州の戦争が始まって一年たった四〇年十月、『未来への波――信念の告白』を出版した。当時、ルーズベルト政権は英仏とドイツの争いを「民主主義と全体主義」あるいは「善と悪」の抗争と描いていることに対し、アンは疑問を投げかけている。

「民主主義の世界が危機にあり、それを救うためにわれわれは戦わなければならないという。善が悪と戦っており、われわれはその善に属するそうだ。だが、果たしてそうなのだろうか。民主主義はそれほど道徳的に優れているのだろうか。キリストは〝汝《なんぢ》、貧しきものに与えよ〟と諭した。持てる国（英仏）が持たざる国（ドイツ）にあのとき（第一次大戦後）に与えていたなら、ナチズムもこの戦争もなかっただろう」

わずか四十ページたらずのこの小冊子は大ベストセラーとなった。ルーズベルトの戦争準備にもかかわらず、米国は民主主義のために銃を取ろうなどとはまだ考えてもみなかったのである。

荒鷲の騎士の疑問――文明国家を本当に代表しているのだろうか

空の英雄として尊敬されたリンドバーグが戦争回避の必要性についてラジオや講演で訴えたことによる効果はどれほどのものだったのか。ルーズベルトの下でリンドバーグ批判を繰り広げた内務長官、イッキーズの一九四一年七月二十日付の日記から、それをうかがい知ることができる。

「リンドバーグは大統領に直接、私のことを非難する手紙を書いてよこした。それも泣き言のような内容だ。これまで一点だけ尊敬してきたことがある。それは、いくら個人攻撃しても無視するだけの強さを持っていたことだ。だが、これで奴もついに弱みを見せたことになる」

リンドバーグが三九年に帰国して以来、戦争の無意味を訴えるたびに、イッキーズはリンドバーグのことを「ナチの回し者」とか「敗北主義者」と攻撃してきた。なかでも論議を呼んだのが「ドイツ荒鷲の騎士」と名付けたことだった。

リンドバーグはベルリン滞在中の三八年十月、ナチス政権のゲーリングから直接、外国人に与えられる最高の名誉勲章「ドイツ鷲《わし》十字章」を受け取った。授章理由は大西洋横断単独飛行など航空産業への貢献であり、米独関係を重視する米大使館の強い要請もあって受けている。実際、リンドバーグは同様の勲章を各国から贈られており、そのうちの一つと軽く考えていた。

ところが、イッキーズはこの受章こそ「ドイツの回し者」の動かぬ証拠として、リンドバーグを「ドイツ荒鷲の騎士」と呼んだのである。

こうした個人攻撃に加え、決定的な打撃となったのが同年九月十一日、アイオワ州デモインでリンドバーグが行ったスピーチだった。

「欧州で戦争が始まって以来、アメリカを参戦させようと扇動する三つのグループがある。英国、ユダヤ人、政府だ。つい先日まで戦争反対を叫んでいた共産主義者たちもドイツとソ連が戦争を始めた途端、介入を主張し始めた。（中略）英国が介入を求めるのは、米国が参戦しなければ勝てないからだし、ユダヤ人の場合、ドイツでの苦難を考えれば理解できる。だが、最大の扇動者は実はルーズベルトなのだ」（エール大『リンドバーグ文庫』）

このスピーチは会場では大拍手で迎えられたのだが、ユダヤ人について「映画、新聞、ラジオ、政府に大きな影響力があり、米国にとって危険」と述べたことが大問題になる。ユダヤ人差別を繰り広げるドイツとリンドバーグのつながりがこれによって再び強調され、あらゆるマスコミを敵に回してしまったためだ。

妻のアンは事前に講演草稿を見せられ、「これでは反ユダヤ主義者に思われるからやめなさい」と反対したが、リンドバーグは「大丈夫、これは本当のことなのだから」と、取り合わなかったという。

ユダヤ人についての言及は主催者の「アメリカ・ファースト協会」にも大きな打撃を与えている。この団体は戦争回避の運動をする米最大のグループで、会員は八十五万人にものぼり、リンドバーグ自身、その有力な会員だった。だが講演後、脱会する会員は後を絶たず、十二月七日の真珠湾攻撃とともに消滅する。

その後のリンドバーグはルーズベルト政権によって厳しい状況に追い込まれている。対日宣戦布告後、リンドバーグは「アメリカのために戦いたい」と軍務復帰を望んだのに対し、陸軍長官、ヘンリー・スティムソンは「数々のスピーチで示された考え方を考慮し、受け入れることはできない」と拒絶している。

ナチズムの信奉者というレッテルを張られたリンドバーグはその後、民間企業への就職もままならず、その裏にルーズベルトの影を見たことから「さまざまな意見を抱擁するのが民主主義のはずだが、この国の大統領は自分の意見にそぐわない者は排除するようだ」と、怒りを込めて書いている（スコット・バーグ著『リンドバーグ』＊Ⅱ―17）。

ホワイトハウス前のハロルド・イッキーズ（左から二人目）＝一九四五年五月八日

ルーズベルトがこうまでしてリンドバーグを追い詰めたことについて、大統領のスピーチライター、ロバート・シャーウッドは「リンドバーグは激しく、そして雄弁な孤立主義者（戦争反対者）だった。ラジオ演説においてルーズベルト最大のライバルだった」と示唆に富む証言を行っている。

リンドバーグは結局、四四年初夏になって民間パイロットの肩書で太平洋戦線に赴いている。テスト飛行と哨戒任務を理由に戦闘機にも搭乗し、日本の戦闘機との空中戦にも加わっている。民間パイロットなのに空中戦に参加したのは、愛国的な気持ちを示すためだったと推測されるが、この戦争がルーズベルトが唱えるような「善と悪の戦い」とは最後まで考えなかったようだ。

四四年六月、太平洋のニューギニアで日本軍を掃討する米軍の残酷な戦いぶりについて、次のように書いている。

「米兵は死者への尊厳を一切持たなくなったようだ。敵兵の勇気についても考慮しない。遺体の歯を足で蹴って金歯を取り出し、土産にする。武器も食料もなく、降伏しようとする日本兵を容赦なく射殺する。われわれは果たして本当に文明国家を代表しているのだろうか」（『リンドバーグの第二次大戦日記』＊Ⅱ−18）

黒人差別——人種隔離の原則、揺るぎなく

太平洋の島々で絶望的な玉砕戦を展開した日本軍に対する米兵の残虐な仕打ちについて、一九四四年（昭和十九年）夏、戦地にいたリンドバーグは『第二次大戦日記』に数多く書き残している。例えば七月十三日付日記にはこう記されている。

「米兵の一部が捕虜を残虐に拷問していることは誰もが知っていた。捕虜を射殺したり、手を挙げて降伏する日本兵を即座に、まるで動物のように殺すことに何の躊躇《ちゅうちょ》もない。降伏してもどうせ殺されるのだから（日本軍には）玉砕しか残された道はなかった。この点において米国が日本よりモラルの点で高いとはどうしても思えなかった」

リンドバーグはこのほか、捕虜を定期的に飛行機から突き落としながら「日本軍が玉砕した」と報告していたオーストラリア兵士の集団行為を飛行士の目撃談として紹介した後、「戦争中のことでもあり、日本軍の残虐性に対する復讐だったのだろう」と説明している。

だが、戦争中のこととはいえ、こうした残虐な仕打ちは果たして欧州戦線で起こりえただろうか。日記のあちこちに出てくる「黄色い猿」という表現は、当時の米兵の心に潜む人種差別が残虐な行為に駆り立てたという側面を強く示唆している。

ルーズベルトが大統領に就任した三三年、不況によって最も悲惨な状況に置かれたのは国民の一割ほどを占める黒人たちだった。南北戦争の最中の一八六三年、アブラハム・リンカーン大統領は奴隷解放を宣言したが、黒人はその後も最下層の仕事しか与えられず差別の対象であり続けたうえ、不況がそれを一層、悪化させていたのである。

ハーバート・シットコフ著『黒人のためのニューディール』によると、それまで伝統的に黒人たちの仕事だった料理人や家政婦などの仕事が白人に奪われ、三二年の失業率は五割を超え、飢餓が現実の問題になっていた。黒人差別は激化し、ジョージア州アトランタでは三〇年、白人が仕事を得るまではすべての黒人の職を奪うことを目的とした「黒シャツ隊」が結成されている。

また、当時、米南部の田園地帯に多く住んだ黒人にとっての脅威は白人によるリンチだった。三一年に少なくとも二十一人、三年には二十八人が殺されている。

《黒人の人権を守るため結成された全米黒人地位向上協会（ＮＡＡＣＰ）はこうした事態を阻止するため三八年、北部州の議員を通じてリンチを取り締まる連邦法成立を求め運動しているが、ルーズベルト政権の支援を受けることなく結局、廃案となった》

三五年以来、第二期ニューディールを進めていたルーズベルトは社会公正の実現を掲げていたが、黒人、あるいは人種差別についてはどう考えていたのだろうか。

ニューヨーク州ハイドパークのルーズベルト記念図書館には、四〇年八月初旬から九月下旬にかけてオーバルオフィス（大統領執務室）のルーズベルトの机に仕掛けられた録音機による貴重な録音盤が保存されている。十六インチのレコード盤にして十六枚。その録音盤にはルーズベルトと黒人運動指導者の会話という歴史資料も含まれていた。

NAACPの指導者の一人で、「全米黒人ポーターと家政婦同胞団」会長のフィリップ・ランドルフは九月二十七日、大統領夫人、エレノアを通じホワイトハウスで大統領への直訴を実現させ、米軍内での黒人の地位向上を強く訴えている。

《米陸軍は当時、人種分離政策をとり、黒人部隊は白人とは分けられていた。海軍の場合、艦船上での分離が不可能なことから、そもそも黒人水兵は存在しなかった》

「戦争の危機が高まる今こそ愛国的な黒人にも平等の地位を」との訴えに対し、ルー

ワシントンのリンカーン像の前に立つフィリップ・ランドルフ

ズベルトは機嫌のよさそうな声で応じている。
「米海軍の料理人は八割がフィリピン人だが、それを黒人と入れ替えようと考えていたところだ。これなら一等兵曹まで昇進することが可能だ。艦船ごとにバンドを結成することも考えており、黒人バンドを付け加えるというアイデアはどうだろう。とにかく黒人の音楽センスは抜群だからな。黒人のバンドリーダー誕生だって夢じゃあない」
ルーズベルトとランドルフの会話はすれ違い気味だが、とにかく人種分離政策の撤廃に向けて少しずつ改善していることを大統領は強調したかったわけだ。ランドルフはこれを将来の改善策への約束と受け取り、ホワイトハウスを後にした。
十二日後、ホワイトハウスは「大統領と黒人指導者は米軍の（人種隔離）政策を今後も継続することで合意した」という短いコメントを発表している。驚いたランドル

フは抗議の手紙を出したが、ホワイトハウスからは何の説明もなかった(『オーバルオフィスの中で』*Ⅱ—19)

ニューディールという進歩的な社会政策が進められたルーズベルト時代にあっても、軍の人種隔離政策は揺るぎない原則だった。

ルーズベルトが尊敬した理想家肌の大統領、ウッドロー・ウィルソンは第一次大戦後に十四カ条の要求をした進歩的政治家で知られたが、こと黒人問題に関しては「地位向上をさせるべきでない」と発言するなど人種隔離政策の強い支持者だった。ルーズベルトはそのウィルソン政権の海軍次官補として、海軍の人種隔離規則の明文化に尽力している。

デトロイト暴動——アメリカ民主主義の矛盾が露呈

黒人の地位向上をランドルフが大統領に直訴した一九四〇年の夏の時点で、米海軍に黒人水兵は存在しなかった。直訴の場に同席した海軍長官、フランク・ノックスは「海軍総人員十三万九千人のうち黒人は四千人で、すべて料理係など雑役夫だ」とランドルフに冷たく説明している。

しかし、四一年十二月に日米が開戦し、人員不足が目立つようになると、海軍に採用される黒人の数もうなぎ上りに増える。ただし、艦船で白人水兵と一緒に戦うことは禁じられ、大半は艦船での雑役か、港湾での爆弾輸送などの仕事だった。

四四年七月十七日夜、そうした黒人雑役兵が爆弾輸送に従事していたサンフランシスコ北の軍港で大音響が轟《とどろ》いた。港湾近くの兵舎が一瞬にして吹っ飛ぶほどすさまじかったこの爆発で、三百二十人が即死、三百九十人が重軽傷を負っている。犠牲者の大半は黒人だった。

生き残った黒人兵らは訓練も受けずに黒人だけが危険な仕事を背負わされてきたことに反発した。しかも、白人将校たちは事故を理由に一カ月の休暇をとったのに対し、黒人兵にはそうした配慮もなかった。黒人兵は爆弾運びを拒否し、それが理由で現場復帰しなかった五十人が反逆罪として十五年の強制労働という厳しい判決を受けている。

《クリントン元米国大統領は一九九九年、反逆罪で処罰された黒人兵の一人について嘆願を認め、半世紀以上さかのぼって恩赦を決めている》

ルーズベルトはニューディール政策で大不況の克服とともに社会公正の実現を目指

した。さらに戦争においてはドイツのナチズムと日本の軍国主義に対する民主主義の戦いを説いてきた。だが、ルーズベルトのいう「アメリカの理念」には最初から黒人は入っていなかったのである。

こうしたアメリカ民主主義の矛盾は、四三年六月二十日未明から二十二日夜にかけて続いたミシガン州デトロイトの黒人暴動で一層、明らかになる。この暴動についてFBI長官、フーバーは同月二十九日、数十ページにものぼる詳細な報告書を大統領に提出している。ルーズベルト記念図書館に保存されている報告書が描く暴動はおおむね次のようなものだった。

米海軍で新兵訓練を受ける黒人水兵ら

「二十日日曜日、デトロイトは夜になっても異常な暑さと湿気で息が詰まりそうだった。デトロイト川中州のベル島にある遊園地はその日、暑さを逃れようとやってきた十万人以上の家族連れでにぎわっており、しかも大半は黒人だった。本来、白人しか来ない遊園地で少数派となった白人はイライラから黒人と口論になり、それをきっかけに双方入り乱れての暴動へと発展した」

黒人地区では商店が略奪され、白人地区では黒人歩行者が死ぬまで殴打された。二十一日夜には大統領がついに戒厳令を発令している。その間、正規軍の黒人部隊が武器庫を襲い、デトロイト突入を図るなど緊迫した場面もあったが、米陸軍と州兵が出動した結果、急速に沈静化へと向かっている。死者三十五人、重軽傷者は七百人を数えた。

戦時中にこれほど深刻な黒人暴動が起きていたことにまず驚かされるが、そのわずか二カ月後には二ューヨークのハーレム地区でも黒人暴動が起き、六人が死亡、五百人が重軽傷を負ったほか、ロサンゼルスやテキサス州ボーモントでもメキシコ系アメリカ人と黒人を巻き込んで人種に絡んだ暴動が起き、一部では戒厳令が発令されている。

《ナット・ブラント著『ハーレムの戦争』に、四三年夏、全米で展開した暴動が詳しく書かれている。暴動は市街地に限らずジョージア州スチュアート基地など

軍事施設にも及んでいる》＊Ⅱ―20

アメリカは戦争という特殊事情の下、にわかに人種問題で揺れた。ルーズベルト政権も当然ながら事態を深刻に受け止め、先ほどのＦＢＩ報告が作成されたわけだが、暴動の背景について同報告書は次のように指摘している。

「日本やドイツによる破壊活動あるいはその扇動という事実は確認されなかった。また、白人地区の情報提供者は（大統領夫人の）エレノアが関与していると口をそろえて証言したが、その証拠については明確でない。米共産党の関与については、影響下にある団体が黒人グループと接触していることだけが確認された」

報告書がわざわざ大統領夫人の名前を指摘したのには理由があった。エレノアはランドルフを大統領に引き合わせたように黒人の地位向上には積極的に発言しており、デトロイトの暴動直後、地元紙は「背後にエレノアの影」という記事まで掲載している。

全米を揺るがした四三年の黒人暴動について、米共産党は後に「ファシストによる扇動」と公式発表し、FBIは共産党の影響を示唆した。だが、その実態は、黒人兵が爆弾運びで理不尽にも犠牲になったように、戦争がアメリカの人種差別を剥き出しにした結果、自然発生的に暴動が起きただけのことだった。

ルーズベルトは一連の黒人暴動について公式発言は一切行っていない。国民に語りかけることで有名なラジオの炉辺談話でも結局、黒人問題には最後まで触れなかった。

愛人の登場――「古い友人」を夕食に招きたい

ルーズベルトが一九四五年四月十二日、ジョージア州ウォームスプリングズの静養地で死の脳出血に倒れたとき、愛人のルーシー・ラザフォードが付き添っていた。妻のエレノアがそれを知ったのはその日深夜のことだ。急を聞いてワシントンから到着したエレノアはソファに座り、いとこのローラ・デラノに倒れた時の様子を尋ねた。ローラは、ルーズベルトが愛人と一緒にいたこと、しかもその愛人が連れてきた女性画家が肖像画を描いている最中に発作に襲われたことを知らせたのである。

《ローラはエレノアと仲が悪く、復讐の意味を込めて愛人の存在を告げた。エレノアは表情一つ変えなかったが、長女のアンナが父親と愛人の密会を承知して

いたことを同時に知り、ショックを受けている》

ルーズベルトの十二年に及ぶ大統領生活はエレノアに大きく左右された。千七百万枚以上の資料を誇るルーズベルト記念図書館におけるエレノア関連資料の多さが、それを物語っている。例えば、ニューディール政策の柱となった失業者入植運動「アーサーデール」はエレノアの発案だったし、戦前、戦中を通じ大統領の依頼で全米各地を訪れたエレノアの詳細な報告も政策に影響を与えた。

だが、私生活における二人の微妙な関係を知る人は意外と少ない。歴代大統領の人気投票で必ずトップグループに入るルーズベルトへの米国民の敬愛が、そうした陰の部分を語らせなかったのだろう。

米東部・名門家の一人息子として将来を約束されたルーズベルトがエレノアと婚約したのは一九〇三年、ルーズベルトが二十一歳、エレノアは十九歳の時だった。ハーバード大三年のルーズベルトは社交的で魅力的、一方のエレノアは同じ名門家系ながら八歳で母親と死別し、さらにアルコール依存症で入退院を繰り返していた父親を十歳の時になくすなど、どちらかというと暗い家庭環境に育っている。

それがルーズベルトの母親、セーラの反対の原因だったのかどうかはわからないが、婚約発表はセーラの懇願で一年も遅れ、結婚式は二年間待たされている。エレノアが後に「世界が崩れ去るようだった」と記した夫の愛人、ルーシーの登場は、それから十三年後に起きている。

将来、大統領になると学生時代に宣言していたルーズベルトは結婚後、二十八歳でニューヨーク州上院議員、三十一歳で海軍省次官補に就任するなど順調に政界の階段を上りつつあった。一九一八年九月、第一次大戦末期の欧州を視察して帰国したルーズベルトが病に倒れ、代わりに手紙の整理をしていたエレノアは偶然、ルーシーの手紙を読んでしまう。内容は明らかに男女の関係を示していた。

エレノアの愛人と噂されるほど親しかったラッシュの『エレノアとフランクリン』によると、ルーシーは最初、エレノアの個人秘書だった。ところが、一九一三年、海軍省次官補としてワシントンに転勤すると、ルーズベルトはルーシーを直属の部下に採用し、ドライブに連れ回すなど二人の関係は知人の間では周知のことだった。

事実を知ったエレノアは病床のルーズベルトに手紙の束を突きつけ、「二度と愛人と会わないか、それとも離婚か」と迫った。それまではエレノアに冷たく、むしろルーシーに好感を抱いていたセーラが「エレノアと別れれば、資産を譲らない」と息子に警告し、ルーズベルトは結局、愛人との別れを決意している。

《エレノアは夫の愛人発覚を境にして、社会改革運動により積極的になる。また、一九一六年までに六人の子供を産んだ（一人死亡）あと寝室を別にするようになり、夫婦というより政治的パートナーだった》

一九四四年六月下旬、米軍がノルマンディー上陸を果たしてベルリンを目指していた頃、ルーズベルトは長女のアンナに囁《ささや》くように切り出している。

「ホワイトハウスの内輪の夕食に私の古い友人を呼びたいのだが、お前はどう思うかね。もちろんママには内証だが」

ルーズベルトの愛人、
ルーシー・ラザフォード

アンナはルーシーの存在を知っており、この問題ではエレノアの気持ちを察して母親を気の毒に思っていた。だが、目立って弱々しくなっていた父親を見て「数時間の安らぎぐらい許されるのではないか」と考えた。

七月七日午後六時二十分、アンナの手配通り、ルーズベルトはルーシーの待つジョージタウンのホテルへ大統領専用車で向かった。警護官とともにルーシーを車に招いたルーズベルトはすぐにホワイトハウスに戻り、アンナと末っ子のジョンを交えた静かな夕食を共にしている。

『ノー・オーディナリー・タイム』によると、二人の密会はその後、十二回に及び、警護官はルーシーを「ジョンソン夫人」というコードネームで呼んでいた。ホワイトハウスでの最後の密会は四五年三月十三日、訪米中のカナダ首相を交えての夕食会だった。

エレノアは自叙伝でも日記でもルーシーを無視し、夫からの結婚前の手紙類はすべて焼き払ったと友人に語った。そして親しい友人に「もう許したつもりなのだが、どうしても忘れることができない」と漏らしている。

緊迫した公聴会——大統領夫人は証人側の席に座った

米国のラジカルな青年や学生による平和運動グループ「全米青年議会」のメンバーを召喚したためか、一九三九年十一月三十日の米下院非米活動委員会の公聴会はいつもより緊迫していた。共産主義者による反米活動の疑いというのが召喚理由だったが、証人に立つはずの若者たちはワシントンのユニオン駅で「反動的な議員は辞職すべし」と気勢を上げ、むしろ糾弾集会の雰囲気を漂わせていた。

そして、いよいよ質疑が始まろうとしたその瞬間、緑のスーツ姿のエレノア・ルーズベルトが現れた。その姿に気づいたジョー・スターン委員長は「ファーストレディー（大統領夫人）がおいでになられた。委員会としては特別席を用意したい」と申し出たが、エレノアは「いいえ、結構。私はただ傍聴に来ただけです」と、証人席の側に座った。

公聴会はこうしてエレノアペースで始まった。会場には大統領夫人とともに報道陣も詰めかけ、スターン委員長は、証人のはずの全米青年議会代表が大声で非難声明を読み上げるのを黙って見守るしかない状況に追い込まれている。

エレノアは公聴会後、委員会への当てつけのように証人席の若者六人をホワイトハウスの夕食会に招待し、周囲を驚かせた。

《公聴会の様子は「全米学生連盟」（全米青年議会の下部組織）会長として証人席にいたラッシュが書いた『エレノアとフランクリン』に詳しい》＊Ⅱ–21

大恐慌で社会が不安を増すなか、いわゆる左翼青年らは社会公正を打ち出す第二期ニューディールの進行とともにルーズベルトへの支援を強めていった。だが、三九年九月、ドイツとソ連がポーランドを挟み撃ちする格好で侵攻し、ルーズベルト政権がソ連批判を始めると、米共産党はルーズベルトを厳しく糾弾するようになった。

米共産党はそれ以降、ソ連やドイツを含めた欧州への武力介入を許さないという意味での徹底した「平和主義運動」を全米で展開している。公聴会に召喚された全米青年議会は平和主義運動の中核であり、委員会が青年組織に共産党の影を見たのはそんな背景からだった。

ルーズベルトのニューディール政策を側面から支援してきたエレノアは、不況で職にも就けず、ますますラジカルになりつつあった青年層をどう救うかに心を奪われていた。三四年五月、エレノアはホワイトハウス夕食会の席で、大統領側近のハリー・ホプキンズとともに「一千万人以上いる失業者の三人に一人は二十五歳以下の若者です。彼らをどう社会に組み込むか、早急にプロジェクトが必要です」と訴えている。

ルーズベルトは実は就任当初、青年対策に配慮して米軍監督下で植林作業をする自然保護青年団（ＣＣＣ）を創設させている。だが、エレノアは「（ソ連で進められているような）若者たちが高い理想に燃えて行進する、そんな組織」を胸に描き、機会があれば新しい青年組織の必要性を説いた。ルーズベルトが「ＣＣＣがあるじゃないか」と答えると、「あまりに軍隊調過ぎる」と反論してルーズベルトを怒らせてもいる。

エレノアと全米青年議会との関係が強まった背景には、そうしたエレノアの思い入れがあった。三四年夏、結成されたばかりの全米青年議会からの後援依頼は断ったもののエレノアは若者との対話を重んじ、三八年八月の第二回世界青年大会では大統領夫人として公式に後援依頼に応じている。

ニューヨーク州チェジーレイクで射撃訓練するエレノア・ルーズベルト＝一九三四年

《『エレノアとフランクリン』の中で、ラッシュは全米青年議会が当初から米共産党にコントロールされていたと証言している。独ソ不可侵条約後、いわゆる平和主義運動へと方針転換するのをみたラッシュは共産党に絶望し、四〇年初頭に全米学生連盟会長を辞任している》

エレノア自身が青年運動に疑問を抱くようにな

るのは四〇年二月十日、全米青年議会が主催したデモでのルーズベルトの演説がきっかけだった。激しい雨が降り続いたこの日午後、ホワイトハウス南のエリプス広場にはプラカードを手にした若者たちが集まった。プラカードには「アメリカ帝国主義の介入を許すな」とあり、「平和主義」のスローガンを口々に叫んでいた。エレノアに頼まれて演壇に立ったルーズベルトだが、のっけから厳しい口調で訴える。

「(ソ連侵攻の犠牲になった) フィンランドに対する米国の援助を帝国主義的だと非難する人たちがいますが、米国民の九八%はフィンランドに同情的で、援助は当然なのです。今日のソ連が独裁国家であることを忘れてはなりません」

ソ連批判を控え、全米青年議会の要求にもできる限り応じてきたルーズベルトだっただけに、若者たちは一瞬、驚いたように沈黙し、その後は激しい怒号に転じた。大統領の演説がこれほどやじられるのは初めてだ。それまでレインコート姿で若者たちを元気づけていたエレノアは、夫が怒号に包まれるのを見て当惑を隠しきれなかった。

エレノアの「自叙伝」によると、全米青年議会の指導部が共産党員であることには気づいていたが、若者一人一人はそうした主義とは関係なく悩んでいることがわかり、対話が必要だと考えたという。だが、独ソ戦が始まると平和主義から戦争介入へとスローガンが代わり、最後には「資本主義の軍門に下った」と追及されて「二度と信用しなくなった」と述懐している。

こうしてエレノアと青年組織の交流にはピリオドが打たれるのだが、支援活動を通じて出会った若き革命家、ラッシュとの関係が思わぬ事件を引き起こすことになる。

盗聴事件の怪――「関係者」は激戦地に送られた

エレノア・ルーズベルトはラッシュにあてた手紙の中で次のように書いている。

「人間ってこれほど簡単に親しくなれるのかと思うとおかしく思います。でも、私はあの公聴会であなたと出会った瞬間、友人になる運命なのだと予感しました」

ルーズベルト時代を描き、一九九八年のピュリツァー賞（歴史部門）受賞作となったドリス・グッドウィンの『ノー・オーディナリー・タイム』によると、ユダヤ系ロシア人移民の家庭に育ったラッシュはソ連の指示に無条件に従う米共産党に幻滅し、「平和運動」を続ける学生運動から身を引いたばかりだった。定職もなく、かつての仲間からも相手にされず、孤独の最中にあったその時に大統領夫人から手紙を受け取ったのである。

ラッシュは最初、親子ほども年齢差があり、しかも政治的に大きな力のあるエレノアがなぜ特別の感情を抱いてくれるのかわからなかった。だが、四〇年夏、ニューヨーク州ハイドパークのルーズベルト家の敷地内にあるエレノア専用の離れに招待され、エレノアから子供時代の不幸な思い出などを聞かされるうちに理解し始める。

「夫（大統領）は公務に没頭し、しかもルーシーという恋人の存在を考えると、エレノアは心の悩みを打ち明けることのできる身近な友人をどうしても必要としたのだろう」

こうして始まった二人の関係は三年後、米陸軍情報部（G2）の防諜部隊による盗聴事件に発展する。米連邦捜査局（FBI）の報告書は事件の概要を次のように伝える。

「エレノアは四三年三月五日金曜日朝、身の回りの世話をする秘書役のマルビナ・トンプソンとともにシカゴのリンカーンホテルにチェックインした。エレノアは受付に大統領夫人の滞在を公言しないでほしいと頼み、後で若い男性が来ると言って続きの部屋も同時に予約した」

「ラッシュがホテルに現れたのは午後九時。ラッシュは当時、陸軍航空部隊天候予測班に配属されており、週末休暇を利用して列車を乗り継ぎ、到着している。二人は一度だけホテル内レストランで昼食を取った以外はすべてルームサービスで済ませており、七日朝にエレノアが支払いを終えてチェックアウトした後、ラッシュは一人でホテルを出た」

《防諜部隊の捜査記録を下敷きにした五四年二月二日付のニコルスＦＢＩ次官報告書は八二年に公開されている》

エレノアはチェックアウトの際、ホテル責任者から部屋に盗聴器が仕掛けられていたことを知らされ、ホワイトハウスに戻るとまず大統領側近のハリー・ホプキンズに調査を命じた。その結果、陸軍参謀総長のジョージ・マーシャルが事実関係を確認する騒ぎに発展している。

ルーズベルトはその夜、妻と男友達の密会場面を陸軍が許可もなく盗聴したことに激怒し、即座に軍の情報収集見直しと防諜部隊員の配置換えを命じている。

この関係者処分については四三年十二月三十一日付の「G2防諜部隊の解体」と題するFBI報告書（八〇年公開）がさらに具体的に書いている。それによると、盗聴作戦の責任者、ストロング将軍らはその日午後十時、すべての記録と関係書類を持ってホワイトハウスに出頭するよう命じられ、大統領とホプキンズ、マーシャルによって厳しく追及された。盗聴の内容が夫人とラッシュの特殊な関係を示すものだったとわかると大統領は翌朝、ヘンリー・アーノルド将軍を通じて「関係者全員を太平洋戦線に送り込み戦死するまで戻すな」と命じたことになっている。

《ラッシュは実際、南太平洋の激戦地に転属された。防諜部隊についても一部は戦地に送り出され、残りも配置換えになった》

このスキャンダルについてエレノアは生涯、発言を控えた。だが、ラッシュは八二年に出版した『愛、エレノア』で、「われわれの関係は想像されるようなものではなかった。純粋に友人関係、さらに言えば世界に自由をもたらす同志のような関係で結ばれていた。大統領が私のことを好いていなかったかもしれないが、この事件ではむしろ妻と友人を盗聴するというばかなことをしでかしたＧ２に腹を立てたのではないか」と説明している。

《ラッシュは戦後、リベラル系で知られた新聞の論説委員をしたあと、エレノアの手紙などを元に七五年に『エレノアとフランクリン』を発表してピュリッツァー賞を受賞した。八七年、七十七歳で死亡。エレノアは六二年に七十八歳で亡くなっている》

エレノア盗聴というスキャンダルは図らずも、ルーズベルトの陰の部分をあぶり出す結果になった。米連邦最高裁が三九年に盗聴を違法と判断したにもかかわらず、ルーズベルトは四〇年五月、「スパイ活動あるいは破壊活動防止」を理由に盗聴を許可する命令書にサインするなど盗聴捜査に歯止めをかけなかった。

その対象は必ずしも敵性国民とは限らず、大統領の政敵に対しても容赦なく行われたのである。

《チャールズ・マッカリー著『権力の中枢』によると、ルーズベルト時代の盗聴許可は年平均三百十五回、無許可盗聴は計千八百八十八回にのぼった。フォード政権時代の上院情報委員会は、ルーズベルト政権を盗聴が最も盛んな政権と位置づけている》

闇の情報屋――FBIに政敵の「調査」を命令

米連邦捜査局（FBI）に君臨したJ・エドガー・フーバーとルーズベルトの関係はきわめて政治的な緊張の中で成立している。一九三三年にルーズベルト政権が誕生したとき、フーバーはFBIの前身である司法省捜査局長の地位にすでに九年も座っていたのである。フーバーは地位の継続を大統領に求め、ルーズベルトは〝闇の情報屋〟という政治的役割をフーバーに見いだした。

ルーズベルトは三四年、米国のナチズム信奉者を調べるようフーバーに命じている。集められた情報がプライバシーの域に大きく踏み込んだものだったことにルーズベルトと側近たちは価値を見いだし、調査の対象をさらに政敵にまで広げた。

公開されたFBI記録をみると、調べられた政敵にはルーズベルトの外交を厳しく批判した前大統領、ハーバート・フーバーや、戦争回避論を展開したリンドバーグらが含まれ、内容は女性問題を含めて微に入り細をうがっていた。

《ルーズベルトとフーバーの関係はアサン・テオハリスとジョン・コックス共著『ザ・ボス』に詳しい。フーバーは三五年にＦＢＩが設立されて以来、亡くなる七二年まで長官を務めボスと呼ばれた》＊Ⅱ－22

二人の持ちつ持たれつの関係は三九年九月に欧州で戦争が始まり、ルーズベルトが戦争準備を本格化させると一層強まることになる。

四〇年五月十六日、ルーズベルトは明らかに参戦を想定し、軍備増強を上下院合同議会で訴えている。これに対し議会だけでなく、リンドバーグら戦争回避を運動するさまざまな団体が強く反発するのだが、大統領首席報道官、スティーブ・アーリーはその二日後、フーバーにあてて次のようなメモを書いている。

「これは大統領からのお願いなのですが、例の議会演説以来、軍備増強に反対する電報が数多く舞い込んでいます。大統領はこの電報の差出人のことを知りたがっています」

一九六一年二月、ケネディ大統領（左）とフーバーＦＢＩ長官（中央）

フーバーは奥歯にものの挟まったような言い回しにもかかわらず、その意図をすぐに察している。五月末までに用意した極秘ファイルは百三十一人にのぼり、バートン、ナイといった著名な上院議員のほか戦争反対論に強い影響のあった「アメリカ・ファースト委員会」の面々がずらりと並んでいた。とりわけリンドバーグの資料は分厚く、喜んだルーズベルトは思わず「こんな価値ある報告書を本当にありがとう」という異例の感謝状を贈った。

フーバーは「これほど気持ちのこもったメッセージを受け取ったことはありません。この光栄に一層、任務に励みたい」と喜びいっぱいの返書をしたためている（カート・ジェントリー著『Ｊ・エドガー・フーバー』＊Ⅱ—23）。

ＦＢＩは当時、ドイツのゲシュタポ（秘密警察）や日本の特別高等警察ほどではないにしても、盗聴や違法な家宅捜査を続け、プライバシーに平気で踏み込んでいる。

大恐慌と戦争という危機の時代への緊急避難を理由に、ルーズベルトはそうした違法捜査を奨励さえした。

三六年八月二十四日、ルーズベルトはナチズムと左翼過激派による破壊活動への憂慮を示し、フーバーにファシストと米共産党の活動を監視するよう命じた。三九年六月二十六日には大統領令によって、スパイ、破壊活動を防止するための権限をFBIと陸海軍の情報部に与えている。

四三年五月のエレノア・ルーズベルトとラッシュの密会を陸軍情報部（G2）防諜部隊が盗聴したのはそうした権限に基づいていた。大統領夫人の密会はそもそも、共産党工作員の疑いのあったラッシュの電話をG2が盗聴していてわかったのである。ルーズベルトは自らの命令で自らのスキャンダルを掘り起こしてしまったことになる。

一方、FBIはそれ以前からエレノアを監視対象にしていた。

四二年一月のある夜、FBI特別捜査官が米共産党の青年組織とみなされていた全米青年議会のニューヨーク支部事務所に忍び込んだ。狙いは事務所にあるはずのエレノアと青年組織との関係を示す書簡類を写真コピーすることだった。このコピーの政治的意味を十分承知していたFBIニューヨーク支部はフーバーにそれを直接、手渡し、フーバーはコピーの徹底分析を命じている（『FBIニコルス次官補報告』）。

同じ年の十二月には「国際学生サービス（ISS）」本部事務所に押し入り、世界学生大会でリトアニアの学生代表団がソ連の残虐な行為を非難しようとしたのをエレノアがやめさせたと報告するISS文書を発見した。リトアニアは四〇年八月にソ連に併合されており、この報告でエレノアが積極的にソ連支援の活動をしているのを知ったフーバーは「なんてことだ」と嫌悪を表明している（『同報告』＊Ⅱ―24）

FBI長官は議会の承認なしで任命される、いわば大統領直属のような立場にあった。ルーズベルトはそれを理解したうえでFBI拡充に力を注ぎ、それにこたえるかたちでフーバーは忠誠を尽くしてきた。

大統領は忠実なはずのFBIが妻を監視対象に置いていたことを知っていたのか。それともフーバーはエレノア・ファイルを自分の胸中にしまっておこうとしたのか。エレノアに関してはわからないが、側近のハリー・ホプキンズに対し盗聴器を仕掛けるようルーズベルトが命じたことを示す記録は残っている。

匿名の手紙――築かれた大掛かりなスパイ網

米国の第三十七代大統領、リチャード・ニクソンがウォーターゲート事件で辞任した直後の一九七五年、米上院情報特別委員会は大統領の陰の〝手足〟となっていた連邦捜査局（ＦＢＩ）を過去にさかのぼって徹底調査した。ルーズベルト時代のずば抜けた盗聴数がこの過程でわかり、側近のホプキンズを盗聴するようルーズベルトが命じていたというショッキングな事実もまた、調査で明らかにされている。

ＦＢＩ長官、フーバーに対する盗聴許可書によると、ルーズベルトは、ホプキンズの妻がホワイトハウスに批判的な新聞に政府内の情報を漏らしているのではないかと疑っていたようだ。つまり盗聴対象はあくまで夫人であり、ホプキンズではなかったわけだが、自宅に仕掛けられたマイクは当然ながらホプキンズの会話を細大漏らさず記録していたはずだ。

ホプキンズへの監視を思わせる記述は大統領のスピーチライター、シャーウッドが公文書でつづった『ルーズベルトとホプキンズ』にも出てくる。

一九四一年一月、ホプキンズが大統領特使として初めて英国を訪れ、米国の参戦意思をチャーチルに伝えた時のことだ。ロンドンのクラリッジホテルでの会議と夕食会が終わり、英国代表団の一群がホテル内のカフェで大統領特使のことを話題にしていた。その何気ない会話の一部始終が隣のテーブルのＦＢＩ捜査官によって記録され、フーバーを通じて大統領に報告されていた。

「大統領はGメン（FBI）たちが自らの個人代表を十分に監視していることを知り、満足した」とシャーウッドは書いている。

フーバーはこうしてルーズベルトの政敵、さらにはホプキンズのような側近の監視まで請け負う一方、米国内のソ連スパイ網と米共産党の活動に目を光らせている。エレノア・ルーズベルトと左翼活動家、ラッシュを結びつける米共産党の下部組織「全米青年議会」事務所に捜査官を忍び込ませたのもそうした狙いからだった。

フーバーの強迫観念に近い共産主義への敵意は実は、実体の伴ったものであることが、徐々にだが、明らかになってくる。

フーバーは四三年八月、「ホワイトハウス高官にソ連スパイがいる」というロシア語の匿名の手紙を受け取っている。最初は偽情報だと思ったが、ソ連ニューヨーク総領事館副領事、ワシーリ・ズブリンを本名の「ザルビン」と呼び、NKVD（KGBの前身）工作員と指摘していた点に注目した。ズブリンのスパイ活動にすでに気づいていたからだ。

一通の手紙を手掛かりに合法、非合法の捜査を続けた結果、FBIは四四年十二月、「米コミンテルン概略」という報告書を作成している。内容は、ソ連が米国に大掛かりなスパイ網を構築し、政府内にも情報網が存在することを強く示唆したものだが、明確な証拠に欠け、しかも戦争中に同盟国（ソ連）との関係を悪化させたくないという配慮から、それ以上に踏み込んだ追及はなされなかった（ジョン・ヘインズとハーベイ・クレア共著『ＶＥＮＯＮＡ』）。

財務省高官、ハリー・ホワイトのスパイ発覚でみたように、戦後間もなくＦＢＩの予測をはるかに上回るスパイ網が米政府内に存在したことが明らかになる。そして、その衝撃が米国を五〇年代、極端な反共運動（マッカーシズム）へと突き動かすのだが、半世紀を経て今度はルーズベルト時代にこれほどのスパイ網ができた背景を探ろうという動きが出てきた。

国家安全保障を論じる世界的な学術雑誌「情報と安全保障」（九七年十二号）で、米中央情報局（ＣＩＡ）歴史資料室副室長、マイケル・ウォーナーは米国家安全保障局（ＮＳＡ）のロバート・ベンソンとともに次のように書いている。

「第二次大戦終了間際、ソ連は信じられないようなスパイ網を米国に作り上げた。財務省次官（ホワイト）、大統領補佐官（ロークリン・カリー）までがスパイだった。

ヤルタ会談の帰路、船上でくつろぐハリー・ホプキンズ(右)。中央はルーズベルトの長女、アンナ＝一九四五年二月

だが、戦後わずか五年で壊滅の憂き目を見ている。そこに至る経緯で特に重要な役割を果たしたのがＫＧＢ電信の解読だった」

ウォーナーが指摘する解読とは九六年にＮＳＡによって一般公開されたＶＥＮＯＮＡ資料のことだ。米国内のソ連公館とモスクワとの秘密電信を解読しようという作戦は三〇年代に米陸海軍情報部の通信傍受部隊によってひそかに開始され、四三年後半に本格化する。公開された内容が衝撃的だったのは、ホワイトら政府高官の名前を再確認したことより、政府内に二百人近い情報提供者が存在したことを明らかにした点だろう。

ウォーナーは「解読に成功した二千九百通は交信全体のわずか数%にすぎず、見えない部分のほうがむしろ大きい。問題なのはこれほどのスパイ網が米国の政策に果たしてどのような影響を与えたかということだ」と述べている。

ＶＥＮＯＮＡ資料「電文八一二」には「19号」と呼ばれるソ連への情報提供者が登

場する。ホワイトらがコードネームで呼ばれるのに対し番号だけのこの男は四三年五月、ワシントンで開かれた米英首脳会談でルーズベルト、チャーチルと直接、意見を交換するほどの高官だった。

「19の謎」の解明は、ソ連のルーズベルト政権に対する影響度を推し量る重要な材料を提供することになる。

外交、それとも？――役割にかなった「ナンバー2」

米国の学術雑誌「情報と安全保障」の一九九八年第十三号は巻頭に米空軍歴史資料研究班、エドワード・マークの「外交、それともスパイ活動？」という論文を掲載した。九六年に旧ソ連のKGB電文解読資料「VENONA」が公開されて以来、最も耳目を集めたのが「電文八一二」だった。この電文に登場する「19号」とは一体何者なのか。果たして大物スパイなのか。それを推理小説のように解き明かしたのがこの論文だった。

一九四三年五月二十九日、NKVD（KGBの前身）米国代表、イサク・アフメーロフがニューヨーク支部からモスクワの対外情報責任者、フィティン中将に送った秘密電文「八一二」については、全体の三分の一ほどが解読されている。そのなかで問題となったのが次の個所だ。

「情報源19号の報告では、船長（フランクリン・ルーズベルト）とイノシシ（ウィンストン・チャーチル）は米国での会談の最中に19号とザメスティテル（ロシア語で副官）にも加わるよう誘った。イノシシは欧州上陸作戦に消極的で、ザメスティテルは作戦に積極的に賛成した」

《ソ連はスターリングラード攻防に勝利したが、英米には欧州上陸を早急に実施するよう求めていた。トライデントと呼ばれた米英首脳会談（五月十二日から二十五日）は欧州上陸作戦を具体的に進めるべきかどうかを協議しており、電文はその協議が終わった直後に送られた。》

19号が伝えた情報は解読された部分だけに限定すれば大した意味を持たなかった。

だが、ルーズベルト時代の親ソ傾向に注目する研究者は、ソ連の情報源が米英首脳と直接に重要問題を語り合っている点に興味を示したのである。

電文の分析を七〇年代まで継続させた国家安全保障局（NSA）は結局、「解明不成功」と結論づけたのに対し、マークはまず①19号は複数回にわたり米英首脳と上陸作戦について語り合う立場にある、②チャーチルが上陸作戦に反対し、ザメスティテルがチャーチルに反論した場に19号は同席した——などの条件を徹底的に分析し、さらに当時のホワイトハウス出入り名簿などを調査して対象を絞り込んでいく。

そうして引き出した結論が「19号はルーズベルト側近でホワイトハウスのナンバー2の立場にあったハリー・ホプキンズ。ザメスティテルは副大統領のヘンリー・ウォレス以外にありえない」だった。

それでは、ホプキンズはソ連のスパイだったのか。KGB研究家のハーバート・ロマーシュタインは「アフメーロフに直接会えるのは単なる情報提供者でなく本物のスパイだけだった」としてスパイ説を強く推しているが、マークは全く別の推論を展開している。

一九三六年当時の
ハリー・ホプキンズ

「電文九行目と二十四行目を分析するとアフメーロフは19号から直接聞いたのではなく、別の筋を通していたと推察される。NKVDは情報提供者をコードネームで呼び、番号を使うのは赤軍情報局（GR

U）だ。しかも五月二十六日にホプキンズはアクーリン提督ら赤軍幹部らと二時間半も武器購入などについて懇談している。とすると、ホプキンズは赤軍幹部にトライデント会談の内容を漏らし、それがアフメーロフに伝わって八一二電文になったのではないか」

ホプキンズはNKVDのスパイでなく、赤軍幹部への情報提供者であり、アフメーロフはまた聞き情報を本国に打電したというわけだ。

マークはそのうえでアフメーロフがホプキンズを「ポレスニ・イディオト（役に立つ間抜け）」と評価していた点に注目し、「ソ連は共産主義に理解の深い人物を通して米国の政策に影響を与えるという伝統的な方針をとっており、ホプキンズはそれにかなった男だったのではないか」との見方を紹介している。また、ルーズベルトがホプキンズの役割を承知したうえでソ連側に必要なシグナルを送っていた可能性についても論じている。

いずれにせよ、19号の謎解きによって、ソ連が戦争中、米国に構築したスパイ網は単なる情報収集だけでなく、米国の政策にいかに影響を与えるかを重視していたことがわかる。四三年五月二十六日、ＮＫＶＤ工作員のワシーリ・ズブリンがモスクワのフィティンにあてた電文「七八六、七八七」もそれを裏付けている。

「船長（ルーズベルト）の妻（エレノア）をプロセス（加工処理）するため、われわれは彼女の友人のゲルトルード・プラット……（意味不明）この線に沿いモスクワ反ファシスト学生委員会の公式代表、イクーリンによって維持されつつある……」

プラットは、エレノアの男友達だったジョセフ・ラッシュの将来の妻である。ほとんど解明不能な暗号でつづられたメッセージではあるが、共産党系学生組織が関与していることがうかがえるのに加え、「プロセス」という表現が目を引く。

電文の最後にもう一度登場するこの表現は、エレノアをソ連に役立つ「ポレスニ・イディオト」にすることではないだろうか。実際、エレノアは当時、米共産党の影響下にあった学生、青年組織を応援する過程でソ連のバルト三国占領を弁護するような言動を何度か行っている。

19号の謎を解いた論文「外交それともスパイ活動？」というタイトルは、ソ連スパイの工作が実は外交活動そのものと表裏一体の関係にあることを見事に突いている。

ソ連外交官の大半がスパイだったという現実は、外交が他国の政策に影響を与えるのを目的としているという意味で当然の帰結だったのである。

人民戦線路線――ソ連に操られていた米共産党

ルーズベルトのスピーチライターで、ホプキンズの友人でもあったシャーウッドは一九四一年六月二十二日、奇妙な光景を目撃している。その日、シャーウッドはニューヨーク市ハーレムにあるダンスホール「ゴールデンゲート」で開催された「自由のための戦い」という集会に招待されていた。

集会はドイツと戦う英国の支援を目的としており、「英帝国主義の道具となり果てた戦争屋ども」などと書いたプラカードを手にした群衆が会場を取り囲んでいた。シャーウッドは怒号を浴びながらやっと会場に入ったのだが、約一時間半後には群衆は跡形もなく姿を消し、黒人によるワシントンへの行進まで中止されたと聞き、唖然《あぜん》としている。

この日、欧州では二百万を超すドイツ軍がソ連への進撃を開始していた。三九年の独ソ不可侵条約で事実上の同盟関係にあった両国が交戦状態に突入したことから、米共産党はわずか一時間余りで「戦争反対」から「武力介入」へと党方針を変更させて

いる。群衆が姿を消したのはその結果だった（『ルーズベルトとホプキンズ』＊Ⅱ—25）

戦争前のルーズベルト時代を特徴づけたニューディールについて米共産党はどう考えていたのか。独ソ戦で一瞬にして方針を変更したように、米共産党は事実上、コミンテルン（第三インター）を通じてソ連に操られており、ニューディールへのかかわり方もソ連の意思をそのまま投影していた。

三六年三月、ルーズベルト二期目の大統領選キャンペーンが本格化する頃、米共産党書記長アール・ブラウダーは、全国議長のビル・フォスターとともにモスクワに来るよう指示された。ブラウダーを大統領選の独自候補に指名するはずの党大会についても延期の指示を受けたばかりだった。二人は怪訝《けげん》な思いでモスクワのコミンテルン本部を訪問し、すぐにその理由を理解した。

前年の第七回コミンテルン大会は人民戦線路線を決定していた。米共産党もその方針に従って大恐慌後の米国に乱立した農業労働党や進歩党などさまざまな左翼政党を束ねるため、それまでの革命路線を放棄し、いわゆるソフト路線で支持者を急増させていた。コミンテルン指導部はこうして結集した左翼票がブラウダーに流れ、ルーズベルトの支持層が食われることを心配していたのだ。ソ連にとっては当時、ナチズムに批判的なルーズベルトの再選こそ望ましかった。

ブラウダーは帰国後、独自候補を擁立はしたものの、実際にはルーズベルト再選に向けて本格的活動を開始した。

《米共産党の人民戦線路線についてはハーベイ・クレア、ジョン・ヘインズ、クリル・アンダーソン共著『アメリカ共産主義のソ連世界』に詳しい》＊Ⅱ—26

ブラウダーが進めたルーズベルト支持の路線は、米共産党に大きな成果をもたらした。三〇年にわずか七千五百人だった党員が三八年には七万人を超えている。ニューディール連合といわれた左翼知識人層に認知され、大衆政党としてしっかりと根を下ろしたからだ。

ドイツとソ連が同盟関係にあった二年間を除き、ブラウダーの米共産党はおおむねルーズベルト政権とは良好な関係にあった。とりわけ独ソ戦が始まってからは、ルーズベルトがソ連のイメージをことさら高めようとしたため、米共産党への米国民の評価も高まった。

米ソ蜜月が最高潮に達した四三年十一月のテヘラン会談の直後、ブラウダーはニューディールと共産主義の協調をうたう「アメリカ共産主義の蔓延」という基調演説を党大会で披露している。

ビル・フォスター(左)とアール・ブラウダー

「リベラルな福祉政策によって啓蒙された大企業は労働者や黒人、低所得層への富の分配や人権拡大に応じるだろう。そうしてニューディールの（修正）資本主義と、アメリカ共産主義は共通点に達する。確かに〝革命はどこへ行った〟という声が出るかもしれない。だが、より良き時代に向けて進歩的でなければならない。それが戦後の秩序を築くことになる」（アルバート・フリード著『アメリカの共産主義』＊Ⅱ―27）

後にブラウダー主義と呼ばれたこの体制内改革路線は、米共産党が誕生以来、最大の党員数（八万人）と支持者を誇る時代をもたらした。

だが、ルーズベルトの死と重なるようにブラウダーも失脚する。

フランス共産党機関誌は四五年四月、「米共産党の解消」と題するジャック・デュクロの論文を掲載し、「ブラウダーはマルクス主義を逸脱した修正路線だ」と批判した。それをソ連からの批判と理解した米共産党は五月、書記長のブラウダーを解任し、党から追放している。ルーズベルトの死から一カ月後だった。

《ソ連崩壊後、モスクワの資料館で発見された文書は、デュクロ論文が実はロシア語で書かれ、フランス語翻訳もモスクワで行われたことを示していた。仏共産党は論文の掲載だけを強制されたことになる》＊Ⅱ―28

妻のエレノアによると、ルーズベルトは「戦後は社会主義的な世界になる」と予測し、スターリンが「米国とソ連がいずれ立場を同じにする」と話したことに希望さえ抱いたという。

ルーズベルトが共産主義に寛容だった四三年から四四年にかけては、米国に対するソ連のスパイ作戦が最も激しい時期でもあった。

憎悪と希望——見抜けなかった共産主義の危険性

資本主義の牙城《がじょう》、アメリカで共産主義を一定の政治勢力にまで育てるのに成功した米共産党書記長、ブラウダーは一九七一年三月、伝記作家、ジョセフ・ラッシュのインタビューに応じている。

ラッシュは大統領夫人、エレノア・ルーズベルトの友人で、学生時代に共産主義に共鳴して左翼運動に身を投じたことからブラウダーとは面識があった。

質問は「ブラウダーがルーズベルトと情報交換していた」という話の真偽を確かめることに集中している。すでに八十歳のブラウダーは体力的に衰えていたが、意識はしっかりとしており、慎重に言葉を選びながら答えている。

「ルーズベルト夫人は私の妻を助けようと何度か手を貸してくれた。しかし、私や妻に同情したからでなく、多分大統領からの指示があったからだと思う。私自身、大統領に会ったことはない。ただ死の直前にアダムズを通じて〝会いたい〟というメッセージをもらっていたが、私自身は反対だった。もし会えば、そのことを利用する輩《やから》が多かったからだ。（中略）大統領は明らかに私の意見や（米国の左翼運動についての）情報を知りたがっていた」

《ルーズベルト記念図書館所蔵エレノア文書にインタビューの詳細が保存されている。アダムズとは第二代大統領、ジョン・アダムズの子孫で、米共産党員だったジョセフィーヌ・アダムズのことで、エレノアの知人だった》

ブラウダーがインタビューで認める結果となった米共産党トップと大統領の戦時中の交流とはどんなものだったのか。アダムズは五七年二月の上院国内安全保障小委員会の公聴会で「ブラウダーとルーズベルトの橋渡し役だった」と証言し、大騒ぎになっている。テヘラン、ヤルタと続いた米英ソ首脳会談において二人がアダムズを通じて意見を交わしていたというのである。

だが、誇大妄想的なアダムズの証言は、明確さを欠いており、インタビューはそうした曖昧な点をただすために行われたのである。ラッシュはブラウダーの証言を下敷きに次のように結論づけている。

ブラウダーは四一年、偽パスポート所持で四年の判決を受けてアトランタ刑務所に収監され、米共産党はその釈放運動を繰り広げた。そのうち真珠湾攻撃で開戦となり、アダムズは文通できる関係だったエレノアに、「戦争状態に入ったからには挙国一致でなければならない。政治犯であるブラウダーは釈放されるべきだ」と手紙を書いた。この訴えが功を奏したのか、ブラウダーは翌年五月に大統領恩赦で釈放されている。米共産党はこれを機会にルーズベルト政権を全面的に支持する路線を推進し、アダムズ経由で大統領にあてた手紙はルーズベルトの死まで数十回に及んだというのである。

ルーズベルトにしてもアダムズの手紙は政治的に意味があった。開戦で米ソ関係に特に配慮する必要があったのと、戦争中の黒人暴動や労働争議など国内の不和を解決するうえで共産党の協力を必要としたためだった（『エレノアとフランクリン』）。ルーズベルトとブラウダーの戦時中の書簡のやりとりは、米国の改革運動ニューディールと世界革命を目指す共産主義が戦争という緊急事態のもとで手を結ぼうとした時代を象徴している。そして、「戦後世界が社会主義的になる」と予測したルーズベルトが死亡すると、「共産主義が改革的になるだろう」と述べたブラウダーも後を追うように党を追放されている。

ルーズベルトの進めたニューディールは結局のところ、共産主義と相いれないものだった。ニューディール研究で知られる歴史家、アーサー・シュレシンジャーは二つの政治運動の違いについて『変革の政治』の中で次のように書いている。

「共産主義の本質は革命である。そしてニューディールは改革運動だった。（初期ニューディーラーの）クリーシュは共産主義は憎悪を基礎とし、ニューディールは希望に根ざしたと書いた。だが、ニューディーラーは共産主義が抱える危険性を見抜けなかった。共産党が掲げる穏健なプログラムを改革的と錯覚したが、真の狙いは組織に浸透し、最終的に共産主義を支配的にすることだった」

ニューディーラーたちが見抜けなかったのは共産主義が妥協の思想でなく、純粋に政府転覆を目指す革命の思想だったということだろう。KGB電文解読資料「VENONA」が戦後、明らかにした戦時中のソ連情報網がそれを裏付けている。

ソ連崩壊後のコミンテルン資料を使って米国のソ連スパイ網を描いた『呪われた森』（アレン・ワインスティーン、アレキサンダー・ワシリエフ共著）やセオドア・ドレーパー著『米共産主義の根源』によると、ブラウダーは二一年に米共産党に入党し、その年、モスクワのコミンテルンから派遣された片山潜によって見いだされて二九年に実質上のトップの地位についた。そして三三年には政府内情報ネットワークを作る役割を担っている。狙いは国家機密の持ち出しのほか、米国の政策にどう効果的に影響を与えるかだった。

機密持ち出しと違い、「政策への影響」は曖昧で成果をたどるのが難しい。だが、NKVD（KGBの前身）米国責任者、イサク・アフメーロフがルーズベルトの側近、ホプキンズを「役立つ間抜け」と呼んだように、政策に影響を与えることは機密持ち出し以上に重要な任務だったのである。

戦前、戦中を通じ、日本は米ソ両国にとってアジア方面最大の脅威だった。ブラウダーの情報網はそれをどう受け止め、ルーズベルト自身は日本をどう位置づけていたのか。開戦に至る数奇な日米関係は第三部でみることになる。

第三部　日本脅威論

力の外交――「戦争は避けられないだろう」

一九三一年（昭和六年）九月十八日、中国北部の奉天（瀋陽）郊外にある柳条湖の鉄道爆破で始まった日本軍による南満州鉄道沿線制圧は、その翌年に錦州、さらにはハルビン占領へとエスカレートした。後に満州事変と呼ばれるようになる日本軍の膨張を米国は世界に先駆けて侵略行為と非難し、国務長官のヘンリー・スティムソンは三二年一月、中国の主権尊重をうたう九カ国条約違反を盾に「（侵略による）領土の変更を認めない」というドクトリン（原則）を発表している。

フランクリン・デラノ・ルーズベルトが三二年の大統領選で現職のハーバート・フーバーに勝った際、前政権の政策である「スティムゾン・ドクトリン」をどう継承するかが国内外の強い関心を呼んだ。

ルーズベルトの対日政策がそれによってほぼ決定づけられると考えられたからだ。

大統領就任式まであと二カ月余りを残す三三年一月九日、ニューヨーク州ハイドパークのルーズベルト宅をそのスティムソンが訪ねている。

フーバー共和党政権の現職国務長官であるスティムソンがわざわざ新大統領を訪問したことに周囲は驚いた。協議は五時間以上に及び、上機嫌で出てきたスティムソンは取り囲む報道陣相手に「実に有意義な昼食でした」と語っているが、それからほぼ一週間後、ルーズベルトはスティムソン・ドクトリン支持を高らかに宣言したのである。

ルーズベルトの政策顧問で、初期ニューディール政策の中心人物、レイモンド・モーレイはその声明を聞いて大きなショックを受けた。重要な政策決定に相談を受けなかったうえ、スティムソン・ドクトリンが誤った外交政策だと考えたからだ。

「(ルーズベルトは) いわゆる侵略による領土の変更を認めないという (前政権の) 原則を受け継ぐことを明らかにした。〝侵略国〟という曖昧な定義だけで国際紛争における中立の立場を捨て、一方の国に制裁を加えるという誤った政策を意味している。極東に大きな戦争を招く政策を支持したのと同じことだ。いずれ米英が日本に対し戦

争を仕掛けることになるかもしれない」（『七年を経て』＊Ⅲ—1）

モーレイは、まだ大統領に就任していないルーズベルトにその誤りを気づかせようともう一人の顧問、レックスフォード・タグウェルを誘ってルーズベルトを訪ねている。雄弁家のタグウェルはスティムソン外交の好戦性を説き、「このままでは日本と戦争になる」と詰め寄った。

だが、ルーズベルトは数時間に及ぶ説得を黙って聞いた後、「日本の好戦性を考えれば戦争は避けられないかもしれない。ならば、後回しにするより今、戦ったほうがいいのではないか」と平然と答えている。驚いたタグウェルが「ですが、日本は人口増と急激な工業化で新たな市場を必要としている。日本の帝国主義が英国に比べてひどいとは思えない」と反論すると、ルーズベルトはさらに次のように答えた。

「私の先祖は中国貿易に従事したことがある。だからいつも中国人には親しみがある。そんな私が日本をやっつけようというスティムソンに同意しないわけがないではないか」（伝記作家、ケネス・デービス著『FDRのニューヨーク時代』＊Ⅲ—2）

《ジェフリー・ウォード著『起床ラッパの前に』によると、ルーズベルトの母方の家系であるデラノ家の祖父、叔父が香港を中心にアヘン貿易で巨万の富を築いた。先祖の中国貿易とは、このアヘン貿易を指している》＊Ⅲ―3

一方、スティムソン自身はその時の事情をこう説明している。

「軍事行為によって既成事実を作る方法が罷《まか》り通《とお》れば、（第一次大戦後）誕生したばかりの国際新秩序は計り知れない打撃を受ける。だが、今回の軍事行動は日本の首相さえ了解していない、いわば反乱行為だ。ならば、穏健派の幣原《しではら》（外相、幣原喜重郎）に事態収拾を図らせるべきだと思った。その間、軍部を刺激しないよう慎重に対応したつもりだ。だが、その後も日本軍は占領など既成事実を作るばかりだった。日本は信用できないのだ」

つまり、錦州占領をみてスティムソンは宥和《ゆうわ》政策を捨て去ることを決意した。海外紛争に不介入というそれまでの米国の中立外交は、このスティムソン・ドクトリンによって、いわゆる「力の外交」へと舵取りを変えていくことになる（『平和と戦争への奉職』＊Ⅲ－4）。

スティムソンの方針がアメリカ外交を根底から覆すものだということにはフーバー大統領も実は気づいていた。

「スティムソンは（三一年）十月の段階で日本の侵略行為を阻止するための二つの案を提示した。一つは国際社会による経済制裁。もう一つは外交と国際世論による説得だった。私はもちろん後者を望んだ。だが、国務長官は外交官というよりも戦士のようであり、制裁で解決できると信じていた。国務長官は制裁が戦争につながると考えなかったようだが、第一次大戦の経験に照らせば大国に対する経済制裁は実質的な戦争を意味していた」（『フーバー回顧録』＊Ⅲ－5）

フーバー政権下で誕生したスティムソン・ドクトリンはルーズベルトに継承され、スティムソンが四〇年六月にルーズベルト政権の陸軍長官に迎えられることによって経済制裁へとエスカレートした。四一年七月二十五日には米国内の日本資産が凍結されている。

真珠湾攻撃はそのほぼ四カ月後に起きた。

アジアへの野望――日本は妄想に取りつかれている

ルーズベルトがフーバー大統領から引き継いだ外交政策は、日本の満州侵略を非難する「スティムソン・ドクトリン」だった。それもフーバーが考えていたような言葉だけの非難ではなく、日本の侵略行為を阻止し、太平洋における日本の脅威を抑止するという実質的な意味をドクトリン（原則）の中に見いだしていた。

フーバーとルーズベルトのこの違いは、スティムソン・ドクトリンを決定する際のフーバーの考え方をみることによって一層際立って確認することができる。

一九三一年（昭和六年）九月に起きた満州事変の急展開に業を煮やした国務長官、スティムソンは経済制裁で日本を抑止するか、国際世論を喚起して警告するかの二つの案をフーバーに提示した。経済制裁を勧めるスティムソンに対しフーバーは強く反論している。

「いかなる国も経済を破壊され、国民が飢えるような制裁に素直に応じるとは思えない。制裁は銃撃を伴わない戦争行為である。制裁の脅しだけで相手国に救いがたい憎悪と感情の高ぶりを生じさせるだろう。しかも、英国、フランスをこの制裁に協調させることはできない。二国とも中国に権益を持ち、日本にはむしろ仲間意識を抱いているからだ」

フーバーは経済制裁の延長線上にある戦争の可能性を実際、真剣に考慮している。英国に極秘で対日参戦への意思を尋ね、それが否定されると、陸海軍長官に勝利の可能性を問いただし、「開戦すればフィリピンが占領されるし、英国抜きで戦うには五年の戦争準備が必要だ。戦争は問題外だ」と結論づけている（『フーバー回顧録』＊Ⅲ―6）。

フーバーの論法にスティムソンは納得しなかった。戦争は回避すべきだと考えたが、国際的な経済制裁は必ずしも戦争への糸口とはならず、侵略行為を止めうる有効な外交手段であるとみなしていたからだ。

三三年一月九日にスティムソンがルーズベルト宅を訪ねた最初の出会いで、ルーズベルトはスティムソンの考えを全面的に支持したうえ、「もっと早く（経済制裁を）スタートさせるべきだ」と舌打ちし、「日本はいずれ屈服するだろう」との見通しを披露している（『スティムソン日記』）。

ルーズベルトはスティムソン・ドクトリンの継承を発表したとき、スティムソンのように「制裁が戦争につながらない」と考えてはいなかった。側近のタグウェルから戦争の危険を指摘された際に「避けられないなら、早いほうがよい」とまで応じている。

三三年三月、大統領に就任したルーズベルトが最初に取りかかったのは太平洋艦隊の増強だった。その軍事優先政策に妻のエレノアを通じて平和主義者から抗議の手紙が来たのに対し、ルーズベルトは「日本は誇大妄想に取りつかれているから」と説明している。エレノアによると、ルーズベルトはウッドロー・ウィルソン政権の海軍次官補だった時からグアム島やハワイなど太平洋の島々の安全を憂慮し、日本を常に太平洋方面の敵と想定していた（『エレノアとフランクリン』＊Ⅲ-7）。

日本を米国の脅威とみるルーズベルトの登場で、満州事変をめぐる日米対立の構図が抜き差しならないものへと変化していたことに日本側は十分に気づいていなかった。当時、米国の駐日大使だったジョセフ・グルーは三二年十一月九日付の日記で次のように書いている。

「新大統領に（民主党の）ルーズベルトが選ばれたことに日本の新聞は非常に好意的

だ。スティムソンがいなくなるからだという。大使館に勤める日本人運転手や女中までが大喜びで〝ノーモア・スティムソン〟と言っているのにはあきれた。今回の事変に対する米政府の強い非難を米国民は支持しており、新政権が日本寄りになるはずがないことに全く気づいていない」（『滞日十年』＊Ⅲ－8）

日本の脅威を経済制裁で押さえ込もうという米外交は四〇年六月、ルーズベルトがスティムソンを陸軍長官に迎えたことで一気に加速することになるが、それまでに二人は何度か日本について語り合っている。そしてそのたびに話題にのぼったのが「日本の百年計画」だった。

ポツダム会談に出席するためベルリンに着いたヘンリー・スティムソン(左)＝一九四五年七月十六日

ハーバード大学時代、日本人留学生から聞かされたというこの計画はまるで絵に描いたようなアジア制覇への野望だった。計画の実在を信じたルーズベルトは以来、日本を脅威として意識し続けた。スティムソンが陸軍長官就任を前に久々にルーズベルトと会った際、「七年前初めてお会いした時に（日本の）百年計画について語られたことを覚えておられますか」と聞くと、ルーズベルトはゆっくりと頷《うなず》いている（『スティムソン日記』＊Ⅲ－9）。

《この留学生は明治の元老、松方正義の六男、乙彦だった。乙彦は一九〇七年に帰国後、日本石油常務を経て、三四年には日活社長に就任している》＊Ⅲ－10

制裁の必要性をルーズベルトに植え付けた「日本の百年計画」とは一体、どのようなものだったのだろうか。スティムソンさえ信じたアジア制覇の野望は、ルーズベルトの日本観をたどるうえで重要な材料を提供してくれる。

わが友オトヒコ――計画は信頼できる男に聞いた

日本のアジア制覇という野望を証拠づける「百年計画」の公文書は残っていない。ルーズベルトがごく内輪に語った内容がそれぞれの日記などで触れられているだけだ。例えば、妻のエレノアは「日本の誇大妄想」と記し、太平洋における日本の脅威に触れている。一方、ルーズベルトの死に立ち会ったいとこのディジー（マーガレット・

サッカレー）は一九三四年一月三十一日の日記でもう少し詳しく書き残している。
「フランクリンはハーバードで知り合った名門の日本人、オトヒコ・マツカタ（松方乙彦）から聞き出した日本の計画について語ったことがある。いずれやってくる欧州との対決のため、日本は陸上、海上から徐々に満州、中国へと膨張し、シャム（現在のタイ）やインドシナをも奪おうという計画だ。アメリカまでは狙っていないそうだが、これは百年の大計だそうで、私たちアングロサクソンには考えられないことだ。実際、一九〇〇年以来、その通りに事が運んでおり、日本人は計画を予定通り進めているようだ」

ディジーは同じ日の日記で、ルーズベルトがこの百年計画について英国のラムゼイ・マクドナルド首相と三三年春に協議し、日本の海軍力を米英レベルに引き上げさせないことで合意していたことも伝えている（『最も親密な関係』）。

《一九二一〜二二年に開かれたワシントン会議で、米、英、日本、フランス、イタリアの主要五海軍国は軍備競争を避けるため、主力艦（一万トン以上）の総ト

ン数割り当てを定めた。米英の各五に対し日本は三。日本の軍部の反発を招いたが、米英はより厳しい制限を求めた》

日本の野望にどう対処するか。ルーズベルトが相談したのは、前国務長官で退官後も経済制裁の必要性を訴えていたスティムソンだった。三四年五月十七日、スティムソンはホワイトハウスで昼食を挟み、大統領と一時間半にわたって協議している。会話の大半は外交問題であり、百年計画のことはルーズベルトのほうから持ちかけた。

「一九〇二年、大統領がハーバード大二年生のとき、若き日本の友人（松方）から聞いたという百年計画は、一八八九年（明治二十二年、大日本帝国憲法発布の年）、日本の支配階級によって作成された。計画を漏らした男は名門の武家の出身で信頼できる筋だといえる。計画はアジア太平洋を日本圏として確立するまで十段階のステップを踏むことになっており、これまでのところ順調に進んでいると大統領は語った」

ルーズベルトによると、第一段階の中国との戦いで力を示し（日清戦争、一八九四年）、第二段階で朝鮮半島を併合する（日韓併合、一九一〇年）。第三段階はロシアとの防衛戦（日露戦争、一九〇四年）であり、第四段階で満州を奪う。つまり三一年に満州事変が起きたことですでに第四段階に達しており、第一段階を除くと、すべてが松方の話を聞いた一九〇二年以降に起きている。計画通りに推移してきたことははっきりしているというわけだ。

アルバムに並べて張られている若き日の松方乙彦（左）とルーズベルト

ちなみに残りの六段階は、マレー半島のジョホール占領、華北の保護領化、モンゴル、チベットへの勢力圏拡大、ハワイを含む太平洋全諸島の占有、オーストラリア、ニュージーランド占有と続き、それによって最終段階であるアジア太平洋の日本圏が完成することになっていた。

ルーズベルトが「それではアメリカはどうなるのか」と尋ねると、松方は「心配するな」と首を横に振り、「日本は米州大陸には興味はない。多分メキシコとペルーに前哨基地を設けるのが関の山だろう」と答えたという。ルーズベルト二十歳、学習院大を卒業したばかりの松方は二十二歳。学生同士のたわいない会話の産物だったが、米大統領と将来の陸軍長官は少なくとも、これを現実のアジア征服計画と受け止めたのだった。

ルーズベルトは三七年、日中戦争が始まると、日本にますます厳しい目を向けるようになるが、それが果たして華北征服という百年計画の第六段階のことを念頭に置いていたものなのかどうかはわからない。

だが、百年計画が脳裏をかすめたと思えるエピソードがその三年後に起きている。四〇年十月八日、ホワイトハウスの録音機に残された側近との何気ない会話は、ルーズベルトの日本に対する強い疑心と嫌悪をにじませている。

「おい、ちょっとこれを読んでみろ。UP通信がよこした電報では、日本の通信社は、〝米国はアジア新時代の到来を認めるべきであり、そのために米軍はパールハーバー(真珠湾)、ミッドウェー、ウェーキの基地を引き揚げるべきだ〟と言ったそうだ。日本人がわれわれにハワイから出ていけと言ったのはこれが初めてじゃないか？　もし日本がちょっとでも妙なことをするようだと、こちらはいつでも引き金を引く覚悟がある」(『テープの背後の物語』＊Ⅲ-11)

側近が「日本政府を代表しない発言ですから」といさめても、大統領がほとんど聞く耳を持たなかった様子は、わずか数分の会話からもはっきりと聞き取れる。

親密な手紙―友情に欺かれてはならない

ルーズベルトにアジア制覇という日本の野望を、結果的にとはいえ、学生時代に吹き込んだとされるハーバード大の学友、松方乙彦は一九三四年（昭和九年）一月末、ゼネラル・モーターズ東京支社に勤める息子を伴ってニューヨークに到着している。悪化する一方の日米関係を何とか好転させるため、親米派を自任する松方はルーズベルトに会うことを決意していた。

松方は一九〇二年（明治三十五年）にハーバードに入学したが、卒業には言葉の問題もあり五年かかっている。一方、ルーズベルトは一九〇〇年に入学してわずか三年で卒業しており、二人が重なったのは実は一年だけだった。

だが、松方は寄宿舎でルーズベルトのいとこのライマン・デラノとルームメートとなり、デラノ家との交際は深い。ライマンの部屋に出入りする妹のローラとは一時は結婚を約束するほどの関係になるのだが、父親で明治の元老、松方正義の強い反対と、ルーズベルト家、デラノ家の説得であきらめている。

《結婚話は『最も親密な関係』より。もう一人のいとこのディジーによると、ルーズベルトと恋人の密会を妻のエレノアに告げたのは生涯独身を通したローラだった》

二十七年ぶりに米国を訪れた松方はデラノ家のルートを使ってルーズベルトとの面談を求めた。デラノ家当主となっていたライマンは実業家としても成功しており、松方親子を日曜日の昼食に招待して旧交を温め、ルーズベルトに対し「面談の目的は単に個人的なものだそうだ。日本大使館を通じて手配しないのはそのためだそうだから、何とか会ってやってくれないか」と、一月三十日付の手紙に書いている。

当時のホワイトハウス賓客名簿によると、松方乙彦の名前は二月十八日と二十日に登場している。十八日は大統領と長女が催したお茶会への招待であり、わずか十五分の滞在だった。二十日には二人だけで約一時間にわたって話をしているが、会話の内容に関する記録は残っていない。代わりに松方が長い手紙をホワイトハウス退出後にルーズベルトに書き送っている。二月二十六日付の手紙は、おおむね次のようなものだ。

「私は長く太平洋と極東の平和は良好な日米関係にあると確信してまいりました。そのことに多くの日本の政治家も同意しております。ここ数年、日本で起きたことは貴方には理解できないことばかりでしょう。例えば軍部の若き将校らによる犬養毅首相暗殺（三二年五月十五日に起きた五・一五事件）はアメリカにとって大きなショックだったと察します」

「われわれも大きなショックを受けたのですが、どうしてこうなったかは理解できます。陸軍も海軍も日本の政治が腐敗した輩《やから》によって左右されていると国家の危機を憂えていた。そんなときにロンドン海軍条約が結ばれた。この条約は陸海軍の了解を得ておらず、海軍に大きな不安を与えた。個人的な考えを言わせてもらうなら、ロンドン会議がもう少し日本のこんな気持ちを理解していてくれればこうはならなかったの

松方乙彦と親しかったルーズベルトのいとこ、ローラ・デラノ

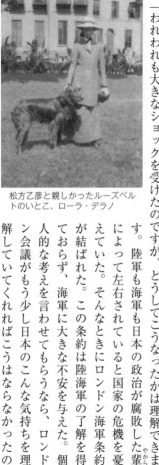

ではないでしょうか」

松方の手紙はこのほか、当時の日ソ危機がソ連側の責任であり、満州に関しては「日本に併合の意図はなく、問題の多くは中国の内政不安が原因であり、共産主義運動が不安定を生んでいる。米国は中国に肩入れし過ぎで、日本に不当に厳しい」と指摘している。

ルーズベルトはこの手紙を受け取ると、その日のうちに国務省中国専門家で極東部長のスタンレー・ホーンベックに手渡し、内容の検討を命じている。個人的意見とただし書きのある手紙をわざわざ外交文書のように扱ったのは、直前にホーンベックから次のような忠告を受けていたからだった。

「日本大使が松方に対し、ワシントンに無期滞在を勧めたそうです。つまり、大使は松方と大統領の個人的な関係を利用して日本とのパイプ役を果たさせようとしている。(中略)松方がおそらく大使館の指示を受けているという証拠が挙がった今、大統領が松方に会うことは他の外国には与えられていない特権を日本に与えることであり、日米関係の取り扱いを複雑にするものです」

ホーンベックがここで強調したかったのは個人レベルでの面談という説明はまやかしであり、政府と結託した外交の一環だという点だ。ルーズベルトは手紙を読んでその指摘が正しいと考えたのである。

ホーンベックは満州事変以来、戦後の「ソ連封じ込め論」に似た国際的な対日包囲網の必要性を強く唱えてきた論客だった。松方の手紙に対し大統領あてに書いた覚書は八ページに及び、当時の国務省が日本をどうとらえていたかを理解するうえで示唆に富んだ内容を多く含んでいるが、日本のアジア制覇という野望に疑惑を抱くルーズベルトにとっては「日本の侵略行為は事前に十分に準備されたものだった」と反論している個所が特に目を引いたはずだ。

満州事変、満州国設立、さらに中国北部における日中の衝突は連鎖的な偶発事ではなく、日本支配層の侵略計画である「百年計画」に基づくものだとの確信をルーズベルトが抱いたのは間違いないだろう。

ホーンベックの反論——好戦国と敵対するのは当然

日米関係修復を願い、松方乙彦がルーズベルトにあてた一九三四年（昭和九年）二月の手紙に対する米国務省極東部長、ホーンベックの反論は米国務省の対日観を代表していた。日本はアジアの平和を乱す好戦国であり、それを封じ込めることが当面の関心事だというホーンベック論の次の部分は米国の考え方を理解するうえで特に大きな意味を持っている。

「米国が中国に好意的で日本に差別的というのは歴史に照らして大間違いだ。日米関係八十年で、米国は日本に特に好意的で中国を嫌った時代があったはずだ。だが日清戦争、とりわけ日露戦争後、日本は満州で特権的な地位を得ようとしたことがきっかけで米国は姿勢を変えた。競争相手でなければ仲良くなれるが、道に立ちはだかったり、好戦的な者と敵対するというのは当たり前のことだろう」

「三一年九月の事件（満州事変）以来、米国は条約（九カ国条約）違反国である日本を非難し、中国側の立場に立った。だが、日本の友人を自任する人たちは日米関係の重要性を強調するあまり、米国の譲歩ばかりを強調する。友好関係を本当に欲するならば、日本こそ具体的な譲歩をしなければならない」（『ルーズベルトと外交問題第一巻』＊Ⅲ―12）

つまり、日米関係悪化の根本にあるのは、松方が指摘したような「日本嫌い」や「中国好き」といった感情論ではなく、米国の国益と原則に日本が敵対していることにある、とホーンベックは指摘したわけだ。

《米国のジョン・ヘイ国務長官が一八九九年と翌年の二度にわたって出した門戸開放宣言は自由競争を掲げ、欧州列強や日本の中国進出を牽制する狙いがあった。一九二二年のワシントン会議で調印された九カ国条約はその門戸開放を成文化したものだ。日露戦争後、中国大陸進出を強める日本は米国の中国政策と真っ正面からぶつかった》

ホーンベックが言う構造的な日米対立が背景にあったからこそ、ルーズベルトには日本の「百年計画」がより現実の脅威として迫ってきたはずだ。松方が日本の立場をいくら説得しても、そうした認識がある限り最初から失敗に終わることは明白だったのである。だが、ルーズベルトがこうまで確信していた日本の野望が果たして本物だったのかという素朴な疑問がこの時点で生じる。

ルーズベルトの話では、「百年計画」を知ったのは松方二十二歳、ルーズベルト二十歳の時だ。そんな大計画をどうして学生が知っていたのか。ルーズベルトとスティムソンは「松方が名門武家の出身だから知り得た」と納得しているが、父親が松方正義であったにしても軽々しく国家計画を語るとは思えない。

計画についての具体的な話は、松方が再訪米した三四年一月下旬から五月にかけてのスティムソンら限られた人の記憶にしか現れていない点にも疑問が残る。三十二年ぶりの松方との再会で思い出したといえるかもしれないが、ルーズベルトが海軍次官補時代（一九一三〜二〇年）に日本脅威論を語りながらも「百年計画」に一切、触れていないのはいかにも不自然だからだ。

伝記作家、ウォードはルーズベルトの若き時代を描いた『起床ラッパの前に』の中で、ルーズベルトには作り話をする悪い癖があると指摘している。また、テヘラン会談などでルーズベルトの通訳を務めた国務省ロシア専門家、チップ・ボーレンは『歴史の証人』の中で「大統領は話に尾ひれをつけるのが好きで、スターリンとの初会談に通訳なしで臨んだと語った。だが、私は同席していた」と書いている。

「百年計画」について、ルーズベルトがスティムソンらに語っていた頃、米国では「田中メモリアル（上奏文）」という英語版パンフレットが出回り始めていた。

一九二七年から二九年にかけて日本の首相の座にあった田中義一が二七年六月から七月にかけて主宰した東方会議で決定され、昭和天皇に上奏されたという田中メモリアルは「日本が世界を制覇するには米国を倒さなければならない」との内容だった。二七年十二月、日本から持ち出されたという文書はまず中国の雑誌で公表され、ほぼ同時に英語版が中国、米国に登場している。

この文書については戦後、中国人偽造説やソ連のNKVD（KGBの前身）偽造説など諸説紛々となったが、問題はそうした文書がルーズベルトのいう「百年計画」とどう関係していたのかという点だろう。例えば上海の英語誌「チャイナ・クリティック（中国評論週報）」（三一年九月二十四日付）に掲載された「田中メモリアル」によると、計画は明治天皇の意思によって作られ、中国、モンゴルと段階的に征服地域を広げて、いずれはマレー半島のジョホールにも橋頭堡を築くとある。大日本帝国憲法発布とともに作成されたという「百年計画」も、ジョホール制圧を含め十段階のアジア太平洋制覇計画のかたちをとって

スタンレー・ホーンベック

おり、あまりにも似通っている。

いずれにせよ、ホーンベックが主張した構造的な日米対立に加え、「田中メモリアル」や「百年計画」に象徴される侵略計画が、ルーズベルトの対日観を後戻りできないほど悪化させる結果になったといえる。

田中上奏文――取って付けたような勇ましさ

ルーズベルトが学生時代に知ったという「百年計画」は、一九二九年（昭和四年）十二月に中国の南京で公表された「田中奏摺」（『時事月報』掲載、中国語訳）とうり二つだった。のちに英語版が大量に出回り、「田中メモリアル（上奏文）」と呼ばれるようになるこの文書は、宮内庁書庫から盗み出された「世界征服の極秘戦略」とされ、日本帝国主義のバイブルのようにみなされてきた。

文書は三四年当時、ルーズベルトがスティムソンに教えた「百年計画」の土台を構成する具体的な内容を網羅していた。日本政府は当初から偽物と発表し、戦後はブリタニカ百科事典にも偽造と紹介されているが、ルーズベルトの「百年計画」のモデルがその偽造文書だったことはほぼ間違いないだろう。

《ブリタニカ百科事典の初版は一七七一年。版を重ねるにつれて世界一流の学者・筆者の手が加わって権威を得た。一九四三年、シカゴ大学に所有権移転》

米議会図書館が保存する各国版「田中メモリアル」の中で最も古い「チャイナ・クリティック（中国評論週報）」（三一年九月二十四日、上海）掲載版は「一九二七年七月二十五日、田中（義一）首相より昭和天皇に上奏した満州積極政策」という書き出しで始まっている。

「欧州大戦のあと、日本は政治、経済双方で不安定に陥った。その理由は日本がすでに満蒙で持っている特権を十分に生かしていないところにある。（中略）したがって、わが国の歴代の政権は明治天皇のご指示を土台に、栄光と末代にわたる繁栄を勝ち取るために新大陸国家の建設に邁進《まいしん》してまいりました」

「政策の遂行にあたり、われわれは米国との対決を余儀なくされている。中国の〝夷を以て夷を制す〟（敵同士を戦わせる）という政策によって、米国はわれわれに立ち向かおうとしている。将来、中国制圧を欲するならばまず米国を倒さなければならない。それはまさに過去において日本とロシアが戦い、ロシアを倒したようなものだ」

「中国を征服するには、まず満蒙を征服しなければならない。世界を征服しようと思うなら、まず中国を征服しなければならない。この時こそ、世界は東亜におけるわが帝国の存在を認め、アジアの国々はそろって帝国の威風になびくだろう」

これだけ読むと、実に勇ましい世界征服宣言である。だが、七十年前に中国の英語雑誌が十三ページも割いて掲載した全文は、大半が退屈な官僚用語で占められていた。例えば、化学肥料の輸入量とその金額に細かく触れたかと思うと、満州地域への中国人移民の増加に対する不安と対策が書かれ、そこだけを読むと「満州開発とその対策」といった類の印象を受ける内容なのである。

一方、明治天皇の世界征服や中国征服についての言及はここで訳した最初の部分に凝縮されており、太平洋への膨張を示す戦略的な言及はまるで後からはめ込んだようにちりばめられていた。

この取って付けたようなセンセーショナルな部分こそが、世界征服計画の存在を世界に印象づけ、米国との対決を不可避とする日本の立場を示す根拠とされてきたのである。ルーズベルトが「百年計画」のヒントにしたのも、この部分だった。

「田中メモリアル」は戦前、戦中を通じ、日本の中国・アジア侵略の計画性を証拠づけるものとして引用されてきた。だが、戦後は権威ある百科事典さえ偽造と判断している。米国では戦争中から偽造の可能性も含め、文書が意味するところを分析する動きがあった。米陸軍省軍事情報部が四二年四月五日に作成した報告書「日本の満州・中国におけるスパイ活動」はこう書いている。

「日清、日露戦争などが台湾、韓国の獲得という日本帝国主義の初期段階を形成した。第一次大戦後、日本はより積極策をとるようになり、いわゆるアジア人のためのアジア計画は、田中（義一）首相が書いたとされるメモリアルに沿って進められた。中国人によって公開されたメモリアルは米国との戦争には否定的だが、日本は偽造だと非難している。これまでの日本軍の動きはほぼメモリアル通りに展開しており、偽物であったとしても、少なくとも軍事的戦略を十分に承知した者によって書かれたことは間違いない」

興味深いのは、「田中メモリアル」の中で最もセンセーショナルな「中国制圧を欲するならばまず米国を倒さなければならない」という部分を「米国への挑戦状」とは分析していないことだ。むしろアジアと太平洋に軍事進出する戦略を日本が唱える「アジア人のためのアジア建設」と結びつけている点が目を引く。

ルーズベルトが外交面で最も信頼した国務次官、サムナー・ウェルズも次のように言及している。

「ここ三年ほど、日本は極東（東亜）新秩序の建設とか日本（大東亜）共栄圏などを唱えているが、要するに太平洋から欧州の影響を取り去り、中国を服従させ、西半球（米大陸）を従属させようという試みを指している。田中メモリアルは確かに日本の公式バイブルではないかもしれないが、明らかにその目的に向かって邁進してきた」（『決断の時』＊Ⅲ-13）

「田中メモリアル」は本来、米国打倒計画の証拠とされてきたが、米国では「アジア対米欧」という対立の図式に当てはめて論議されたのだった。

巻頭論文——旧思考を捨て去る時である

「百年計画」のモデルだったとみられる日本の世界征服計画「田中メモリアル」は、

米国に強い警告を与えた。偽物であろうとなかろうと、そこに書かれた日本の段階的な膨張政策は、一九三一年（昭和六年）の満州事変によってまさしく現実のものとして結実したからだ。ルーズベルトの目には、満州事変が九カ国条約を力で踏みにじる行為と映り、そのことが「田中メモリアル」の実在を強く印象づけたのだった。

満州事変の八年前、東洋問題を論じる米国の雑誌「アジア」（一九二三年七月号）は、日本人移民制限をめぐって強まっていた日本脅威論にこたえるように「日本は信用できるのか？」という刺激的な巻頭論文を掲載した。筆者は海軍次官補を退官し、弁護士となったばかりのルーズベルトだった。長文の論文にはわざわざ「海軍次官補として日本との戦争を常に念頭に置いてきたルーズベルト氏の見解を今、紹介するのは非常に有益」という編集長コメントまでついている。

だが、内容はあっけないほど日本への賛美にあふれていた。

海軍次官補時代、太平洋における日本の脅威を強調し、大海軍構想を打ち上げたことのあるルーズベルトだが、論文ではワシントン会議で締結された海軍軍縮と九カ国条約の重要性を強調し、日米共存時代の幕開けを強く訴えている。

「英国、日本、米国という（太平洋における）重要なパワーが一年半前のワシントン会議で（海軍の軍縮に）応じたことは画期的だ。原（敬）首相が信頼を基盤に置くことに合意し、その後を継いだ日本海軍提督、加藤（友三郎）首相は海軍力削減を文字通り実施している。その姿勢は海外の称賛の的となっている」

「日米両国が重要な関心を持つ中国問題も改善された。ここ半世紀ほど、日本の力の高まりによって生じた中国分割という考えは今度の大戦（第一次大戦）によって消え去った。領土的野心のない米国はこれまで中国寄りの姿勢をとってきたが、門戸開放という米国の外交方針がワシントン会議によって（九カ国条約で）成文化されたいま、われわれは今度は中国市場が日本に重要なことに理解を示さなければならない。旧思考を捨て去る時である」


ルーズベルトのこうした期待は結局、満州事変とその後の日本軍の展開によって見事に裏切られる。特に満州事変の直前、タイミングよく公表された「田中メモリアル」は、九カ国条約の無意味さを強調することになったため、条約を平和の要《かなめ》と主張したルーズベルトに大きなショックを与えたのは想像に難くない。

ルーズベルトの論文は、ほぼ十年を経て同じ「アジア」（三四年三月号）に再掲載された。日本を賛美するその内容が、十年後のルーズベルト政権の厳しい対日姿勢と際立った対照を見せており、雑誌編集長がその面白さを狙って再掲載の許可を大統領に願い出たためだ。ルーズベルトは「国際環境の激変を明記すること」を条件に申し出に応じている（『ルーズベルトと外交問題第一巻』＊Ⅲ－14）。

大統領就任後二回目の閣僚会議が開かれた三三年三月十四日、ルーズベルトは早くも日本との戦争について真剣に問いかけている。

「日本人が（マレー半島の）ジョホールから中国の万里の長城まであふれるだろう」と前置きしたあと、「できれば戦争を避け、〝兵糧攻め（経済制裁）〟によって屈服させる方針を取る」と述べ、戦争になった場合には「陸軍は役に立たない。太平洋を挟んだ戦争は海軍が主力になるためハワイを基地とし、さらにアリューシャン列島から日本本土を空爆すべきだ」と熱心に説いている（会議に同席した連邦郵政長官、ジェームズ・ファーリーの『ルーズベルト時代』＊Ⅲ－15より）。

ルーズベルトが指摘した「ジョホールから万里の長城まで」という表現は「百年計画」や「田中メモリアル」で示された日本のアジア征服計画に重なるものだ。

さらに、十二年近く国務長官を務めたコーデル・ハルも「田中内閣の登場でいわゆ

海軍次官補時代のフランクリン・ルーズベルト

る中国への積極政策を開始した。日本の東洋支配は三一年の満州侵略（満州事変）と満州国の樹立で実現した」と「田中メモリアル」をまるで既成事実のように語っている。

要するにルーズベルト時代は「田中メモリアル」に象徴される日本の脅威に対し、力に訴えてでも抑止すると決意することから出発したのだった。

だが、日本との対決が不可避であるとルーズベルトを決意させたものは、満州事変や「田中メモリアル」の存在だけではなかった。日露戦争以降、米国は常に日本を軍事的、経済的ライバルと意識し続けてきた。二十世紀初頭には日本人移民の増加によって米西海岸で「黄禍論」という日本人差別が吹き荒れ、そのたびに日米両国は鋭い緊張関係に陥っていたのである。

そうした対決の底流を探るには日露戦争以降の両国のかかわりを振り返らなくてはならない。とりわけ、ルーズベルトが海軍次官補を務めた一九一三年（大正二年）から二〇年までの関係が大きな意味を持ってくる。

黄禍論――西海岸に日本軍が攻めてくる

米国の大学生の歴史教科書に使われる『アメリカ外交』（ロバート・ファレル著）は第十六章「極東」の中で、一九〇五年（明治三十八年）に終わる日露戦争こそが日米対立の序曲だったと位置づけている。その翌年、セオドア・ルーズベルト大統領は日本との将来の対決を予想し、対日戦争計画「オレンジ」の準備を命じたからだ。

日露戦争前の極東では、清国の義和団の乱が収まると同時にロシアの満州支配が強まっていた。ロシアが満州をロシアだけの市場にしようと図ったことに対し、一八九九年の門戸開放宣言以来、中国市場参入を狙ってきた米国は強く反発した。一九〇四年の日露戦争開戦を聞き、米国は強まるロシアの力を抑止するため日本を応援した。

「（セオドア）ルーズベルトは日本の勝利によって満州への通商の道が開かれることを期待した。つまり、日本がドアボーイのような役割を演じると考えたわけだ。ところが、日本が勝ってみると一級の軍事大国へと変身し、むしろアメリカ領であるフィリピンへの大きな脅威となっていた」

ファレルはさらに「マシュー・ペリー提督が黒船で日本の門戸を開いて以来、軍事援助やアナポリス（海軍士官学校）への留学生受け入れでナイーブにも米国自らが日本を海軍大国に仕立て上げてしまった」と解説しているが、こうした脅威論を背景に日米間にさらに厳しいくさびを打ち込んだのが米西海岸に広まった「黄禍論」だった。

米国の仲介で日露がポーツマス条約に調印した翌年の一九〇六年四月十八日、サンフランシスコは地震と火災が同時に発生するという米国史上最悪の大惨事に見舞われた。

その惨事をきっかけに日本人らアジア系移民の多くが略奪や暴力にさらされている。日本人移民は明治初期にはハワイを目指したが、この頃には西海岸のカリフォルニアに集中しており、白人の間で黄色人種による脅威という「黄禍論」が芽生えていた。暴力事件はそうした差別を背景にしていたのである。

しかも、サンフランシスコ市学務局はその年、白人住民の強い要望で日本人児童隔離教育を決め、これに日本政府が強い抗議をしたため、深刻な外交問題に発展している。

この危機は結局、米連邦政府の介入で二年後、日本が移民を自粛し、代わりに米国は人種隔離法を撤廃するという妥協（日米紳士協約）を成立させるのだが、米国はこれを機会に圧力をかけてきた日本を脅威として意識するようになる。

セオドア・ルーズベルトの了解の下に一九〇六年、海軍省戦争研究所で始められた対日戦争計画「オレンジ」は日本人移民をめぐる日米の軋轢《あつれき》が生じるたびに見直され、具体的な戦争シミュレーションが例年のように実施されたのだった（『戦争計画オレンジ』＊Ⅲ—16）。

《米国は仮想敵国を色で分け、英国はレッド、日本はオレンジだった。一八八二年に実施した中国人排斥は中国側の抗議もなく、日本人排斥に限って日本の干渉で阻止されたことが米国を刺激した。米商務省統計によると、一八九〇年の日本人移民は約二千人だったが、一九一〇年には六万四千人にのぼっている》

フランクリン・ルーズベルトは妻の叔父で、大統領として最も尊敬したセオドア・ルーズベルトがかつて海軍次官補だったことをハーバードの学生時代から意識してきた。

一九一三年、三十一歳の若さでウッドロー・ウィルソン政権の海軍次官補に任命さ

セオドア・ルーズベルト

れたとき、ルーズベルトはセオドアと同じ椅子に座り、「もう一人のルーズベルトがかつてここで何をしたか覚えてますか」と、うれしそうに新聞記者に問いかけている。セオドアはスペインとの戦争を発動したことで知られ、フランクリンはそれを意識していた（ジェフリー・ウォード著『フランクリン・ルーズベルトの登場』）。

この年、カリフォルニア州は日本人移民の農地所有を禁じる法律を制定したことから再び日本政府の抗議を受け、ウィルソン大統領は国務長官を派遣して何とか調整し、法律を条文の表現だけでも和らげている。

しかし、それをきっかけに西海岸ではウォー・スケア（戦争騒ぎ）が高まっており、日本軍が攻めてくるのではないかと病的な危機感に覆われていた。海軍次官補のルーズベルトは一九一四年、その西海岸を訪問し、『サクソンの日』という本を贈呈されている。西海岸では著名な元中国軍顧問、ホーマー・リーが書いたこの本は、英国がアジア系民族によって存亡の危機に遭遇すると予言しているが、その刺激的な内容についてルーズベルトがどう反応したかはわからない。

《『米国伝記辞書』（一九三三年版）によると、リーは一八七六年、デンバー生まれ。スタンフォード大で軍事学を学び、中国に渡って義勇軍に加わり活躍、中国革命時の孫文の軍事顧問をした》

リーには、日露戦争開戦から五年後の一九〇九年にベストセラーとなった『無知の勇気』という著書もある。彼は、日本がフィリピン、ハワイを占領した後、開戦五週間後にはロサンゼルスに上陸して十カ月以内にワシントンに向け進撃を開始するという、とてつもない日米戦争を予言していた。

ルーズベルトは、この本のことも知っていたはずである。

悪の病原菌――国際社会から〝隔離〟しよう

フランクリン・デラノ・ルーズベルトは海軍次官補時代、海軍省でただ一人の次官補として、長官代理のような役割を担い、「何にでも手を突っ込んだし、邪魔する者もいなかった」（フランク・フリーデル著『ルーズベルトの見習い時代』）という。一九二〇年（大正九年）一月二十一日には「アメリカの中国政策はどうあるべきか」という長文の報告書を受け取り、冒頭に「これは素晴らしい報告だ」とわざわざ自筆で書き込んでいる。激賞した報告書は次のようなものだった。

「（中国で）日本の権益が確立されるということは、米国を含め他の国はすべて権益を失うことを意味している。つまり、日本の中国貿易独占、そして中国支配につながる。（中略）中国を日本に譲り渡してしまうのが嫌なら選択は二つしかない。一つは戦争で日本を追い出してしまうことであり、もう一つは妥協して協力することだ。（中略）日本は中国支配のため必然的に弱い中国を望んでいる。しかし、独立した中国は米国の太平洋における自由貿易に絶対不可欠であり、強い中国の存在こそ米国の国益にかなっている」（ルーズベルト記念図書館所蔵文書＊Ⅲ−17）

太平洋における日本の脅威を強く認識していたルーズベルトはこうして中国へと目を向けていった。中国を通じて日本を押さえ込むことは「素晴らしいアイデア」のように思えたからだ。

この年、ルーズベルトは民主党の副大統領候補に指名されて公職を去るが、選挙には敗れ、さらに翌年、小児麻痺《まひ》を患って政治生命の危機を味わっている。だが、奇跡のカムバックでニューヨーク州知事、さらには米国大統領へとのぼりつめた。

三三年、大統領に就任した頃には、満州事変によって日本への反発が米国内で強まっており、ルーズベルトもまた、海軍次官補時代に注目した中国政策へと関心を向けていった。

ルーズベルトが中国支援を明確に打ち出す転機になったのが三七年十月五日の大統領演説だった。後に「クオレンティン（隔離）演説」として有名になるこの演説は、北京郊外の盧溝橋で同年七月七日に始まった日中戦争を強く意識し、名指しではないが、明らかに日本を念頭に置いて〝悪の病原菌〟を隔離すべきだと訴えている。

「今、世界には不法という疫病が蔓延《まんえん》しているように思えます。疫病が発生すると、社会は患者を隔離し、健康な人に感染することを防ぎますが、戦争も伝染力がある。それが宣戦したものであろうとなかろうとです」（ハーバート・ファイス著『パール・ハーバーへの道』）

公式の宣戦布告がないまま拡大する日中戦争への対応策として、ルーズベルトは日本を国際的に孤立させることを強く示唆した。その翌日には、援護射撃のようにヘンリー・スティムソンの寄稿文がニューヨーク・タイムズ紙に掲載されている。

「日本の侵略を阻止するため、米国が今、軍事介入するのは不可能だ。中国はそもそも中国人の問題だからだ。だが、このまま黙って見過ごすのは恥ずべき行為だ。日本は米英、特に米国の市場に大きく依存している点を活用し、日本を制裁するには禁輸措置が有効な手段となるだろう」（スティムソン、マクジョージ・バンディ共著『平和と戦争への奉職』）

満州事変の際、日本を強く非難する「スティムソン・ドクトリン」を提唱したスティムソンは国務長官を退官後、四〇年六月に陸軍長官に迎えられるまで、民間の立場で対日制裁論を訴えていた。日本の「百年計画」などをめぐり、スティムソンがルーズベルトと意見交換してきたことを考慮すると、二人の前後する発言は米国の対日制裁への決意を予言するものだったといえるだろう。

ルーズベルトが対日強硬姿勢を強めていくうえで、さらに重要な役割を果たしたのがエバンズ・カールソン海兵隊大尉だった。

南米におけるゲリラ戦などで活躍し、数々の勲章を受けているカールソンは三三年三月から八月まで米第四海兵師団情報将校として上海に駐留し、さらに三五年七月までの二年間、北京の海兵分遣隊副隊長をしている。大統領と個人的に知り合うきっかけとなったのは、帰国したカールソンが大統領静養地のジョージア州ウォームスプリングズの警護担当海兵隊の指揮官をした時とみられている。

漢口で記念撮影するエバンズ・カールソン（右から二人目）とアグネス・スメドレー（中央）、周恩来（左から二人目）＝一九三八年

カールソンは三七年七月十五日、ホワイトハウスに呼ばれ、ルーズベルトからひそかに中国行きを依頼された。北京での中国語研修を名目にしてまず日本に行き、さらに中国大陸では「一体、何が起きているのか」をルーズベルトに直接報告することを命じられたのである。

ルーズベルト記念図書館には、カールソンがルーズベルトあてに中国から書き送った報告書や手紙が少なくとも二十通は保存されている。報告書は三七年十二月、南京郊外揚子江上で起きた日本軍機による米砲艦パネー号撃沈事件や、毛沢東の中国共産党と朱徳の率いる八路軍のゲリラ戦術など多くの生々しい描写を含んでいる。いずれも驚くほど中国に同情的な内容だ。

カールソンのこれらの報告書は、その後の米国の対日、対中政策を作り上げるうえで貴重な情報源となった。

上海リポート――目の前で戦争を見物できる

米海兵隊大尉で、ルーズベルト直属の中国担当情報官となったカールソンは一九三七年（昭和十二年）八月十四日、横浜から神戸へ向かう米客船「マッキンリー号」で最初の報告書をしたためた。ホワイトハウスのマルガリート・ラハンドにあてた第一回報告書は大統領への感謝と「このことは誰にも語らない」という誓いとともに始まっている。

《極秘任務の窓口のラハンドはルーズベルトが最も信頼する首席秘書だった。

カールソンが三九年一月に帰国するまで大統領はラハンドを通じて指示を送り続

けた》

「横浜から東京に出て大使館の海軍武官と中国情勢を話した。日本兵が中国で手足切断などひどい目に遭っているという話題を聞いたが、この手の話はだいたい宣伝臭いので気をつけたほうがいい。普段おとなしい中国人がそういうことをしたというのは、むしろいかに日本を憎んでいるかの証拠だろう。オートバイで東京を走り回ったが、危機に直面した国にしてはあっけないほど平穏だった。ただ、汽車に乗った際、軍用トラックの移動を目撃した。駅員が見てはならないと注意したのが記憶に残った」

カールソンはこの後、神戸でも同様の感想を述べ、待望の上海からの一報は同年八月二十日、上海共同租界にある宿泊施設「アメリカクラブ」で書いている。日中の上海攻防戦（同月十三日）の火蓋が切られて一週間。上海港近くに展開する日本艦船の詳細について報告しながら「信じられないことだが、われわれは国際（共同）租界にいて本物の戦争を見物することができるのです」と浮き浮き気分で書いている。

軍人のカールソンは上海攻防戦に特に興味を引かれたらしく、上海駐在の米国人ジャーナリストと一緒に戦場を駆け回った。十一月七日付の報告書にはエドガー・スノーとともに中国軍の砲撃部隊を訪問したと書いている。

《カールソンとスノーは北京時代から旧知の仲だった。当時のスノーはまだ一介のフリー特派員で、三六年六月、陝西省延安にある毛沢東と中国共産党の本拠地を外国人ジャーナリストとして初めて訪ね、その訪問記『中国の赤い星』（三八年出版）によって世界的に有名になる》

カールソンのほぼ四カ月にわたる上海滞在中の報告は、おおむね日本軍への非難と中国軍の勇敢な戦いぶりに集約される。「一対一だと中国兵のほうが日本兵より強く、必要なのはアメリカの軍事援助だけだ。それさえあれば、中国は自ら日本を追い出せる」といったたぐいの提案が幾度となく繰り返されているからだ。

だが、報告書を順に追っていくと日中戦争の原因分析については大きく変化していることがわかる。上海到着直後（同年八月二十七日付）には「なぜ日本は世界を敵に回し、これほど犠牲の多い戦争を仕掛けなければならないのか理解できない。日本は今のままでも中国に大きな影響力を発揮できるし、いずれ市場を独占できるのに」と素直な疑問を抱いていたが、一年三カ月後には日本の世界征服計画を確信するようになる。

「香港で孫文の未亡人、宋慶齢《そうけいれい》と会い、孫文の三民主義の後継者は中国共産党だと確信しました。私は今回の日中紛争は単なる経済上の問題ではないと信じるようになりました。日本は中国の次に太平洋を支配し、いずれ世界を征服するつもりです。十六世紀の秀吉（豊臣秀吉）以来続く日本の世界征服計画の実現なのです」（三八年十一月十五日付報告書）

抗日軍政大学の門前で警備する中国共産党の兵士

他の外国人同様、カールソンも当初は米国の権益侵害に憤慨し、中国に同情的だったのが、日本の世界征服を確信し、何としても阻止しなければならないと考えるようになったのである。三八年十一月二十九日の報告書はそれをさらにはっきりと示している。

「日本政府は否定するが、田中メモリアル（上奏文）は本物だと考えられます。米国の安全はこの日本の征服計画を阻止できるかどうかにかかっている。（米国の）軍事介入の用意を示すことでしか、日本の軍国主義者をわからせることはできないでしょう」

ラハンドはカールソンの報告書がホワイトハウスに届くたびに「大統領は非常に興味を持っている。もっと送ってほしい」などと返書で激励した。それではルーズベルトは報告書をどう見ていたのだろうか。

大統領側近グループの一人、内務長官のハロルド・イッキーズは「秘密日記」（三八年三月四日付）で次のように書いている。

「（中国共産党の）八路軍に従軍する海兵隊大尉からの手紙を大統領が受け取ったそうだ。そこに描かれた八路軍の素晴らしい戦いぶりにえらく感動したようだ。日本軍をずいぶんてこずらせているという。そこで私は最近読んだ（スノーの）『中国の赤い星』について話した。その大尉と同じように新聞記者が延安を訪問した話だが、大統領のほうがより詳しいのには驚いた」

カールソンが日本の世界征服について確信するようになったのは、報告書をみる限り、三七年十二月中旬にスノーの手助けで延安を訪問し、ほぼ三千二百キロに及ぶ八路軍従軍を果たしてからだった。報告書を読んだルーズベルトは日本非難の「クオレンティン（隔離）演説」を行い、三八年秋には中国への初の具体的支援となる二千五百万ドル借款を決定している。

南京陥落――パネー号事件に隠れて関心薄く

一九三七年（昭和十二年）十二月二十四日午後の米海軍省プレスルーム（記者会見室）は報道陣で蒸せ返るようだった。中国の現地時間で同月十二日午後一時半頃、南京の約十五キロ上流の揚子江に停泊する米砲艦パネー号ほか三隻が何の警告もなく日本機の襲撃を受け、パネー号が撃沈されたうえ乗組員三人が死亡、五十人が重軽傷を負ったからだ。

海軍省のこの日の発表は結局、重傷を負ったパネー号艦長、ジェームズ・ヒュー少佐が報告してきた経緯説明に終始し、肝心の米国の対応には触れずじまいだった。

だが、ルーズベルト記念図書館に残るその日の発表文は、パネー号乗組員が巨大な星条旗をデッキに掲げ、攻撃停止を訴えたのに、三機の日本機は一時間以上にわたって二十数回も空爆し、機銃掃射まで浴びせていたことを明らかにしている。発表文が

淡々としているだけ、米国の怒りがストレートに伝わってくるような内容である。＊Ⅲ―18

パネー号撃沈は上海攻防戦が終わり、戦火が国民政府のある南京に及んだ時に発生した。外国人租界への気兼ねから局地戦の様相をみせた上海と違い、南京で日本軍は全く気兼ねなく攻撃に乗り出している。したがって戦闘地域近くで起きた撃沈事件について、日本は戦場で起きた〝事故〟と主張したのである。

だが、ルーズベルトは、南京の大使館職員らを避難させるため派遣したパネー号への攻撃は日米開戦さえ誘発する重大な出来事と受け取った。事件後、開かれた緊急閣僚会議の様子を財務長官、ヘンリー・モーゲンソーと内務長官、イッキーズは次のように伝えている。

十二月十三日　「駐米日本大使は謝罪と賠償に応じる用意を伝え、東京の外相は偶発の事件として駐日大使に謝罪したが、これは明らかに意図的な米国に対する挑戦だ。大統領は宣戦布告する方法はいくらでもあると語った。米艦船を沈めたことですでに戦争の理由になるが、米国の日本資産を凍結し、米国に滞在する日本人を拘束する法

的根拠をまず検討するように私に命じた」（ジョン・ブリューム著『モーゲンソー日記』＊Ⅲ―19）

十二月十七日　「米艦船が撃沈されるという事件にもかかわらず、国民は平静だ。だが、政府内では重大な事態へと発展していた。閣議でクロード・スワンソン海軍長官は宣戦布告を要求し、それは海軍提督らの意見を代表するものだった。少なくともハワイに艦船を早急に派遣すべきだと強硬に主張したが、大統領は英国、フランスなどに連絡を取り、日本を海上封鎖する案を進めていると話した。アリューシャン、ハワイ、グアムに至るラインで封鎖すれば、日本は一年で降参するだろう。私は日本との戦争が避けられないなら、今がチャンスではないかと思う」（『イッキーズ秘密日記』＊Ⅲ―20）

米国政府は冒頭の記者会見の前日、日本の再三にわたる謝罪声明と賠償金支払いなどを正式に受け入れ、報復攻撃の可能性はすでに消えていた。ルーズベルトが軟化したのは「当時の米世論が日本との対決にまだ消極的だったためであり、むしろ重要なことは、大統領が機会があればいつでも極東に介入する用意があることがわかったことだった」と、モーゲンソーは日記に書いている。＊Ⅲ―21

日本軍に撃沈された米砲艦パネー号

パネー号が撃沈された翌日、南京はあっさり陥落した。二カ月以上の激戦があった上海攻防とは異なり、国民政府主席の蔣介石政府指導部が逃亡した後の南京には混乱しか残されていなかったからだ。

中国軍の壊滅的敗走という南京陥落について当時の米国はあまり関心を示していない。南京に特派員を派遣した数少ない米紙の一つ、ニューヨーク・タイムズ紙は陥落から四日目の十八日になってやっと一報を報じている。

「戦争捕虜を虐殺、市民も殺害——蔣介石ら指導部の逃亡が首都陥落の原因」。目立たない活字のティルマン・ダーディンの記事は、パネー号事件を報じるトップ記事のわきにこぢんまりと収められ、結局、これが後に極東国際軍事裁判（東京裁判）で「二十万人以上が殺された」とされた「南京大虐殺」の最初の報道となる。

一方、ルーズベルトによって中国に派遣されていた米海兵隊大尉、カールソンはパネー号事件が起きる一カ月前、友人でフリー特派員のスノーの勧めで陝西省延安にある中国共産党の本拠地を訪ねていた。同年十二月中旬に延安に到着したカールソンは二十四日付の大統領への手紙で、朱徳が率いる八路軍のゲリラ戦術について報告しているが、その冒頭でパネー号事件について「大統領は厳しい抗議を天皇に行ったようですが、その後、どうなったのか、さっぱりわかりません。こちらで情報をできるだけ集めます」と書いている。

だが、パネー号事件とほぼ同時に起きた「南京大虐殺」には全く触れておらず、四七年に死亡するまで生涯、言及することもなかった。

カールソンは中国共産党に対する過激な礼賛が原因で三九年に帰国させられ、海兵隊を自ら除隊した後は中国を支援する講演を続けた。日米が開戦すると再び海兵隊に復帰し、八路軍のゲリラ戦をモデルにしたという「カールソン襲撃隊」を編制してガダルカナルなどで日本軍を撃破し、英雄となっている。戦争で海兵隊に入隊した大統領の長男、ジェームズ・ルーズベルトは父親の強い希望で「カールソン襲撃隊」の副官となった。

日本軍の蛮行――米政府は関心を示さなかった

一九三七年十二月十三日の南京陥落とその後の日本軍による戦争捕虜や民間人虐殺を目撃したという「ニューヨーク・タイムズ」紙特派員、ティルマン・ダーディンは、後に「南京大虐殺」と呼ばれる事件について結局、三本の記事を書いた。十七日に南京から上海に抜け出した直後に書いた同月十八日と十九日の報道記事と、さらに南京に戻ってまとめたルポ風特集記事だ。

翌年一月九日付日曜版に掲載された特集記事は、パネー号事件を背景に日本に批判的とはいえ、戦争当事国でない第三者（米人）が直接の目撃者であり、しかも関係者から取材したうえで書いたという二重の意味で貴重な証言となっている。「中国指導部逃亡、南京陥落で日本軍の残虐行為が明るみに」という大きな見出しの記事はあまりにも長く、全文を紹介することはできないが、要点はおおむね次の点に絞られる。

「城壁で囲まれた南京攻防戦はまるで中世封建時代の様相だった。近代戦では考えられが、中国軍は日本軍に何も残さないことを目的に城壁周辺の作物、家屋を焼き払っただけでなく、城壁内でも放火した。その被害は三十億ドル以上と推定され、日本軍の砲撃被害を上回る。南京に駐在する中立的立場の筋（外国人武官？）は、中国軍の放火作戦は中国独特の『グランド・ジェスチャー（大見え）』だったと説明した」

「もう一つの大見えは（国民政府主席の）蔣介石と参謀たちがドイツ人軍事顧問団の撤退アドバイスを無視し、具体的な防衛のめどもないまま南京死守を決めたことだ。南京防衛を命じられた唐生智《とうせいち》将軍は約三万人の防衛部隊に死守を命じ、城壁外の揚子江には逃走用の船も数隻しか用意しなかったが、蔣介石と側近たちが（八日に）南京を逃亡すると、唐生智と側近も逃亡し、残された中国軍は大混乱に陥った。路上には中国軍が脱ぎ捨てた軍服と武器があふれ、兵士は民間服に着替えて国際安全地域に逃げ込もうとしたため混乱を深めた」

「南京市民は陥落前の無秩序状態から逃れるため日本軍の到着を待っていた。日本軍入城の際には多くの市民が歓声を上げた。ところが、日本軍は逃亡した中国兵を戦争犯罪人として無差別処刑し、一部の日本軍は婦女暴行や略奪など日本にとって将来、汚点を残す残虐な行為を行った」

「戦闘による犠牲者は日本側千人程度、中国側三千人程度だが、処刑された中国兵は二万人にのぼり、民間人犠牲者も同数程度と推定される。日本軍の残虐行為については南京の日本軍高官も認め、一部部隊の蛮行を恥じた」

記事の内容は実に詳細で、虐殺の原因については最後に日中双方にあると結論づけているが、このショッキングな記事は米国政府の関心を引かなかった。ルーズベルトは当時、同じ時期に発生した米砲艦パネー号撃沈事件に絡んで日本を「不法国家」と呼ぶなど非難を強めていたにもかかわらず、南京で起きた日本軍の蛮行については結局、発言することはなかった。

ルーズベルトは毎朝、新聞を熟読するのを日課にしており、ニューヨーク・タイムズ紙は必読紙だった。ダーディンの特集記事を読んだはずのルーズベルトが虐殺事件に言及しなかったのは詰まるところ、事件に大きな意味を見いださなかったためではなかろうか。

三七年七月に日中戦争が起きて以来、米国の世論は圧倒的に中国寄りの姿勢を強めており、パネー号事件でさらにその傾向が強まった。そうした気分を反映して米国の新聞や雑誌は中国びいきの記事を連日、掲載している。なかでもヘンリー・ルースが経営する雑誌タイムとライフはその先頭を切っていた。

タイム誌は三八年新年号で、前年最も活躍し、注目された「マン・オブ・ザ・イヤー」に蔣介石夫妻を選んでいる。新年号の表紙を飾る人物にアジア系指導者を選んだことは欧米諸国の読者をあっと驚かせた。

「欧米に三七年に活躍した人物が見当たらない状況のなか、世界で最も人口の多い中国が白人種以外で唯一、機械化時代に対応できた日本との戦争に突入した。スウェーデンのスウェン・ヘディン博士は中国の状況を概嘆して、アジアにおける白人種の支配は終わりを告げる段階に入ったかもしれないと、同国学会で発言した。その意味では日本人がマン・オブ・ザ・イヤーなのかもしれないが、それを象徴する人物がいない。中国軍をまとめ上げ、日本を予想以上に苦しめた蔣介石とその夫人がふさわしいと決定した」（三八年一月三日号タイム誌海外ニュース）

ヘンリー・ルース（右）と蔣介石

タイム誌を創刊したルースは米国人宣教師の子供として中国で育ち、中国への思い入れが強かった。三九年六月、国民政府のある重慶に常駐の記者を派遣したのはニューヨーク・タイムズ紙とタイム誌だけだった。

親中国派の学者や外交官、ジャーナリストのことを描いたピーター・ランド著『チャイナハンズ』は、第二次大戦前の米国で民主国家・中国のイメージが異様なほど高まったのは「出版界の神様ともいえるルースがたまたま中国に個人的なかかわりがあったためだった」とまで断じている。タイム誌の中国寄りの姿勢はそのまま厳しい日本非難へとつながるのだが、そのタイム誌でさえ南京の虐殺事件についてはほとんど報じることがなかったのである。

チャイナハンズ――中国の友人は丁重に扱おう

中国国民政府主席の蔣介石夫妻が「マン・オブ・ザ・イヤー」として表紙を飾った一九三八年（昭和十三年）のタイム誌新年号には海外ニュース面に「南京陥落後初めて中国政府高官が国外へ」という小さな記事が掲載された。孫文の長男で政府高官だった孫科が香港経由で欧州歴訪に飛び立ち、モスクワではヨシフ・スターリンと首都陥落の善後策を話し合うと報じている。

その記事の中に当時の中国共産党が南京陥落をどうとらえていたかをうかがわせるくだりが出てくる。

「中国共産党指導者たちは南京を見捨てて逃げた国民党の政府高官の即時辞任を声高に要求している。ただし、共産主義者らはまだ表紙の人物（蔣介石）に対する辞任までは要求しておらず、孫科のモスクワ行きはそうした緊急問題を話し合うためとみられる」

つまり、この頃の中国共産党は日本に対する虐殺非難よりも、南京を混乱のままに放棄した国民政府を攻撃していたのである。蔣介石と友人であり、国民政府を強く支持していたアメリカの出版王、ヘンリー・ルースが経営するタイム誌も同様の見方を強めていた。三七年十二月二十日号のタイム誌海外ニュース面は「中国の戦争」というタイトルで、日本軍機による米砲艦パネー号撃沈事件に絡んだ日米関係へのコメントを書き、その後半部分で南京陥落と虐殺事件に触れている。

「六機の日本戦闘機の追撃にもかかわらず、蔣介石夫妻の搭乗する米ボーイング機は米国人パイロットの技術もあって何とか逃れることができた。だが、南京では銃の使い方さえよく知らない若い中国兵士が日本の正規軍と対峙《たいじ》していた。中国兵の背後にはドイツ軍事顧問団によって訓練された国民政府軍精鋭第八十八師団がおり、逃げようとする若き兵士を後ろから撃って前線へと追いやった。こうして中国兵は日本軍に虐殺された。（中略）蔣介石主席が防衛部隊に南京撤退を命じたのは何と南京が陥落した直後だった」

このコメントをみる限り、タイム誌は南京陥落とその後の惨殺の原因が国民政府指導部にもあったとみていたわけで、その意味では国民政府の幹部辞任を求めた中国共産党と同じ立場にあった。ルーズベルトがパネー号事件で日本への反発を強めながらも南京陥落や日本軍の暴虐について発言を控えたのも、そんな見方が当時の米国にあったためだろう。

南京陥落後、退却する中国国民政府は一時、漢口（武漢）に移ったが、三八年十月には漢口も日本軍に占領され、四川省重慶に政府機能を移していた。重慶政府は日本が四五年八月に降伏するまで続き、その間、米国のさまざまな立場の要人やジャーナリストが訪れている。

日中戦争を勝ち抜くカギを米国からの支援に求めていた蔣介石は米国の訪問者を常

に歓迎したが、なかでもルースが四一年五月に重慶を訪れた際の気の使いようは異様で、まさに国賓待遇だった。

蔣介石はルースが十日間の重慶滞在を計画していると聞いて、妻の姉、宋靄齢《そうあいれい》の夫で政府高官でもあった孔祥熙《こうしょうき》の邸宅を提供することを決め、空港には大型リムジンを差し向けている。またルースが滞在中、中国に疑問を抱かせないように「中国の友人が少しでも首をかしげることのないよう手配せよ」と側近に厳命した（ピーター・ランド著『チャイナハンズ』＊Ⅲ―22）。

《ルースが二三年に創刊したタイム誌は四四年には米国内だけで百十六万部の発行を誇り、写真週刊誌ライフは四百万部を超えた。ラジオや映画ニュースの素材もタイム誌が提供し、その影響力がルースを米国最初の〝出版王〟にのし上げた。四一年にルースが設置した民間支援団体「ユナイテッド・チャイナ・リリーフ」は五千万ドルの中国向け義援金を集め、国民政府を支えた》

ルーズベルトが満州事変以来、日本との対決を予感し、中国支援の重要性を痛感したように、ルースはキリスト教化した民主国家・中国の登場が米国の繁栄に不可欠と

米陸軍のスティルウェル将軍（右）と蒋介石夫妻＝一九四二年四月十九日

みていた。四一年二月十七日付のライフ誌にルース自身が書いた論説記事「アメリカの世紀」はそうした考えを凝縮している。

「航行の自由の保護者であり、世界貿易の覇者であるアメリカは無限の可能性を秘めている。今日考えられている世界貿易はばかげたほど規模が小さい。アジアを例にとっても今は年間数億ドル程度にしか考えられていないが、いずれ五十億ドル、百億ドルに膨れ上がるだろう。（中略）世界最強で生気にあふれた国（米国）に与えられた絶好の機会を義務として受け入れ、世界に向けてわれわれが正しいと思う方法で影響を発揮しなければならない」

この論説は「力によるアメリカニズムの伝道」という戦後の米外交の特色を方向づけている点で記念碑的なものとなった。ここで指摘されているアジアとは中国のことであり、論説は開放された巨大な市場の支配こそ「アメリカの世紀」に不可欠と訴えているわけだ。

ルースは中国山東省の宣教師だった父を尊敬し、その父が目指した中国のキリスト教化と民主国家誕生を夢見た。

日本の真珠湾攻撃の翌日、父の訃報に接したルースは「中国とアメリカが一緒に戦うことを生きている間に知ることができたのだから満足だったろう」と話している。

＊Ⅲ―23

必要悪――戦争が植民地主義を打破する

『中国の赤い星』で一躍、中国報道の権威となっていたエドガー・スノーは一九四一年（昭和十六年）十二月七日（米東部時間）の真珠湾攻撃に続く日米開戦直後、ホワイトハウス報道官のスティーブ・アーリーから突然、電話を受ける。「ＦＤＲ（フランクリン・ルーズベルト）がぜひとも会いたがっています」との要請にスノーは胸を膨らませた。米国の大統領であり、米軍最高司令官でもあるルーズベルトと会談するのは初めてだった。

ホワイトハウスのオーバルオフィス（大統領執務室）で行われた二人だけの会話は大統領がわざわざスノーのたばこに火をつけるなど終始、打ち解けたムードで進められた。

「『中国の赤い星』を読ませてもらい、ぜひ会いたいと思ってました。ところで、中国はどうですか。アメリカの評判はどうですか」

スノーが中国語で「ルーズベルトは素晴らしい」と述べ、日米開戦前から大統領の評判は絶大だったと答えると、ルーズベルトは満面に笑みを浮かべて喜んだという。

開戦後の忙しい最中であり、大統領側近が再三、中断を促したにもかかわらず、二人の会談は一時間以上に及んだ。何気ない会話の中で、スノーが書き残したルーズベルトの次のような発言は日本が戦争に突入する背景の一つとなったアジアの植民地についてのルーズベルトの考え方を示している。

「今回の戦争で、植民地主義は消える運命にある。植民地主義を打破し、新しい時代を生むためには、日本は必要悪だったのかもしれない。もちろん、(先駆の役割を果たしたのが)日本だったことは恥ずべきことで、欧州にはそれがわからなかった。私は日本人に少し偏見があるようだ。祖父、デラノは中国貿易に従事し、中国人が好きになったが、その反面、日本人が大嫌いだったから」(スノー著『始まりへの旅』＊

Ⅲ―24）

ルーズベルトの母方、デラノ家の祖父は香港を拠点にアヘン貿易などに従事していた。わざわざこの祖父にひっかけて「日本人への偏見」に触れたのは、ルーズベルトがアジアの植民地打破を訴える日本の立場を正当と認めざるをえなかったからだ。スノーもそれに気づき、次のような感想を述べている。

セオドア・ホワイト（右）とヘンリー・ルース

「真珠湾は国家規模の無知のなせる業だ。日本が米国の力に無知だったように、われわれも日本のことに無知だった。日本に帝国主義を教えたのは西欧であり、植民地主義を教えたのも西欧だ。ほぼ二百年の間、西欧はアジアで力による支配を続けてきた。日本を〝帝国の自殺〟ともいうべき絶望的な戦いへと追い込んだのは西欧の罪のあがないのように思えたからだ。大統領も同じ意見を持っているようだった」

ルーズベルトがスノーを招待した背景には、三七年八月から三八年暮れまで日中戦争の経緯を報告し続けた海兵隊大尉、カールソンの存在がある。カールソンは日中攻防戦最中の上海に上陸してスノーと親しくなっており、大統領への報告書の中にはスノーのことが何度も出てくる。ルーズベルトが『中国の赤い星』を読んだのも、カールソンがスノーの紹介で陝西省延安にある中国共産党の本拠を訪ね、八路軍のゲリラ戦の様子を熱っぽく大統領に報告したためだった。

アジアにおける日本の脅威を抑止し、粉砕するために、ルーズベルトが徐々に中国を重視していく過程でカールソンやスノーら「チャイナハンズ」と呼ばれた中国専門の学者、ジャーナリストが果たした役割は小さくない。例えば、初の実質的中国援助をルーズベルトに促したのは、カールソンが「中国は米国の支援さえあれば日本を打ち負かせる」と書いたからだった。

だが、「チャイナハンズ」の最大の貢献は、民主主義の国（中国）が果敢に全体主義の国（日本）と戦っているというイメージを米国民に植え付けたことだろう。ルーズベルトは「日本に偏見があり過ぎた」とスノーに漏らしたが、米国民は最後まで日本を悪の帝国と信じて憎み続けた。キリスト教化した民主主義の中国を夢見るヘンリー・ルースのタイム誌は中国国民政府の蔣介石主席を三度も「マン・オブ・ザ・イヤー」に選び、九回も表紙の顔に起用して徹底した中国寄り報道を続けている。

三八年（昭和十三年）にタイム誌の初の重慶特派員となったセオドア・ホワイトは、そうした日本憎悪をかき立てる点では一級のジャーナリストだった。

学生時代、中国研究の第一人者として知られるジョン・フェアバンク教授の指示で日本帝国主義の露骨なケースとして「対中国二十一個条要求」をテーマに選び、ハーバード大学をトップの成績で卒業している。フェアバンクは「スノーのように中国の困難を米国に伝えるジャーナリストの道を歩むべきだ」とホワイトに助言した。

三八年五月の晴れた日、重慶に到着したホワイトは日本軍機による初の無差別爆撃を経験した。ホワイトの自伝『歴史を求めて』は、その恐怖と怒りを次のように書く。

「重慶の中には軍事目標は何もなかった。にもかかわらず日本人は意図的にそれを爆撃し、街と人々を焼こうとした。私はそれ以降、われわれが日本を爆撃し、意図的に日本の工業などを灰燼《かいじん》に帰しても何の罪の意識も感じなくなった」

日本の悪玉イメージは、開戦から勝利まで米国民の憎悪をかき立て続けた。

双子の国――現実離れの中国観、米で増幅

満州事変から日中戦争へと至る経緯の中で、「チャイナハンズ」と呼ばれる一群の米国の中国専門家たちは「中国を助けなければならない」と米国民に納得させることを大きな使命にしてきた。

『中国の赤い星』のエドガー・スノーが中国共産党の本拠地を理想郷として描き、ヘンリー・ルースのタイム誌が蔣介石夫妻を自由中国の象徴として称えたのもそうした使命感に根ざしている。「チャイナハンズ」が生み出した中国イメージのなかでも特に米国民に訴えたのが、中国と米国を東西の双子国として描く観点だった。

例えば、スノーは『中国の赤い星』の中で、中国共産党の指導者、毛沢東を米国のリンカーン大統領のようだと書いている。奴隷解放のリンカーンと貧農解放を目指す毛沢東を二重写しにし、共産主義嫌いの米国人を意識してか、毛沢東の支持者たちを「共産主義者というよりも農本主義者の集団だ」と強調した。

一九三八年六月十三日のタイム誌はもっとわかりやすく、「日本軍は中国のボストン（北京）、ニューヨーク（上海）、ワシントン（南京）を占領し、ついにシカゴ（漢口）へと向かった」と書き、中国と米国がまるで地理的な相似関係にあるかのような

レトリックを用いている。

清朝末期の農民一家を描き、ノーベル賞を受賞したパール・バックの小説『大地』（三一年）は「ジェファソン時代以来、米国の理想だった自由農民の道徳観とだぶらせることに成功した」（クリストファー・ジェスパセン著『米国イメージの中国』）と絶賛され、中国への深い共感を呼んだのである。＊Ⅲ—25

こうした中国イメージの異様なほどの高まりは、写真雑誌や映画の参加でさらに加速する。

「日本の攻撃で瓦礫《がれき》の山となった上海駅で、一人泣き叫ぶ中国の赤ん坊をとらえた一枚の写真（三八年十一月十四日、ライフ誌）ほど米国民の心を動かしたものはなかった。（中略）三〇年代から四〇年代にかけてハリウッドで量産された『中国の戦い』や『破壊された中国』などのドキュメントやドラマ映画は、中国人が米国の友人であることを教え、勇敢で働き者というイメージづくりに役立っただけでなく、そのまま学校の教室で上映された」＊Ⅲ—26

《パトリシア・ネイルズ著『ヘンリー・ルースの時代と中国イメージ』によると、三〇年代後半の世論調査では九三%の人が中国に同情的だった》

だが、イメージづくりが現実離れしていることには毛沢東を支持したスノーだけでなく、蔣介石を正統と主張したルースも気づいていた。

スノーは自伝『始まりへの旅』の中でこう書いている。

「戦争中、アメリカ人は中国のことを世界の民主主義国の一画と語り、統一した国家のように扱ってきたが、実は連合国の間だけで通用する神話のようなものだ。国民政府が仕方なく共産主義者を受け入れたのは先刻承知のことで、実際、共産主義は禁じられ、党員は死刑という法律が厳然としてあったのである」

ルースはもっと大衆レベルのイメージに絡めて次のように語る。

「アメリカ人の抱く中国人観に問題があるというのだろうか。(タイム誌のおかげで)アメリカ人が中国人を称賛し過ぎるようになったというが、実はやっと(中国人の）洗濯屋イメージから抜け出したところではないか。実際、九割のアメリカ人は中国が何であろうとどうでもいいのが現実だ。だが、蔣介石夫妻は違う。大衆に訴えるものがある。はっきり言ってこの点が重要だ。（中略）だが、果たして蔣夫妻が偉大な指導者であり、何かを成し遂げたのかというと実は簡単に答えられないのである」（トーマス・グリフィス著『ハリーとテディ』＊Ⅲ―27）

日本軍の攻撃を受けたとして報道された上海駅の写真＝一九三七年八月二十八日

スノーやルースでさえ気づいたイメージと現実の乖離《かいり》は戦後、米社会に激しい逆噴射を起こしている。友好的な中国が生まれるはずが、新たな敵として中華人民共和国が登場すると、米国では極端な反共産主義としての「マッカーシズム」（赤狩り）が吹き荒れ、裏切られた米国民は「失われた中国」への責任をチャイナハンズに厳しく求めたのである。

戦争中、悪の帝国として描かれてきた日本はそうした経緯をたどって戦後、米国の友人となった。

だが、ルーズベルト時代に強まった太平洋における日本の脅威論がチャイナハンズという中国専門家の登場を招いたように、戦後、日米経済摩擦が起きた時にも代表的なチャイナハンズの一人で、タイム誌の元重慶特派員だったセオドア・ホワイトが八五年七月二十八日付のニューヨーク・タイムズ・マガジンで「ジャパン・バッシング（日本叩き）」ののろしを上げている。

「日本人が自由貿易を守ろうと訴えているのを聞くと、〝売春婦が〝愛〟を語るのを聞くようだ。日本は米国がつくり、維持してきた平和にただ乗りしているが、いつかは米国の堪忍袋の緒が切れ、真珠湾からミズーリ号（日本の降伏文書調印）に至った歴史を繰り返す可能性があることを心にとめるべきである」

「日本からの危険」というこの論説は、貿易摩擦に怒る米国で予想以上に大きな反響を呼んだ。ホワイトはこの一本の論説で日本の同盟国イメージを変え、新たな日本脅威論を今もくすぶり続けさせている。

戦争映画——大統領が一般公開を指示した

第二次大戦の勝敗がほぼ決まった一九四五年春、ハリウッドのアクション映画『ブラッド・オン・ザ・サン（血塗られた旭日）』が全米で封切られている。主役のジェームズ・キャグニーはギャング映画『パブリック・エネミー（公共の敵）』で一躍、スターダムにのし上がった人気俳優だっただけに、それなりのヒットとなった。

三〇年代の東京を舞台に、キャグニー扮する米紙特派員がひょんなことから日本の世界征服の野望を知る。正義感に燃える主人公は恋人とともに高圧的な日本の官憲相手に野望の証拠となる文書の争奪戦を繰り広げ……というストーリーである。

この作品は半世紀以上を経てなお米国のビデオショップでは根強い人気があり、最近はカラー修正版やＤＶＤ（デジタル多目的ディスク）も販売されている。アカデミー賞を獲得するほどの名優だったキャグニーのファンには復古版のような価値があるのだろう。

だが、人気俳優を起用して製作されたこの映画は、当時の米国で日本の世界征服がいかに現実の脅威としてとらえられていたかを示してもいる。映画には、田中義一首相を模した高官も登場し、観客はその田中が作成した悪の帝国の陰謀の証拠（田中メモリアル）をめぐる争奪にはらはらするわけだ。

一九四四年、米陸軍省が作った映画『バトル・オブ・チャイナ（日中戦争）』では

「田中メモリアル」がさらにストレートに使われている。中国兵の勇敢さを描いたシーンのあと、「なぜ、日本は中国を侵略するのか」というナレーションに続いて田中首相がクローズアップされ、「田中メモリアル」の小冊子が大写しになる。表紙には「世界帝国への日本の野望」とあり、日本が中国、オーストラリアなどを征服して最後には米国に魔の手を伸ばすという説明がつけられる。

こうした戦争中の宣伝映画はすべて陸軍省モラル（戦意高揚）局の依頼でハリウッドの映画監督、フランク・キャプラとそのスタッフが兵士向けに製作したものだった。ルーズベルトはホワイトハウスにある映画室で事前に観賞し、「田中メモリアル」に言及する『バトル・オブ・チャイナ』については特に一般公開を命じている。

《日本研究の権威、ジョン・ダワー著『慈悲なき戦争』によると、『バトル・オブ・チャイナ』はハリウッド戦争活動委員会を通じて全米に配給され、終戦までのわずか一年余りの間に四百万人の観客を動員した。キャプラは『スミス都へ行く』（三九年）など心温まる題材を描くことで知られる》

また、ルーズベルトが一般公開を命じたもう一本の戦時映画『戦争への序曲』（四

国際共産主義——名前などどうでもよかった

英語版「田中メモリアル」を最初に掲載し、米国に日本の世界征服計画を広めるきっかけをつくった上海の雑誌「チャイナ・クリティック」は文書の真偽を問い合わせた米人読者に対し返書を出している。同誌重役、P・K・チューの署名のある一九三二年（昭和七年）三月七日付の返書はほぼ次のような内容だ。

「お問い合わせの田中メモリアルは間違いなく実在します。情報源は確かです。実は日本で長く勉強した経験のある中国代表団の一人が二九年に太平洋問題調査会（IPR）でメモリ アルを暴露しました。この人物については本人からの強い依頼で名前を明かすわけにはいきません。ご了承ください」

つまり、二九年十月から十一月にかけて京都で開かれた第三回IPR会議で「田中メモリアル」は国際舞台への公式デビューを終えており、すでに国際認知されているとチューは説明したのである

IPR中国代表団が「田中メモリアル」を公表するとの情報は、北京発の公電（二九年九月十八日付）で日本側にも事前に知らされていた。中国代表団は開催数日前、

大会役員に英語版の「田中メモリアル」を配布し、そのショッキングな内容のため大会は大騒ぎとなっている。

だが、「日本代表の新渡戸稲造がいろいろ間違いを指摘して偽造文書であることを示し、人々を落ち着かせて、中国代表を説得の上で撤回させている」（長尾龍一著『歴史としてのＩＰＲ』＊Ⅲ—28）。

二五年七月にホノルルで第一回会議を開いたＩＰＲは環太平洋地域の友好と学術研究の場として発足した。もともとはハワイのキリスト教関係者がカリフォルニア州のアジア人排斥に反発し、米中、米日関係の改善を目指して企画したものだが、アジア問題の権威が数多く参加し、各国の政府職員も加わって米国のアジア専門家に大きな影響力を持った。

だが、満州権益をめぐる日中対立が京都会議頃から激しくなると、ＩＰＲは学術研究よりも政治論争の場へと傾斜した。新渡戸稲造が撤回させた「田中メモリアル」公表の試みは、ＩＰＲを舞台にした最初の日中衝突だったのである。

こうして日中戦争の始まる三七年まで論争はエスカレートの一途をたどる。戦前、日本が参加する最後の会議となった三六年八月の米ヨセミテ第六回会議には、危機意識を反映してか、最後の元老、西園寺公望の孫でIPR日本評議会員、西園寺公一、同じく評議会員の牛場友彦、そして牛場の推薦で同行した朝日新聞記者、尾崎秀実の三人が日本から送り込まれている。

日本の中国問題専門家という高い評価を受けていた尾崎は、この会議のためにわざわざ会員に選ばれており、日本の立場を説明する切り札とみなされていた。

「日本は今や世界的な強国だ。そしてさらに重要なのはアジアでの重要な力として特別の地位を持っているということだ。確かに中国市場は英国、米国にとっても重要だろうが、日本と比較すればそれほど切羽詰まった問題ではない。日本の（中国での）活動が英米に比較してより顕著になるのは至極当然のことなのである」

尾崎の力強い演説は各国代表をうならせた。流暢《りゅうちょう》な英語もさることながら、中国の現状を交えた分析は中国代表団を歯噛《はが》みさせている。この演説によって尾崎は西園寺と牛場の強い信頼を勝ち取り、さらに二人を通じて近衛文麿内閣の重要なブレーンという地位を得ることになる。戦時中の世界を揺るがしたソ連軍工作員、リヒャルト・ゾルゲの国際スパイ事件は、スパイ網の要《かなめ》だった尾崎の近衛接近によって初めて大きな意味を持ったのである。

敗戦日本を統治した連合国総司令部（ＧＨＱ）で参謀二部歴史部長だったゴードン・プランゲ博士はゾルゲ事件の真相に迫るため、関係者にインタビューを行い、立場上、入手できた資料を駆使して『標的・日本、ゾルゲスパイ網の物語』を書いている。その中で尾崎にとって西園寺と知り合えたことがいかに重要だったかについて、尾崎の供述として次のように記している。

「西園寺氏は本当に私をかわいがってくれた。ほとんど何でも語ってくれ、同氏の政治的地位が上がるにつれて国家機密をも容易に得ることができるようになった」

尾崎はヨセミテ会議から帰国後の三六年九月、東京の帝国ホテルで催されたＩＰＲ日本評議会主催のレセプションに出席している。オランダ領東インド（現インドネシア）の代表らを招いた華やかなパーティーの席で、尾崎は端正な顔立ちのドイツ人記者を紹介された。ゾルゲと名乗るこの記者に対し、尾崎は初対面を装ったが、二人は六年前の三〇年、共通の友人だった米国の女性ジャーナリスト、アグネス・スメドレーを通じて知り合っていた。

上海時代のゾルゲは「米国人ジャーナリスト、ジョンソン」を名乗っていたが、尾崎には名前などどうでもよかった。国際共産主義という理想のために戦う同志であることこそが尾崎にとっては重要だったのだ。

一九四一年（昭和十六年）十月十八日に検挙されたゾルゲ事件の主犯たちは、上海で暗躍したコミンテルン（第三インター）工作員やＩＰＲで活躍した中国、米国共産党員らと水面下でつながっていた。その複雑な人脈は日米対立にさまざまな影を落としていた。

謎の中国人――ゾルゲ事件、もう一人のスパイ

一九二五年（大正十四年）にソ連市民権を得てコミンテルン（第三インター）工作員として活動していたゾルゲは三年後、スパイとしてのたぐいまれな能力を買われ、ソ連赤軍第四部（情報担当＝ＧＲＵの前身）所属になる。最初の任務は上海に確固とした情報網を構築することだった。

三〇年（昭和五年）一月、上海に到着したゾルゲはまず米国人女性ジャーナリストのアグネス・スメドレーを訪ねている。スメドレーはドイツのフランクフルター・ツァイトゥング紙上海特派員として二九年五月から滞在しており、地元の事情に詳し

かったからだ。

スメドレー研究で知られるマキノン夫妻の『アグネス・スメドレー』によると、彼女は当時、「中国共産党こそが貧しい農民を助けられる」と考え、多くの左翼系中国人と接触して上海市当局の監視対象になっていた。

米国人ジャーナリスト、ジョンソンの名前でスメドレーと接触したゾルゲは、そうした広範な人脈に目をつけていたわけで、彼女が引き合わせた左翼知識人のなかには朝日新聞上海特派員、尾崎秀実の名前も含まれていた。

スメドレーと尾崎が知り合ったのは、上海共同租界の運河に沿った「ツァイトガイスト（時代の精神）」と呼ばれる本屋だった。イレーナ・ウィードマイヤーが経営するこの本屋はモスクワからの資金で経営されており、共産主義関係の本や雑誌を並べ、コミンテルン関係者の密会の場でもあった。イレーナは二九年暮れ、たまたま本屋に居合わせた二人を紹介し、二人はアパートを訪ね合うほど急速に親しくなっている（チャルマーズ・ジョンソン著『背信、尾崎とゾルゲスパイ網』＊Ⅲ－29）。

《尾崎はスメドレーの自伝小説『女一人、大地を行く』を翻訳し、戦後、二度に

わたり再版された》

スメドレーが仲介したゾルゲと尾崎の出会いもこの本屋だと推測されている。二人はすぐに互いを気に入り、ゾルゲは尾崎の第一印象を「いつも笑っているような印象を与えるのに、目は違った。穏やかな細い目の底には何か冷たいものがあった」と書き残した。ゾルゲに「これほど役立つ男はいなかった」と言わしめた尾崎との出会いがスパイ網の成功を決定づけたといえる。

三二年にモスクワに戻るまでの間に、ゾルゲは上海でさらに二人の重要な工作員とも接触している。その一人、コミンテルン工作員のマックス・クラウゼンは三五年に東京に移り、無線技士として重要な役割を果たし、四一年にゾルゲとともに逮捕された。

そして、もう一人が謎の中国人「ワング」だった。ゾルゲは厳しい取り調べに対し「スメドレーに紹介された有能な情報員」とまでは漏らしたが、男の本名や身元については最後まで明かさなかった。ゾルゲのグループとモスクワ、中国を直接、結びつける「ワング」の重要性を十分に承知していたからだ。

半世紀を経て、その「ワング」の身元を明かす資料が米国の研究機関「ウッドロー・ウィルソン・センター」が発刊する「冷戦国際史シリーズ」（九五・九六年冬号）で公開された。米海軍士官学校（アナポリス）で歴史学を担当する助教授、マオシュン・ユー博士が発表した論文は陳翰笙《ちんかんしよう》こそがゾルゲ事件に関与した中国人だと断じている。

中国農業問題専門家として戦前、著名だった陳翰笙は中国、日本、米国で活動し、とりわけ太平洋問題調査会（ＩＰＲ）での活躍が知られているが、その行動には陰の部分が多かった。

戦後、中国共産党政府の要職に就いたものの、文化大革命が吹き荒れた六六年から六八年の間に追及されて妻は拷問で死亡、自身も湖南省の強制労働施設に入れられ、解放された時にはほとんど目が見えなくなるまでやつれていた。

現役を引退した陳翰笙は、後に自伝『四つの時代と私の人生』を発表した。中国の開放政策で噴出した歴史本の一つで、戦前の中国共産党のスパイ活動に光を当てる資料となったこの本をもとに、ユー博士は、ゾルゲ事件に新たなメスを入れたわけだ。

陳翰笙は二六年、北京大学の若き教授時代にロシア人の勧誘でコミンテルン工作員になり、それ以降、中国共産党員であるとともにコミンテルンを通じてソ連のための情報活動に従事した。ゾルゲグループに組み込まれたのは「二八年に上海に戻ってスメドレーと知り合い、その紹介から」とあり、尾崎と同じコースを歩んでいることがわかる。

陳翰笙は尾崎以上に二人と親しく、ゾルゲとスメドレーについて「コミンテルン活動を通じて男女の関係にあった」とまで証言している。

また、東京での活動については「尾崎との連絡を受け持ったが、三五年にモスクワから来た連絡員が逮捕され、身の危険が迫ったのでモスクワへ逃げた」と回顧している。

陳翰笙（右端）。その隣はアグネス・スメドレー

だが、ユー博士が指摘するように、ゾルゲ事件は結局のところ、ソ連が張り巡らしたコミンテルン戦略のほんの一角でしかなかった。陳翰笙はゾルゲグループを離脱したあとモスクワの指示でニューヨークに向かっている。学術団体「ＩＰＲ」の定期刊行誌「パシフィック・アフェアーズ」編集長、オーウェン・ラティモアの補佐として派遣されたのだった。

反日雑誌——親中派論文を意図的に集めた

ゾルゲ事件に関与しながら、すんでのところで逮捕を免れたコミンテルン（第三インター）工作員、陳翰笙は一九三六年（昭和十一年）から三九年までニューヨークに本部のある学術団体「太平洋問題調査会（IPR）」の定期刊行誌「パシフィック・アフェアーズ」の編集助手を務めた。

編集長のオーウェン・ラティモアは極東問題の第一人者といわれ、四五年二月に発表した『アジアにおける解決』で日本の天皇とその一族を中国に引き渡すよう主張するなど懲罰的姿勢を示した経緯については第一部でみた通りだ。

まだ無名だったラティモアは三三年に同誌編集長になってから中国寄りの編集方針で注目を浴びるようになった。それを日本側がどれほど苦々しく思っていたかは、満鉄調査部ニューヨーク事務所のパンフレットに示されている。

「ラティモアはパシフィック・アフェアーズの性格を激変させた。今や同誌は親ソ親中国の政治的立場を十字軍的に唱道する論文を満載している。もちろん寄稿しない日本側にも問題があるが、寄稿される論文がすべて反日勢力に起源するため、その色彩が濃厚である。自己主張能力の欠如は日本人の民族的欠陥である。（中略）そういう場合、公平な編集者なら日本の立場を代表する論文を掲載するよう努力するはずであるが、ラティモアはその逆で、多少とも親日的な米国人の寄稿を抑えようとする。こうして反日プロパガンダは歓迎されている」（長尾龍一著『歴史としてのIPR』＊Ⅲ―30）

《満鉄とは日本の国策会社「南満州鉄道」のことで、IPR日本評議会に対し資金援助していた》

陳翰笙がラティモアの補佐をモスクワから指示されたのは反日キャンペーンを一層強めるためだとされていた。だが、白伝『四つの時代と私の人生』によると、本当の任務は米国におけるコミンテルンの地下組織をつくることであり、その役割は四六年から五〇年にかけてワシントン郊外のジョンズ・ホプキンズ大学で客員教授をした際、米共産党と中国共産党との秘密連絡員だったことからもうかがえる。

満州事変以降、米国のルーズベルト政権は日本を脅威として意識し、その反動として親中国路線に傾いていたため、ラティモアや陳翰笙の反日姿勢は大きな意味を持っ

オーウェン・ラティモア（左から三人目）と毛沢東（その右）

た。米政府は権威あるIPRの立場を対日経済制裁の論拠にするだけでなく、そこで活躍する研究者たちを積極的に中国政策の場に参加させようとさえしたからだ。ゾルゲ事件の尾崎秀実が見事な演説を行ったIPRの第六回ヨセミテ大会（三六年）で中国代表団の一人として参加した冀朝鼎《きちようてい》もその一人だった。

　冀朝鼎は三七年から四〇年までニューヨークのIPR研究スタッフとして「パシフィック・アフェアーズ」に多くの論文を寄稿し、四〇年に中国国民政府ワシントン事務所に雇われている。シカゴ、コロンビア大学で法学、経済学の博士号を取っており能力が評価された点もあるが、米財務省の推薦が強く働いた。

　四一年には重慶の国民政府で外貨管理委員会主任の要職に就き、四四年に蒋介石主席の義兄で国民政府財政部長だった孔祥熙の側近にまで上り詰めている（ハーベイ・クレア、ロナルド・ランドシュ共著『アメラジア・スパイ事件』）。

冀朝鼎がＩＰＲの単なるスタッフから国民政府の実質上の経済責任者にまで到達したのは、あくまで米政府の強い影響力があったからだ。ルーズベルト政権の中国問題特別補佐官、ロークリン・カリーが孔祥熙にあてた四一年六月二十五日付の手紙がその経緯を物語っている。

「オーウェン・ラティィモア氏を貴殿に紹介できる機会を持ち、喜ばしく思っております。ラティィモア氏のアドバイスは中国にとって大きな利益になるでしょう。それから冀朝鼎が外貨管理委員会の主任に任命されたことを知り本当にうれしく思います。冀博士は若いが、能力のある人士であることはすでにお伝えした通りです」（スタンフォード大学フーバー研究所所蔵「カリー文書」＊Ⅲ―31）

ルーズベルトの信任厚いカリーの強い推薦によって、冀朝鼎だけでなく、「パシフィック・アフェアーズ」のラティィモアさえも国民政府の要職に就くことができた。カリーを介したラティィモアと冀朝鼎の国民政府参加は戦後、ソ連および中国共産党による米国政府への工作疑惑として強い関心を引くことになる。冀朝鼎は実は米共産党員だっただけでなく、中華人民共和国が四九年に成立すると、中国共産党の秘密工作員だったことを告白したからだ。

カリー自身も戦後、ソ連スパイ網の存在が暴露されるとすぐにコロンビアに移住しており、ソ連の戦時電文を解読した「VENONA資料」（九六年公開）でソ連スパイだったことが明らかにされている。

フーバー研究所の「カリー文書」には、カリーと冀朝鼎の関係を調べた米連邦捜査局（FBI）の捜査記録が大量に保存されているが、その記録によると、FBIは四五年六月七日、アジア専門誌「アメラジア」編集長、フィリップ・ジャフェら六人をスパイ容疑で逮捕している。

後に「アメラジア事件」と呼ばれるこのスパイ疑惑は、共産主義勢力による米国のアジア政策への影響力行使という側面を浮かび上がらせた。

アメラジア事件——米国に強い警告を与える結果に

一九四五年（昭和二十年）二月のある日、ワシントンにある米戦略情報局（OSS）の南アジア局長室で雑誌を読んでいたケネス・ウェルズは飲んでいたコーヒーを思わず噴き出しそうになった。ウェルズ自身が作成し、ホワイトハウスと国務省の限られた人にだけ配布した機密文書が、アジア専門誌「アメラジア」（一月二十六日号）にそのまま記事として掲載されていたからだ。

タイで活動する抗日武装組織の具体的データを含む文書の公開は軍事機密の漏洩を意味していた。ウェルズは警備主任に詳細を説明し、ＯＳＳ捜査局のフランク・ビーラスキ率いる捜査員がその日からニューヨーク五番街のアメラジア事務所を二十四時間監視下に置いている。

ビーラスキら五人の捜査員は数日後の未明、思い切って無人の事務所に押し入った。最初は学者かジャーナリストに報告書が漏れただけのことだろうと考えていた捜査員たちも、編集室の一角に設けられた秘密の写真現像室や二十以上の政府機関に属する極秘スタンプの書類の山に唖然《あぜん》としている。

《事件についてはハーベイ・クレアらの著作『アメラジア・スパイ事件』に詳しい。ＳＳは戦時総合情報を担当した連邦政府機関で、戦後の米中央情報局（ＣＩＡ）の前身》＊Ⅲ―32
ＯＳＳの報告を受けた米連邦捜査局（ＦＢＩ）は関係者の尾行や監視、さらには盗聴までして裏付け捜査を行い、六月七日にアメラジア発行人で編集長のフィリップ・

ジャフェら六人の逮捕に踏み切った。摘発は戦争の最中に行われ、同盟国のソ連が背後に控えていた可能性があったこと、国務省外交官、ジョン・サービス、海軍情報将校、アンドリュー・ロスら政府関係者が関与していたことから、全米の主な新聞が軒並み大きく報じている。

だが、まともな裁判も行われないまま、六カ月後には主犯のジャフェだけが機密文書の違法所持で罰金刑という軽い処分で、事件は幕を引いた。灰色部分を徹底調査した『アメラジア・スパイ事件』によると、大統領補佐官のロークリン・カリーが国務省のサービスを救援するため、フランクリン・ルーズベルトのかつての側近で当時、弁護士だったトーマス・コーコランを通じて司法取引をしたことなどが暴露されているが、結局のところスパイ事件そのものの捜査の難しさが根底にはあった。

例えば端緒がOSS当局による違法な事務所破りであり、その後のFBIの捜査も無許可の盗聴などに頼っていたため、正式な証拠として法廷に提出できなかった。さらに機密文書がソ連に渡った決定的な証拠がなく、「研究に熱心なあまり公文書を違法に入手してしまった」という弁護側の説明を突き崩せなかったことなどが挙げられるだろう。

それでも、第二次大戦終了直前に起きたこの事件は米国に強い警告を与える結果になった。エドガー・フーバーのＦＢＩは捜査の過程で、ジャフェが米共産党書記長のアール・ブラウダーとソ連のためのスパイ網について交わした会話の盗聴に成功しており、容疑者の監視を事件後も続けている。

日本のゾルゲ事件を米国の太平洋問題調査会（ＩＰＲ）へと結びつけたのが、中国共産党工作員の陳翰笙だったように、アメラジア事件でも、コミンテルンや中国共産党の工作員を兼ねた「チャイナハンズ」と呼ばれる中国専門家たちが複雑に重なり合っていた。

サービスは事件で摘発される直前まで、中国の重慶にある米国大使館の二等書記官だった。当時のアパートの同居者は財務省中国出張所のソロモン・アドラーであり、その上階には国民政府財政部長補佐官だった冀朝鼎が居を構えていた。

ルーズベルト政権は中国支援の窓口として財務省の役割を重視しており、アドラーはその出先機関の担当者として中国国民政府に強い発言力があった。冀朝鼎を最初に国民政府に推薦したのもアドラーである。また、冀朝鼎はジャフェの古くからの知人で、アメラジア編集部の重要メンバーという絆《きずな》があった。

《アドラーは戦後、スパイ容疑が深まった段階で中華人民共和国に逃亡し、九四年に客死した。遺灰は中国全土にまかれ、江沢民国家主席ら中国共産党指導部の面々はその死を悼み「中国人民の友」という最高の賛辞を贈っている》

ジャフェと冀朝鼎の交流は二七年に冀朝鼎がジャフェの従姉妹と結婚した時から始まった。米共産党が「中国人民の友人たち」という中国共産党支援団体を発足させた際、ジャフェは冀朝鼎の推薦で機関誌「今日の中国」の編集長になっている。「アメラジア」は「今日の中国」の後継雑誌だった。さらに三六年のIPR会議では「アメラジア」の編集委員としてIPR役員のトーマス・ビッソンやオーウェン・ラティモアらが加わっている。

ホワイトハウスの前に立つトーマス・コーコラン

しかし、IPRと「アメラジア」の人脈に重なる米政府内の情報網は結局、アメラジア事件をきっかけに崩壊する。FBIの監視が強まったうえ、ルーズベルトの後を継いだハリー・トルーマンが連邦職員に厳しい忠誠プログラムを突きつけたからだった。戦後のマッカーシズム（赤狩り）は「チャイナハンズ」を厳しく追及し、実際には共産党員でもスパイでもなかったラティモアも公職を追われている。

宋王朝――中国の金と名誉と権力を獲得

ルーズベルトは米大統領に就任した頃、満州進出を強める日本を非難はしていたが、戦争も辞さないというほどではなかった。ハーバード大学時代の学友で、明治の元老、松方正義の六男、松方乙彦が翌年一月に訪米し、ホワイトハウスで日本の立場を説明した際、ルーズベルトが黙って聞いていたのも、まだ修復への望みがあると考えたからにほかならない。

だが、松方のホワイトハウス訪問とほぼ同じ頃、中国国民政府の財政部長、孔祥熙もまたルーズベルトと接触していた。一九三四年一月十六日付の孔祥熙にあてたルーズベルト自身の礼状がそれを物語っている。

「南京政府、孔祥熙財政部長殿。新年の贈り物に素晴らしい中国絨毯《じゅうたん》を送っていただき、本当に喜んでおります。妻も私も青と金の色合いのこの絨毯を大事にし、あなたの心遣いをきっと忘れないでしょう。この絨毯はかつて漢口（現在の武漢）に住んだ

ことのある私の祖父を思い出させます」(ルーズベルト記念図書館所蔵＊Ⅲ—33)

孔祥熙の贈り物作戦はほかにも、お茶や花瓶など多彩で、それが定期的に行われていたことはルーズベルト記念図書館にふんだんに残されたルーズベルトと孔祥熙の私信から知ることができる。

大統領への働きかけの狙いは何だったのか。三七年八月四日付の孔祥熙の手紙がある。

「大統領閣下、非常に面白い本を二冊(ロンドンで見つけたので)、お送りします。一つは『十字路の日本』。もう一冊は『日本が戦争する時』という題名です。どうぞお納めください」

大統領の返書(九月十八日付)は次の通りだ。

「二冊の本を確かに受け取りました。これは(あなたの言う通り)実に興味深い内容です。本当にありがとうございます」

すでに絶版になっているが、米議会図書館にある目録から『十字路の日本』も『日本が戦争する時』も日本の軍事力の脅威を扱っていることは推測できる。

つまり、孔祥熙は贈り物を通じて「日本を警戒すべきだ」と訴えていたことになる。

フランクリン・ルーズベルトに贈り物を贈り続けた孔祥熙(手前)

太平洋問題調査会（ＩＰＲ）のラティモアら「チャイナハンズ」が中国支援のために米国の登場を強く望んだのと同じく、中国国民政府主席の蔣介石も満州事変以降、米国カードの重要性を認識していた。孔祥熙がルーズベルトに贈った絨毯は蔣介石の対米工作を具体化したものだった。

近代中国の父、孫文は十二歳でハワイに渡り、地元のミッションスクールで教育を受けた際キリスト教に入信しているが、その孫文の革命活動を資金援助したのは米国帰りのキリスト教徒、チャーリー・スン（宋）だった。スンの経歴については宣教師として中国に戻った後、新約聖書の中国語訳本の販売で大儲けし、上海共同租界に邸宅を構えたという程度にしか記録はない。

《スターリング・シーグレーブ著『スン・ダイナスティ（宋王朝）』によると、スンは広東出身で、米国へ渡るまでは「ハン」と名乗っていたという》

スンには米国で教育を受けた六人の子供がおり、次女の宋慶齢が孫文の後妻になった。また、孫文の死後、後継者を任じる蔣介石はそれまでの夫人と離婚し、末娘の宋美齢を妻に迎えている。

そして、山西省を基盤にする大富豪の金融家、孔祥煕はスンの長女、宋靄齢を夫人とし、宋家三姉妹は中国の「金と名誉と権力」をしっかりと手にしたのである。

蔣介石が米国に送り込んだのは、米国帰りのキリスト教徒である宋家の一族とその近親者たちだった。その代表が英語を流暢に話し、米国社会を熟知する孔祥煕やスンの長男、栄子文だったという。

孔祥煕はルーズベルトとの交際により、ホワイトハウスにもかなり自由に出入りできたようだ。

宋子文の方は四〇年六月にワシントンに到着して以来、大統領やその側近、米議会有力者に交際を広げ、後に「中国ロビー」と呼ばれ、中国利益を代表する一群を作り上げることに成功している。

その中国ロビーの典型的なケースが四一年三月、中国への軍事支援が本格化するのに伴って設立された「中国軍需物資供給社（ＣＤＳ）」だった。

巨額の軍事物資を一手に引き受ける同社は宋子文が事実上の代表なのだが、ニューディール政策で辣腕《らつわん》を振るったかつてのルーズベルトの側近、トーマス・コーコランのいとこを名目上の代表に迎え、コーコラン自身も顧問となっている。そして、もう一人の代表にはルーズベルトの叔父にあたるフレデリック・デラノが名前を連ねていた。さらに社員名簿を見ると、米連邦政府関係者の名前がずらりと並んでいる。

孔祥熙と宋子文が進めた対中支援へのロビー活動はその後、宋家三姉妹のうち最も社交的で、名門ウェルズリー女子大出身の宋美齢の派手な米国訪問によって大衆レベルにまで幅を広げている。

チャイナドレス――親米中国は生まれなかった

黒い中国服に身を包んで登場した宋美齢に並み居る大男の米議員たちは息をのんだ。東洋からはるばるやってきた小柄な女性が、議会の演壇に立つと、完璧な英語で訴え始めたからだ。

「あの残酷なジャップ（日本人）相手に敢然と立ち向かっている」

見るからにか弱そうな、その姿に議員たちは思わず目頭を熱くする。一九四三年二月十八日、中国国民政府主席夫人、宋美齢の米議会演説は議員総立ちの拍手で迎えられた。ライフ誌は「その優雅さ、知的さに魅了された」と伝え、どちらかというと批判的だった大統領夫人、エレノア・ルーズベルトでさえ自伝の中で次のように書いている。

「演説は一生、忘れることができないでしょう。チャイナドレスの彼女が大男に囲まれ、演壇に向かう登場ぶりには劇的なものがあった。そして、彼女はそれを承知しており、その効果を最大限に使った」

歴史家、バーバラ・タッカマンは自著『スティルウェルとアメリカの中国体験』で、宋美齢が議会で演説した頃が、米中蜜月のピークだったと断じている。実際、宋美齢は四二年十一月から翌年五月までの米国滞在中、ニューヨークのマジソン・スクエア・ガーデンや西海岸のハリウッドなどで催された中国支援集会でも、議会演説と同じような感動を米国民に与えている。その人気のほどは、ラジオが連日、宋美齢のことを報じ、ファンレターが日に数百通に達したことからもわかる。

米国は満州事変を境に、世界制覇を狙う日本と、その魔手に脅かされる中国という構図を描き出し、支援を強めてきた。第二次大戦への米国の参戦で、国民の間の中国びいきは一層、強まっている。

ところが、その象徴とも言うべき宋美齢の訪米は、皮肉なことに中国イメージが崩れるきっかけにもなった。ホワイトハウスが配備した警護グループが宋美齢の買い物係にされたことを怒りを込めて説明する警備主任の報告書や、ホワイトハウス滞在中、宋美齢が絹のシーツを日に四回も交換させたことに驚くエレノアの話など、「貧しくとも勇敢に戦う中国」のイメージからはかけ離れた話が次々と外部に漏れたからだ。

とりわけ、宋美齢の全米ツアーで「チャイナ・リリーフ（中国義援基金）」に寄せられた寄付金が実は毛皮や宝石の代金と高級ホテルの支払いに費やされていたとの疑惑が浮かび、関係者に現実を見せつける結果となった（フランク・ドルン著『スティルウェルのビルマ退場』）。

蔣介石を賛美し続けたヘンリー・ルースのタイム誌でも、宋美齢を「これ以上愛くるしい女性はいない」と絶賛した重慶特派員、セオドア・ホワイトはその後、「冷淡でいわゆる愛人タイプの女性だった」と極端に厳しい見方に変わっている。

一方、中国軍の戦いぶりについても、米国では落胆が広がっていた。日本の真珠湾攻撃直後の四一年十二月下旬、中国戦線を視察したジョン・マグルーダー准将は陸軍省に次のような報告書を送っている。

「中国人は見たいことしか見ようとしない。冷厳な事実よりも、勝手な話を作り上げてそれを信じようとする。中国軍は連日、日本軍と戦い、勝利したと発表しているが、そんな事実は存在しない」(『スティルウェルとアメリカの中国体験』＊Ⅲ-34)

米国の軍事支援を調整する軍事顧問団のトップだったマグルーダーは四二年一月に解任されている。理由は、ワシントンへの報告書で国民政府財政部長、孔祥熙ら宋一族が汚職にまみれていると書き、中国軍の戦闘能力にも強い疑問を呈したためだった。マオシュン・ユー著『中国のOSS(米戦略情報局)』によると、蔣介石の代理としてワシントンにいた宋子文がマグルーダーの報告書を入手し、その内容に怒って解任運動を展開している。宋子文自身、大掛かりな密輸に関与していた。

ルーズベルトは蔣介石の中国国民政府が抱えるこうした現実をどこまで承知していたのだろうか。

四三年十一月二十三日、米英中の首脳が集まったカイロ会談で、蔣介石が主催したパーティーに出席したルーズベルトの次男、エリオットは宋美齢の手厚いもてなしを受けている。その時の感想を彼は次のように父親に報告している。

「蔣介石夫人は男の歓心を得ることばかりに長く従事したので、今やそれが第二の性格のようになったような印象を受けた。本来の性格は多分に恐ろしいもののように思え、正直言って怖かった」

ルーズベルトはこれに対し、「(宋美齢は)間違いなく日和見だ。私は中国で彼女の敵にはなりたくないね。だが、今この時点で、中国に蔣介石に取って代われるほどの人物はいるのだろうか。欠点だらけだが、とりあえずは蔣介石にわれわれは頼らざるをえない」と、溜め息をついている(エリオット著『父はこう考えた』＊Ⅲ—35)。

エレノア・ルーズベルト(左)と宋美齢＝一九四三年二月二十二日

日本との対決を覚悟したルーズベルトが一貫して

進めた蔣介石支持の中国政策は戦後、あっけなく破綻する。ルーズベルトが「戦後世界の柱」と言い続けた親米中国は結局、生まれなかった。第二次大戦でアジアの安定をつくりだすはずだった米国は、ルーズベルトの死後わずか五年で、中華人民共和国と朝鮮半島で戦火を交えている。

注

第一部　ヤルタの災厄

I―1 W. Averell Harriman. & Elie Abel, *Special Envoy to Churchill and Stalin, 1941-1946*,1975, pp.441-2.
I―2 Harriman, op. cit., pp.394-5.
I―3 Andrei Gromyko, *Memoirs*, 1990, pp.89-90.
I―4 Harriman, op. cit., pp.363-4.
I―5 Anthony Eden, *The Memoirs of Anthony Eden, Earl of Avon: The Reckoning*, 1965, p.594.
I―6 Daniel Yergin, *Shattered Peace: The Origins of the Cold War and the National Security State*. 1977, p.58.
I―7 Eden, op. cit., p.593.
I―8 Michael Schaller, *The U.S. Crusade in China, 1938-1945.*, 1979, pp.272-74.
I―9 David Kennedy, *Freedom From Fear: The American People in Depression and War, 1929-1945*, 1999, p.579.
I―10 Michael Reilly, *Reilly of the White House*, 1947, pp.157-8.
I―11 Robert Sherwood, *Roosevelt and Hopkins: An Intimate History*, 1948, p.686.
I―12 Elliott Roosevelt, *As He Saw It*, 1946, pp.114-5.
I―13 Elliott Roosevelt, op. cit., p.24.
I―14 Doris Kearns Goodwin, *No Ordinary Time*, 1994, p.406.
I―15 Sherwood, op. cit., p.696.

I — 16 Henry Stimson & McGeorge Bundy, *On Active Service in Peace and War,* 1948, pp.576-7; Cordell Hull, *The Memoirs of Cordell Hull,* 1948, pp.1614-15.

I — 17 Winston Churchill, *The Second World War: Triumph and Tragedy,* 1953, p.156.

I — 18 John Morton Blum, *From the Morgenthau Diaries, Volume III: Years of War, 1941-45,* 1967, pp.352-3.

I — 19 Ryuichi Nagao, *Owen Lattimore,* 2000, p138.

I — 20 Joseph Grew, *Turbulent Era: A Diplomatic Record of Forty Years, 1904-1945,* 1952, pp.1428-31.

I — 21 James Forrestal, *The Forrestal Diaries,* 1951, pp.52-3.

I — 22 John Kenneth Galbraith, *A Life in Our Times,*. 1981, p.248.

I — 23 Hull, op. cit., pp1111-12.

I — 24 Richard Thornton, *China: A Political History, 1917-1980,* 1982, p.141, p.452.

I — 25 *Ibid.*, p.452.

I — 26 Herbert Feis, *The China Tangle,* 1953, p.109.

I — 27 Harriman, op. cit., p.275.

I — 28 Forrestal, op. cit., p.31.

I — 29 Kennedy, op. cit., p.806.

I — 30 Hugh Gallagher, *FDR's Splendid Deception,* 1999, p.196.

I — 31 James Roosevelt & Sidney Schalett, *Affectionately, F.D.R.:A Son's Story of a Lonely Man,* 1959, p.355.

I — 32 John Gunther, *Roosevelt in Retrospect,* 1950, p.398.

I — 33 Grew, op. cit., pp.1445-6.

Ⅰ—34　United States. Department of State. *Foreign Relations of the United States.Diplomatic Papers, The Conference of Berlin, 1945 Vol. I*, pp.895-97.

Ⅰ—35　Richard Rhodes, *The Making of the Atomic Bomb*, 1986, p.537.

Ⅰ—36　Stimson, op. cit., pp.620-24.

Ⅰ—37　David Robertson, *Sly and Able: A Political Biography of James F. Byrnes*, 1994, pp.402-9.

Ⅰ—38　Forrest Pogue, *George C. Marshall: Statesman, 1945-1959*, 1987, pp.18-19.

Ⅰ—39　Charles Bohlen, *Witness To History: 1929-1969*, 1973, pp.246-47.

Ⅰ—40　Dean Rusk, *As I Saw It*, 1990, p.124.

Ⅰ—41　Geoffrey Perrett, *Old Soldiers Never Die: The Life of Douglas MacArthur*, 1996, pp.532-33.

第二部　大恐慌のたたり

Ⅱ—1　David Reed, *Harry Dexter White: A Study in Paradox*, 1973, pp.439-44.

Ⅱ—2　U.S. Senate, Internal Security Subcommittee, *Interlocking Subversion in Government Departments*. November 17, 1953, pp.1110-1150.

Ⅱ—3　Fred Greenstein, *The Hidden-Hand Presidency:Eisenhower as Leader*., 1982, pp.179-180.

Ⅱ—4　John Earl Haynes and Harvey Klehr, *Venona:Decoding Soviet Espionage in America*,1999, pp.138-45.

Ⅱ—5　Rees, op. cit., pp.239-40.

Ⅱ—6　William Doyle, *Inside the Oval Office*., 1999, pp.1-3

Ⅱ－7 Raymond Moley, *After Seven Years,* 1939, pp.72-78.

Ⅱ－8 Patrick Anderson, *The Presidents' Men,* 1968, pp.17-18.

Ⅱ－9 John Gunther, *Roosevelt in Retrospect,* 1950, p.303.

Ⅱ－10 Richard Neustadt, *Presidential Power and the Modern Presidents,* 1990, p.87.

Ⅱ－11 Arthur M. Schlesinger, Jr., *The Coming of the New Deal,* 1959, pp.96-98.

Ⅱ－12 Harold L. Ickes, *The Secret Diaries of Harold L. Ickes,* Vol. I: The First Thousand Days, 1953, p.207; p.218.

Ⅱ－13 Ickes, op. cit., pp.523-24.

Ⅱ－14 Rexford G. Tugwell, *The Democratic Roosevelt:A Biography of Franklin D.Roosevelt.,* 1957, p.346.

Ⅱ－15 Charles A. Lindbergh, *Autobiography of Values,* 1977, pp.22-23.

Ⅱ－16 Lindbergh, Autobiography, op. cit., pp.188-89.

Ⅱ－17 Scott Berg, *Lindbergh,* 1998, pp.437-38.

Ⅱ－18 Charles A. Lindbergh, *The Wartime Journals of Charles A.Lindbergh,* 1970, pp.859-60.

Ⅱ－19 Doyle, op. cit., pp.12-18.

Ⅱ－20 Nat Brandt, *Harlem at War: The Black Experience in WWII,* 1996, pp.137-43.

Ⅱ－21 Joseph P. Lash, *Eleanor and Franklin: The Story of their Relationship,* 1971, pp.598-600.

Ⅱ－22 Athan G. Theoharis, and John Stuart Cox, *The Boss: J. Edgar Hoover and the Great American Inquisition,* 1988, p.191.

Ⅱ－23 Curt Gentry, *J. Edgar Hoover: The Man and the Secrets.,* 1991, pp.225-27.

Ⅱ－24 Theoharis, op. cit., p.191.

II－25 Robert E Sherwood, *Roosevelt and Hopkins: An Intimate History,* 1948, p.303.

II－26 Harvey Klehr, John Earl Haynes, and Kyrill M. Anderson, *The Soviet World of American Communism,* 1998, pp.31-34.

II－27 Albert Fried, *Communism in America: A History in Documents,* 1997, pp.330-34.

II－28 Klehr, op. cit., pp.95-106.

第三部　日本脅威論

III－1 Raymond Moley, *After Seven Years,* 1939, pp.94-95.

III－2 Kenneth S Davis, *FDR: The New York Years, 1928-1933,* 1985, pp.410-11.

III－3 Geoffrey C. Ward, *Before the Trumpet:Young Franklin Roosevelt, 1882-1905,* 1986, pp.77-88.

III－4 Henry L Stimson and McGeorge Bundy, *On Active Service in Peace and War,* 1948, PP. 220-26.

III－5 Herbert Hoover, *The Memoirs of Herbert Hoover: The Cabinet and the Presidency, 1920-1933,* 1952, pp. 366-67.

III－6 Hoover, op. cit., pp.367-68.

III－7 Joseph Lash, *Eleanor and Franklin: The Story of their relationship,* 1971, p.723.

III－8 Joseph Grew, *Turbulent Era: A Diplomatic Record of Forty Years, 1904-1945,* 1952, pp.57-58.

III－9 Henry L. Stimson Diary, Yale University, May 3, 1940.

III－10 Geoffrey C. Ward, *Closest Companion: The Unknown Story of the Intimate Friendship between Franklin*

Roosevelt and Margaret Suckley, 1995, p.10.

Ⅲ－11 Robert J.C. Butow, *"The F. D. R. Tapes",* American Heritage, Vol. 33, No. 2, February-March, 1982, p.12.

Ⅲ－12 Edgar B. Nixon, editor, *Franklin D. Roosevelt and Foreign Affairs,* Vol. I, 1969, pp.658-61.

Ⅲ－13 Sumner Welles, *The Time for Decision,* 1944, p.276.

Ⅲ－14 Nixon, op. cit., Vol. I, pp.547-48.

Ⅲ－15 James A. Farley, *Jim Farley's Story: The Roosevelt Years,* 1948, p.39.

Ⅲ－16 Edward S. Miller, *War Plan Orange: The U. S. Strategy to Defeat Japan, 1897-1945,* 1991, pp.19-30.

Ⅲ－17 Franklin D. Roosevelt Library, Papers as Assistant Secretary of the Navy, Container 15, "Japan" file, "What America's Policy Should Be in China", January 21, 1920.

Ⅲ－18 Franklin D. Roosevelt Library, President's Secretary File, Container 57, "Navy-Panay" file, Press Release of Report of Lt. Commander J.J. Hughes to Secretary of the Navy Swanson, Dec. 24, 1937.

Ⅲ－19 John Morton Blum, *From the Morgenthau Diaries, Volume II: Years of Urgency, 1938-41*, 1965, p.486.

Ⅲ－20 Ickes, Vol. II: *The Inside Struggle,* p.274.

Ⅲ－21 Blum, op. cit., p.492.

Ⅲ－22 Peter Rand, *China Hands: The Adventures and Ordeals of the American Journalists Who Joined Forces with the Great Chinese Revolution,* 1995, p.214.

Ⅲ－23 Theodore H. White, *In Search of History,* 1978, p.130.

Ⅲ－24 Edgar Snow, *Journey to the Beginning,* 1958, pp.253-58.
Ⅲ－25 T. Christopher Jespersen, *American Images of China, 1931-1949,* 1996, p.26.
Ⅲ－26 Patricia Neils, *China Images in the Life and Times of Henry Luce,* 1990, p.58; p.75.
Ⅲ－27 Thomas Griffith, *Harry and Teddy,* 1995, pp.56-58.
Ⅲ－28 Ryuich Nagao, *IPR as A History: glory and misery in Shibusawa Kenkyu,* 1996, p.54.
Ⅲ－29 Chalmers Johnson, *An Instance of Treason: Ozaki Hotsumi and the Sorge Spy Ring,* 1984, pp.60-61.
Ⅲ－30 Nagao, op. cit., p.52.
Ⅲ－31 Hoover Institution, Lauchlin B. Currie Papers, Currie to H.H. Kung,June 25, 1941.
Ⅲ－32 Harvey Klehr and Ronald Radosh, *The Amerasia Spy Case: Prelude to McCarthyism,* 1996, p.3.
Ⅲ－33 Franklin D. Roosevelt Library, President's Personal Files, Box 1178, Franklin Roosevelt to H.H. Kung, Jan. 16, 1934.
Ⅲ－34 Barbara Tuchman, *Stilwell and the American Experience in China,* 1972, p.321.
Ⅲ－35 Elliott Roosevelt, op. cit., pp.153-54.

◆ルーズベルト略年譜

1882年　1月30日、ニューヨーク州ハドソン河畔のハイドパークで生まれる
1899年　ヘイ米国務長官、中国の門戸開放宣言
1900年　ハーバード大学に入学。父ジェームズ死去
1902年　明治の元老、松方正義の六男、乙彦と会う
1903年　ハーバード大学卒業。エレノア・ルーズベルトと婚約
1904年　日露戦争勃発
1905年　3月、エレノアと結婚、ヨーロッパに新婚旅行
　　　　エレノアの叔父、セオドア・ルーズベルトの仲介で日露ポーツマス講和
1907年　ニューヨーク州の司法試験に合格し、弁護士の資格を取得
1908年　コロンビア大学法学院を退学、法律事務所に勤務
1910年　ニューヨーク州上院議員選挙に民主党から立候補、当選。政界入り（二十八歳）
1912年　大統領選挙戦で民主党革新派、ウッドロー・ウィルソンの指名獲得に協力。州
　　　　上院議員に再選される

１９１３年　3月、ウィルソン大統領により海軍次官補に任命される
１９１７年　第一次大戦下、海軍力の拡張、増強に力注ぐ
１９１８年　7月から8月にかけて欧州戦線視察旅行
１９１９年　ベルサイユ会議に大統領随員として同行。ウィルソンの国際連盟を支持
１９２０年　民主党大統領候補のジェームズ・M・コックスの副大統領候補に指名されたが、惨敗
１９２１年　ニューヨークに戻り弁護士業を再開するが、8月、キャンポベロの別荘で水浴中、ポリオ（脊髄性小児麻痺）に感染し、闘病生活に入る（三十九歳）
１９２２年　日米英など九カ国が中国の主権尊重をうたう九カ国条約締結
あわせて五海軍国がワシントン海軍軍縮条約を締結
１９２８年　ニューヨーク州知事選に出馬、辛くも当選
１９２９年　ホワイトハウス火災。10月24日、ウォール街の株価大暴落（世界大恐慌勃発）
１９３０年　七十二万五千票の大差でニューヨーク州知事に再選

アメリカの動き

2・27 退役軍人ボーナス法案可決
6・20 フーバー・モラトリアム
10・24 アル・カポネ、脱税で懲役判決
12・7 失業者、ワシントンで飢餓行進

1932

1・7 スティムソン・ドクトリン

日本の動き

1931

3・6 昭和恐慌
クーデター計画（三月事件）
9・18 関東軍、柳条湖の満鉄線路爆破（満州事変の発端）
10・17 クーデター計画（十月事件）
12・11 犬養政友会内閣成立

1932

2・9 血盟団員、井上前蔵相射殺

その他の動き

1931

5・11 オーストリアの中央銀行破産（世界金融恐慌の発端）
9・24 上海の英語誌が「田中メモリアル」を掲載
9・28 国際連盟、緊急理事会
10・24 連盟理事会、日本の満州撤兵勧告
11・7 中華ソビエト共和国臨時政府樹立

1932

1・9 ドイツ、賠償支払不可能を声明
1・28 上海事変始まる
2・2 ジュネーブ軍縮会議（〜7月）

5・29　ボーナス行進
11・8　ルーズベルト、大統領選で勝利

1933

3・4　ルーズベルト、大統領就任
3・9　百日議会（〜6・16）
4・19　金本位制停止
5・12　農業調整法（AAA）
5・18　テネシー渓谷開発公社（TVA）法
6・13　国家復興庁（NRA）設立
6・16　全国産業復興法（NIRA）

3・1　満州国建国を宣言
5・15　五・一五事件（犬養首相暗殺）
12・13　大日本国防婦人会結成

1933

2・20　小林多喜二、拷問・虐殺
3・27　国際連盟脱退
4・22　滝川事件

2・29　英、保護関税法
7・31　ナチス、独国会選挙で第一党
8・20　英帝国経済会議（オタワ合意）
11・29　仏ソ不可侵条約調印

1933

1・30　ヒトラー、独首相に就任
2・24　国際連盟総会、満州国不承認
3・23　独国会、ヒトラーの全権委任法可決
6・12　ロンドンで国際経済会議
9・2　伊ソ不可侵条約調印

11・17 ソ連を承認
12・5 禁酒法廃止

1934

1・31 金の平価切り下げを声明
6・18 インディアン再組織法成立
ニューディール批判高まる

1935

5・6 就業促進局設置
5・27 最高裁、NIRAに違憲判決

1934

2・20 松方乙彦がホワイトハウス訪問
11・1 満鉄に高速列車あじあ号登場
12・29 ワシントン海軍軍縮条約破棄

1935

2・18 天皇機関説事件

10・14 独、国際連盟脱退を声明

1934

3・17 ローマ議定書調印
3・24 独、産業統制令公布
6・15 独、賠償支払停止
10・15 中国共産党、長征開始

1935

1・13 遵義会議で毛沢東の指導権確立
5・2 仏ソ相互援助条約調印
6・28 仏、反ファシズム人民戦線結成

7・5 ワグナー法（労働者の団結権保障）
8・14 社会保障法（SSA）可決
8・31 中立法（交戦国への軍需品輸出禁止）
11・9 産業別組合委員会（CIO）発足

1936

1・6 最高裁、農業調整法に違憲判決
11・3 ルーズベルト、大統領再選

8・12 永田陸軍軍務局長斬殺

1936

1・15 ロンドン軍縮会議脱退通告
2・26 二・二六事件
11・25 日独防共協定調印

7・25 第七回コミンテルン大会
10・3 伊軍、エチオピア侵攻
10・11 国際連盟、対伊経済封鎖決議

1936

3・7 独、ラインラント進駐
5・9 伊、エチオピア併合宣言
7・17 スペイン内乱始まる
8・1 ベルリン・オリンピック開幕
10・25 ローマ・ベルリン枢軸結成
12・5 スターリン憲法採択

1937

5・1 中立法拡大、軍需品輸出拡大

10・5 ルーズベルトの「隔離演説」

12・12 米砲艦パネー号撃沈事件

この年、CIO指導下のスト拡大（年間スト件数四四七〇件）

1938

2・16 新農業調整法成立

5・17 海軍拡張法可決

1937

6・4 第一次近衛内閣成立

8・13 日中が上海で衝突

11・6 日独防共協定成立

1938

1・16 第一次近衛声明（「爾後国民政府を相手とせず」）

4・1 国家総動員法公布

10・27 日本軍、武漢三鎮占領

1937

5・28 英、チェンバレン内閣成立

7・7 盧溝橋で軍事衝突（日華事変）

9・23 中国、抗日民族統一戦線結成

12・11 伊、国際連盟脱退

12・13 中国国民政府の南京陥落

1938

2・4 ヒトラー、統帥権掌握

3・14 ヒトラー、オーストリア併合宣言

9・29 ミュンヘン会談

10・27 仏、人民戦線崩壊

11・18 産業別組合会議（CIO）発足

1939

4・1 フランコ政権承認

9・4 欧州大戦に中立を宣言

11・4 中立法の武器禁輸条項撤廃

1940

1・26 日米通商航海条約失効

6・10 中立宣言破棄、非交戦主義表明

6・21 外人登録法公布

第一次近衛内閣総辞職

5・11 ノモンハン事件

10・1 国民徴用令施行

11・9 クリスタルナハト（水晶の夜）

1939

3・28 スペイン内乱終結

8・23 独ソ不可侵条約調印

9・1 独、ポーランド侵攻（第二次大戦始まる）

9・27 ワルシャワ陥落

9・28 独ソ友好条約調印

11・30 ソ連軍、フィンランド侵攻

12・14 国際連盟、ソ連を除名

1940

5・10 チャーチル挙国一致内閣成立

6・14 独軍、パリ占領

9・3 英と防衛協定調印
9・16 平時選抜徴兵法制定
11・5 ルーズベルト、大統領に三選
12・29 炉辺談話「民主主義国の兵器廠に」

1941

1・6 年頭教書で「四つの自由」を発表
3・11 武器貸与法成立
5・27 国家非常事態を宣言
6・14 独伊の在米資産凍結
7・26 在米日本資産凍結
8・1 対日石油輸出の禁止
8・12 米英の大西洋会談
8・14 大西洋憲章発表

7・22 第二次近衛内閣成立
9・23 日本軍、北部仏印進駐
9・27 日独伊三国同盟調印
10・12 大政翼賛会発足

1941

3・3 国家総動員法公布（日米交渉スタート）
4・13 日ソ中立条約調印
7・18 第二次近衛内閣総辞職と同時に第三次内閣成立
10 尾崎（15日）、ゾルゲ（18日）

10・5 独軍、ルーマニア進駐

1941

4・6 独軍、ユーゴ侵攻
5・6 スターリン、ソ連首相に就任
6・22 独軍、ソ連に侵攻

12・8 米英、対日宣戦布告
12・22 英米首脳、戦争指導会議

1942

3・21 議会、日系人強制収容命令承認
6 戦時情報局（OWI）発足
8・13 原爆製造のマンハッタン計画開始

1943

1・14 カサブランカ会談（〜24）（枢軸国への無条件降伏要求）

ら逮捕
10・18 東条内閣成立
11・26 ハル・ノート手交
12・8 ハワイ真珠湾攻撃

1942

1・2 マニラ占領
2・15 シンガポール占領
4 ドーリットルの東京空襲
4・30 翼賛選挙
6・5 ミッドウェー海戦

1943

2・1 日本軍ガダルカナル撤退

12・11 独伊、対米宣戦布告

1942

8・1 モスクワ会談
8・7 米軍ガダルカナル島上陸
11・8 連合軍、北アフリカ上陸作戦

1943

2・2 スターリングラードで独敗北

6・20 デトロイトで黒人暴動
8・11 第一次ケベック会談（〜24）
11・22 カイロ会談（〜26）
11・28 テヘラン会談（〜12・1）
5・20 共産党解散
8・21 ダンバートン・オークス会議
9・11 ケベック会談（〜16）
11・7 ルーズベルト、大統領四選

1944

10・21 出陣学徒の壮行会
11・5 大東亜会議（東京）
1・26 東京などに学童疎開命令
3・8 インパール作戦開始
7・7 サイパン陥落
7・18 東条内閣総辞職
10・24 レイテ沖海戦
11・11 B29による本土爆撃開始

1944

5・13 北アフリカ戦線、独伊軍降伏
5・15 コミンテルン解散
7・25 ムソリーニ逮捕
1・20 レニングラード解放
6・6 連合軍、ノルマンディー上陸
7・1 ブレトンウッズ会議
7・20 ヒトラー爆殺計画失敗
8・25 パリ解放

2・4 ヤルタ会談（〜11）

4・12 ルーズベルト、脳出血で死去

7・16 世界初の原爆実験成功

1945

11・24 B29、東京初空襲

3・9 東京大空襲（〜10）

3・17 硫黄島の日本軍全滅

4・1 米軍、沖縄上陸

8・6 広島に原爆投下

8・9 長崎に原爆投下

8・14 日本、ポツダム宣言受諾

9・2 降伏文書に調印

1945

4・28 ムソリーニ銃殺

4・30 ヒトラー自殺

5・7 独、降伏

6・26 国際連合成立

7・15 ポツダム会談（〜8・2）

8・8 ソ連、対日宣戦布告

の危機を背景にしており、結果的にだが、戦争突入によって米国はその危機を克服した。また、大恐慌克服のために実施したニューディール政策は、米国初の社会保障制度を確立するなどの影響を残した。ルーズベルトは戦争を通じて米国が世界国家となる土台を築き、20世紀を「アメリカの世紀」とした。2000年を記念して米歴史家はルーズベルトをアブラハム・リンカーンに次いで第2位の偉大な大統領に選び、雑誌タイムは「世紀の政治家」にルーズベルトを選んだ。

レーヒー，ウィリアム（William D. Leahy, 1875.5.6 ～ 1959.7.20）

米国の海軍軍人。アナポリス海軍士官学校を卒業後、順調に海軍幹部の道を歩み、1937年から39年まで米海軍作戦部長。40～41年、フランス・ビシー政権の米駐仏大使を務める。その後、ルーズベルトに請われて大統領特別補佐官となり、トルーマン政権になったあと49年までその職にあった。ルーズベルト政権では主に軍事戦略面で大統領を補佐し、ヤルタ会談にも同席した。

ルーズベルト, フランクリン・デラノ（Franklin Delano Roosevelt, 1882.1.30　1945.4.12）

米国の政治家。ニューヨーク州ハイドパークの資産家、ルーズベルト家の一人息子として生まれた。1896年に名門進学校グロートンに入るまではハイドパークの邸宅で家庭教師による教育を受ける。1900年、ハーバード大に進学したが、その年、父、ジェームズが亡くなり、その後はますます気丈な母親、セーラの強い影響を受けることになる。03年、ハーバード大学を3年で卒業した後、ルーズベルト家の遠縁にあたるエレノアと婚約する。セーラの説得で結婚を2年間遅らせた後、コロンビア大学法学院に入学。05年、エレノアと結婚する。結婚式にはエレノアの叔父にあたる当時の大統領、セオドア・ルーズベルトが出席する。07年、弁護士資格を取得してニューヨークの法律事務所に就職。ハーバード大学時代から「将来、大統領になる」と宣言していたルーズベルトは10年、ニューヨーク州上院議員に当選することで政界デビューを果たす。その後、ウッドロー・ウィルソン大統領支持を明確にし、31歳の若さで海軍省海軍次官補の要職に就く。このとき、米海軍内に伝統的に強かった太平洋での日本脅威論を身をもって体験する。21年、カナダの別荘で夏季保養中、小児麻痺に感染して下半身不随になるが、28年ニューヨーク州知事に当選して政界復帰に成功する。その年から深刻になった大恐慌で社会不安が深まるのを背景に今度は大統領選に出馬し、32年11月、現職のハーバート・フーバー大統領を破って第32代米大統領に就任。ジョージア州ウォームスプリングズで死亡するまで12年間、大統領職にあったルーズベルトは、米国史上最長の在任期間を誇った。また、4期当選は2期以上大統領職に就かないというジョージ・ワシントン初代大統領以来の慣習を破るものだった。ルーズベルト時代は大恐慌、第二次大戦という建国以来元米共産党員だったジョセフ・ラッシュとの深い関係が暴露され、ＦＢＩの監視を受けるなどのスキャンダルにも見舞われる。夫の死後も公民権運動などを繰り広げ、戦後の初代米国連大使に任命された。国連大使時代にソ連代表への不信感を強め、冷戦におけるソ連との対決を支持した。また、イスラエル建国の強い支持者でもあった。

ルーズベルト, ジェームズ（James Roosevelt, 1907.12.23 ～ 1991.8.15）

ルーズベルト大統領夫妻の長男。父親と同じグロートン校、ハーバード大で教育を受け、卒業後は保険会社に勤務。32 年の大統領選キャンペーンで選挙参謀をし、33 年には大統領私的アドバイザーとなる。37 年 10 月、ルーズベルトはジェームズを 20 に及ぶ連邦政府機関の調整担当官に任命するなど登用したため、米議会の批判にさらされる。この結果、38 年暮れに政府職員を辞任。40 年 11 月、米海兵隊に入隊。父親の手配で、大統領の信任厚いエバンズ・カールソンの部隊に配属される。55 ～ 67 年、米下院議員。4 度に及ぶ離婚歴。

ルーズベルト, セオドア（Theodore Roosevelt, 1858.10.27 ～ 1919.1.6）

1880 年、ハーバード大学卒業。97 ～ 98 年、海軍次官補だった時に米西戦争が勃発し、次官補を辞任してキューバ遠征志願軍を率いて戦争に参加した。帰国後、ニューヨーク州知事。1901 年、副大統領になるが、マッキンレー大統領が暗殺されたのに伴い第 26 代大統領に就任。05 年には日露戦争でポーツマスの日露協議を仲介し、和平条約調印にこぎ着ける。フランクリン・ルーズベルトの妻、エレノアの父はセオドアの実弟。フランクリンは人気大統領だったセオドアを常に意識し、尊敬していた。共和党員だが、12 年には共和党を離党し、進歩党を結成して同党大統領候補になる。

書を亡くしており、これ以降、身の回りの世話など全ての面でアンナに頼り切ることになる。45年2月の米英ソ首脳のヤルタ会談には母エレノアの代わりにアンナが同行した。49年に離婚、52年に再婚した。

ルーズベルト, エリオット（Elliott Roosevelt, 1910.9.23 ～ 1990.10.27）
ルーズベルト大統領の次男として生まれる。ルーズベルト家の慣習であるハーバード大への進学を拒否するなど父親の悩みのタネだった。1940年、米陸軍航空隊に入隊し、ルーズベルトを喜ばせる。その後はカサブランカ会談やカイロ会談に同行するなど大統領に重用される。その頃の大統領との会話を記録したAs He Saw It は戦後ベストセラーとなっただけでなく、ルーズベルト大統領の飾らない言動を知るうえで数少ない一次資料を提供した。5度の離婚歴。

ルーズベルト, エレノア（Anna Eleanor Roosevelt, 1884.10.11 ～ 1962.11.7）
父は第26代大統領セオドア・ルーズベルトの実弟、エリオット・ルーズベルト。父は勝手気ままな性格で、母親は厳格な性格のため不幸な子供時代を送る。父のアルコール依存症が原因で、弟とともに祖母に預けられた。英国寄宿学校の教育で強い性格を養い、ニューヨークに戻った後は上流階級の社交界に批判的になる。フランクリン・ルーズベルトと結婚後、ルーズベルトの母親、セーラの厳しい監視を受ける。1918年、夫の不倫を知り、家庭の妻という立場を捨てる決意をする。それ以降、ルーズベルト夫妻の関係は政治的同志のようなものになり、夫婦関係は実質上、消滅する。ファーストレディー（大統領夫人）になってからは、社会奉仕や公民権運動に貢献する。また、歩けないルーズベルト大統領の「目と耳」の役割を果たすため全米を駆けめぐった。その間、

なった。

リトビノフ, マキシム（Makisim M. Litvinov, 1876.7.17 ～ 1951.12.31）
ソ連の外交官。十月革命直後、ソ連のロンドン代表。1930 ～ 39 年、ソ連外務人民委員（外相）。34 年、ルーズベルト大統領の指示で米ソ国交正常化交渉が始まった際、リトビノフはソ連側代表で、コーデル・ハル国務長官が米側を代表した。リトビノフはユダヤ系ロシア人で、ナチス・ドイツに強い嫌悪を抱いていたため、独ソ不可侵条約が結ばれた頃、スターリンによって外相を解任された。しかし、独ソ戦が始まると現役復帰し、41 年 11 月～ 43 年 8 月、ソ連最初の駐米大使となった。

リンドバーグ, チャールズ（Charles A. Lindbergh, 1902.2.4 ～ 1974. 8.26）
米国の飛行家。 ウィスコンシン大学を中退し、ネブラスカ州リンカーンの航空学校で飛行技術を学ぶ。27 年、「スピリット・オブ・セントルイス号」で世界初の単独大西洋横断に成功し、一躍国民的英雄となる。32 年 3 月、長男が誘拐、殺害されたのを機に欧州在住。帰国後は欧州戦線への参戦反対運動を展開し、孤立主義の「アメリカ・ファースト協会」の有力メンバーとなる。ルーズベルト政権からは「親ドイツ派」と非難される。54 年、アイゼンハワー大統領によって空軍（予備役）准将に任官される。

ルーズベルト, アンナ（Anna Eleanor Roosevelt, 1906.5.3 ～ 1975.12.1）
ルーズベルト大統領夫妻の長女。1926 年にニューヨークの株式取引業者と結婚するが、30 年に離婚し、35 年に新聞記者と再婚する。44 年初め、夫が海外勤務となったのを機会に父親の願いを受け入れホワイトハウスに住み込み、大統領私設秘書のような役割を演じる。ルーズベルトはその頃、ラハンドという親しい秘

ラティモア，オーウェン（Owen Lattimore, 1900.7.29 ～ 1989.5.31）

米国のアジア研究家。誕生の翌年、父親が中国・清朝が新設した欧風教育施設の教師として招待されたのに伴って中国に渡り、13歳までの幼少時代を中国で過ごす。スイスで2年、英国で5年の教育を受け、19歳で中国に戻る。モンゴル、中央アジアほかを旅行し、モンゴル語と中国語の専門家となり、34年から太平洋問題調査会（ＩＰＲ）機関誌「パシフィック・アフェアーズ」の編集長を務める。41年、大統領補佐官ロークリン・カリーの推薦で中国国民政府主席、蔣介石の特別顧問に任命される。43～44年、戦時情報局（ＯＷＩ）極東部主任。戦後の対日政策をまとめた『アジアにおける解釈』を発表し、天皇とその一族の中国への送還を主張。戦後、ジョンズ・ホプキンズ大学教授。50年、ジョセフ・マッカーシー上院議員から「ソ連スパイ網のトップエージェント」だとして告発されたのち、下院非米活動委員会などの喚問を受け、職を去る。63年から英国リーズ大学教授を務め、70年引退。

ランドルフ，フィリップ（Asa Philip Randolph, 1889,4.15 ～ 1979.5.16）

米国の黒人運動、労働運動の指導者。ニューヨーク市立大学を卒業後、ハーバード大学で博士号を取得。1925年、寝台車ポーター組合の組織化に取り組む。黒人の人権を守るため結成された全米黒人地位向上協会（ＮＡＡＣＰ）の指導者の一人となる。「全米黒人ポーターと家政婦同胞団」会長も務め、40年9月には大統領夫人、エレノア・ルーズベルトを通じホワイトハウスで大統領への直訴を実現させ、米軍内での黒人の地位向上を訴えている。41年には黒人の公正雇用を要求するワシントン大行進を組織して成果を収めた。63年にも米国史上最大規模のワシントン大行進を指揮するなど、第二次大戦後の公民権運動でも重要な存在と

【ラーロ】

ラザフォード，ルーシー（Lucy Rutherford, 1891 ～ 1948.7）

父親のキャロル・マーサーは米国東部きっての旧家の出身で、裕福であった。両親の離婚に伴い、1913年、エレノア・ルーズベルトのワシントンでの個人秘書となる。海軍次官補だったフランクリン・ルーズベルトとはその直後に知り合い、愛人関係になる。18年、エレノアがルーシーの恋文を発見し、エレノアは「愛人と別れるか、離婚」を迫った。将来、大統領を目指していたルーズベルトは「二度とルーシーに会わない」と誓う。ルーシーはその後、裕福だがかなり年長のウィンスロップ・ラザフォードと結婚した。しかし、ウィンスロップは41年に死亡し、二人は時折会うようになる。44年以降はホワイトハウスでの密会も多くなり、ルーズベルトが亡くなったとき、付き添ったのもルーシーだった。ルーズベルト大統領の最後の肖像画を描いたのは、彼女が連れてきた女性画家。

ラッシュ，ジョセフ（Joseph Lash, 1909 ～ 1987）

ニューヨーク市立大学卒業後、1932年にコロンビア大学大学院卒業。29年、社会党に入党。35 ～ 39年、全米学生連盟全国事務局長。米議会下院非米活動委員会の召還を受け、大統領夫人のエレノアと知り合う。42年4月～ 45年9月、米陸軍航空部隊所属。天気予測班として国内勤務の間に、エレノアとシカゴのホテルで密会しているところを軍防諜部隊に盗聴され、それがもとで盗聴をした防諜部隊隊員らとともに太平洋側の最前線配属となる。戦後50 ～ 66年、ニューヨークポスト紙論説委員。71年に親しかったエレノアとの会話やエレノアの手紙などを駆使して『エレノアとフランクリン』を発表、ピュリツァー賞を受賞。82年には長く噂の種だったエレノアとの不倫関係を公式に否定した。

毛沢東（Mao Zedong, 1893.12.26 ～ 1976.9.9）

中国の政治家、思想家。五四運動（1919）前後にマルクス主義に触れ、1920年、湖南共産主義小組を組織し、21年、中国共産党創立大会に参加した。31年、江西省瑞金に成立した中華ソビエト共和国臨時中央政府の主席。35年、延安への長征途上、指導権を確立した。49年9月21日、中華人民共和国成立とともに中央人民政府主席就任。54 ～ 59年、初代国家主席。66 ～ 69年、プロレタリア文化大革命を発動。

モーゲンソー，ヘンリー（Henry Morgenthau, Jr., 1891.5.11 ～ 1967.2.6）

米国の政治家。ニューヨーク州ユダヤ系資産家の長男。コーネル大学（一時学んだが、1913年酪農、果樹栽培に従事）。28 ～ 33年、ニューヨーク州農業問題諮問委員会委員長。34 ～ 45年、財務長官を務め、ニューディールから第二次大戦にかけて膨張し続けた予算を取り仕切った。ルーズベルト大統領の最も親しい友人の一人で、州知事時代からの側近。ルーズベルトが脳出血で死亡する前日に面会している。44年、ドイツの非軍事化、非工業化を図り、原始的な牧畜農業国家にするという戦後処理計画「モーゲンソー案」を立案。

モロトフ，ビャチェスラフ（Vyacheslav Mikhailovich Molotov, 1890.3.9 ～ 1986.11.8）

ソ連の政治家。1906年からボリシェビキ党員。十月革命後、21年には共産党中央委員、政治局員候補。ヨシフ・スターリンを強く支持し26年には政治局員。30 ～ 41年、ソ連首相。第二次大戦勃発直前に外務人民委員（外相）になり、スターリンが首相の座に就く。ソ連を代表して英米と交渉、テヘラン、ヤルタ会談にも出席。戦後は国連設立会議で米側と渡り合った。56年に失脚。

なった後、1932年に上院議員（民主党）に選出される。上院司法委員会議長のときに「国内安全保障問題小委員会」を設けて共産主義勢力による米政府浸透を追及した。51年7月～52年6月、太平洋問題調査会（ＩＰＲ）についての公聴会を集中的に開いた。その時の委員会はマッカラン委員会と呼ばれた。ＩＰＲ公聴会記録は膨大な量になる。ＩＰＲ機関誌編集長だったオーウェン・ラティモアに対する追及が特に厳しかった。ＩＰＲが戦前のような権威をなくし活動できなくなったのはマッカラン委員会の追及が背景にある。現職上院議員のまま死去。

マッキンタイア，ロス（Ross T. McIntire, 1889.8.11 ～ 1959.12）

大統領の主治医。1935年からルーズベルトが死亡する45年4月まで治医長を務めたマッキンタイアは、妻のエレノアよりも大統領のそばに長くいたといわれた。ルーズベルトの死後、大統領の健康状態を正確に伝えていなかったと批判された。第二次大戦中、ルーズベルトの強い推薦で海軍軍医総監も兼ねた。

ムソリーニ，ベニト（Benito Mussolini, 1883.7.29 ～ 1945.4.28）

イタリアの政治家。ファシズム指導者。1922年、首相就任。26年には独裁的な権力を握り、以後ドゥーチェ（指導者）の地位を維持した。ファシズム政権は、経営者と労働者を職種ごとに党の管理する組合として組織し、イタリアを「協調組合国家」として再編成した。国家の主導のもとに産業を再編するとともに公共事業や軍需生産の拡大で景気の浮揚を図る国家管理経済に、ルーズベルトは一定の理解を示した。イタリアは40年6月、第二次大戦に参戦したが、ギリシア、エジプトへの侵攻はいずれも失敗した。43年7月、国王はムソリーニを解任。北イタリアのコモ湖畔でパルチザンに捕らえられて銃殺された。

いる」と告発し、一躍注目を浴びた。朝鮮戦争直後の米国では共産主義勢力の横暴に怒る声が満ちており、全く証拠もないこの告発を歓迎した。52年、上院議員に再選されたのはこうした国民人気を背景にしている。マッカーシーの「赤狩り」は最後には共和党のドワイト・アイゼンハワー大統領にまで向けられるようになり、信用をなくす。「根拠のない赤狩り」のことを米国では今も「マッカーシズム」と呼んでいる。マッカーシーは54年12月、同僚上院議員によって不信任を決議され、その後は注目されることもなく姿を消した。

松方乙彦（まつかた・おとひこ 1880～1952）

明治の元老松方正義の六男。1902年、学習院大学卒業と同時にハーバード大学入学。寄宿舎のルームメートがフランクリン・ルーズベルトのいとこライマン・デラノだった。21年、東京瓦斯会社常務。34年、日活社長。同年2月、日米関係改善を目指し、かつての学友、ルーズベルト大統領と面談している。エドウィン・ライシャワー元駐日大使のハル夫人は姪にあたる。

松方正義（まつかた・まさよし 1834.2.25～1924.7.2）

明治期の政治家、財政家。幕末動乱期に公武合体運動、倒幕工作にも加わった。薩摩藩軍艦掛、日田県知事を経て明治3年（1870年）中央政界に入り、大蔵省で地租改正に携わった。1881年（明治14年）の大蔵卿就任以来1900年までに7度蔵相に就任。その間、「松方財政」と呼ばれる不換紙幣整理、デフレ政策を行った。91～92年、96～98年には首相兼蔵相。97年には金本位制を実施。1900年、元老。03年に枢密顧問官、17年内大臣。

マッカラン，パトリック（Patrick A. McCarran, 1876.8.8～1954.9.28）

米国の政治家。ネバダ大学卒業。ネバダ州の法曹界での実力者と

う主張を繰り返した。極東問題の専門家としてルーズベルト大統領に助言したほか、コーデル・ハル国務長官に対しても大きな影響力を発揮した。

【マーモ】

マーシャル , ジョージ（George C. Marshall, 1880,12.31 ～ 1959,10.16）
米国の軍人、政治家。バージニア州の陸軍士官学校卒業。38 年、陸軍参謀本部次官。39 ～ 45 年陸軍参謀総長。45 ～ 47 年、中国特派大使。47 ～ 49 年、国務長官。47 年 6 月 5 日、欧州再建のためのマーシャル・プランを提唱。50 ～ 51 年、国防長官。53 年、マーシャル・プランにおける貢献によりノーベル平和賞受賞。

マッカーサー , ダグラス（Douglas MacAthur, 1880.1.26 ～ 1964.4.5）
米国の軍人。1903 年、ウェストポイント陸軍士官学校卒業。06 ～ 07 年、セオドア・ルーズベルト大統領の軍事顧問。17 ～ 18 年、第一次大戦の欧州遠征軍准将。30 ～ 35 年、陸軍参謀総長。32 年のワシントン市内での「ボーナス行進」鎮圧で軍を直接指揮。35 ～ 41 年、フィリピン植民地政府軍事顧問。41 年から陸軍現役に復帰し、極東軍司令官に任命される。42 年、南西太平洋方面軍司令官。45 年に太平洋方面軍最高司令官となり、戦艦ミズーリ号艦上で日本の降伏文書を受け取る。45 ～ 50 年、連合国総司令部（ＧＨＱ）最高司令官。50 ～ 51 年、朝鮮戦争で米軍主力の国連軍司令官。51 年、トルーマン大統領により解任される。

マッカーシー , ジョセフ（Joseph R, McCarthy, 1908.11.14 ～ 1957.5.2）
米国の政治家。弁護士や地方裁判所巡回判事などをした後、1946 年に上院議員（共和党）になった。あまり目立たない存在だったマッカーシーは 50 年 2 月、「国務省に 205 人の共産主義スパイがの Witness to History で、ルーズベルトの外交交渉を批判した。また、スターリンとソ連を強く非難した。1953年から57年まで駐ソ大使。57年から59年までフィリピン大使。59年から61年までソ連問題の国務長官特別補佐官。

ホワイト，ハリー・デクスター（Harry Dexter White, 1892.10.29 ～ 1948.8.16）
米国の経済学者。ボストンのユダヤ系米国人の家庭に生まれる。スタンフォード大学で経済学を学び、35年にハーバード大学で経済学博士号取得。ロークリン・カリーとは生涯友人関係。34年、財務省勤務。42年にモーゲンソー財務長官の特別補佐官（財務次官補）となり、事実上の財務省ナンバー２となる。戦後の国際通貨体制を決めたブレトンウッズ会議に米国代表として出席、国際通貨基金（ＩＭＦ）創設の中心人物となる。一方、モーゲンソー財務長官の腹心としてドイツ戦後処理についての「モーゲンソー案」を作成したり、日本に対する最後通牒の役割を果たした「ハル・ノート」の原案となった対日交渉案を作成するなど、政策に大きな影響を及ぼした。46 ～ 47年、ＩＭＦ米国代表理事。48年8月16日、下院非米活動委員会公聴会でソ連スパイ疑惑を否定した直後、急死。

ホーンベック，スタンレー（Stanley K. Hornbeck, 1883.5.4 ～ 1966.12.10）
米国の極東問題専門家。1903年、デンバー大学卒業。オックスフォード大学で修士号、ウィスコンシン大学で博士号取得。08年から1年間、中国で教鞭に立ったという経験から中国問題専門家を自認。21 ～ 24年、国務省の経済問題顧問。28 ～ 37年、国務省の政治問題顧問。37 ～ 44年、国務省極東部長。31年の満州事変以来、強い経済制裁を唱えた対日強硬論者。日本の真珠湾攻撃直前にあっても、「日本には米国を攻撃する能力はない」とい

休戦を申し入れ、休戦条約が成立した。大戦後、ドゴール政権の下で死刑を宣告されたが、終身刑に減刑され、服役中に死亡。

ベントレー，エリザベス（Elizabeth Bentley, 1908.1.1 ～ 1963.12.3）

1930年コロンビア大学卒業。35年、米共産党入党。The KGB Against the Main Enemy（Herbert Romerstein & Stanislav Levchenco）によると、38年にソ連スパイ網の非公然のワシントン駐在員、ヤコブ・ゴロスに紹介される。ゴロスと特殊な関係にあったベントレーは、ゴロスが43年に死亡し、スパイ網がソ連ＫＧＢ直轄になることに不満を抱く。さらにＦＢＩの捜査が迫っているとの強迫観念に襲われ、45年11月7日、ＦＢＩのニューヨーク事務所に出頭し、スパイ網での具体的な活動歴とリストを提出した。48年には下院非米活動委員会公聴会でハリー・デクスター・ホワイト、ソロモン・アドラーらをスパイだったと証言した。

ホプキンズ，ハリー（Harry L. Hopkins, 1890.8.17 ～ 1946.1.29）

米国の政治家。1912年、グリネル大学卒業。社会民生委員などを経て、30年ニューヨーク州知事のルーズベルトから州臨時救済庁長官に任命される。38 ～ 40年、ルーズベルト政権の商務長官。41年、武器貸与法に基づく調整担当者。さらに正式の役職はなかったがルーズベルト大統領主席補佐官のような役割を果たし、戦争中はソ連のスターリン首相、英国のチャーチル首相とのパイプ役を演じた。ルーズベルトの側近中の側近といわれた。

ボーレン，チップ（Charles Bohlen E, 1904.8.30 ～ 1974.1.1）

米国外交官。ロシア語専門家。テヘラン会議、ヤルタ会議などの米ソ首脳会談で、ルーズベルト大統領のロシア語通訳を務めた。ポツダム会談ではトルーマン大統領のロシア語通訳。戦後、著書

ト時代にあってその外交方針、特に対日強硬外交に懐疑的だった。晩年の60年代に入ってルーズベルト政権批判を克明に綴った4巻にもなる大著を執筆し続けたが、未出版のままスタンフォード大学に自ら設立したフーバー研究所の金庫に収めた。同書のタイトルは『裏切られた自由』。

ブラウダー, アール（Earl Browder, 1891.5.20 ～ 1973.6.27）
米国の政治家。小学校中退。1930年、米共産党書記長になる。35年、ソ連コミンテルンの指導で人民戦線路線を採用し、党内の指導体制を強化する。翌年、共産党大統領候補に指名される。40年にも大統領選に出馬。45年4月、ルーズベルトの死とともにブラウダーの穏健路線も破綻して米共産党指導部からはずされ、翌46年には党を追放される。米共産党を大衆政党に変身させ、党員を8万人までに増やす一方、ソ連コミンテルンやＫＧＢに情報を流す米政府内のスパイ網の充実に強い指導力を発揮した。

ブリット, ウィリアム（William C. Bullitt, 1891.1.25 ～ 1967.2.15）
米国の外交官。1912年、エール大学卒業。33年、国務長官特別補佐官。ルーズベルト大統領との個人的交流を深め、国交を開いたばかりのソ連への最初の大使に任命された。36 ～ 40年、駐仏大使として緊迫する欧州情勢を直接大統領に報告し、政策に影響を与えた。

ペタン, アンリ（Henri Philippe Petain, 1856.4.24 ～ 1951.7.23）
フランスの軍人、政治家。陸軍士官学校卒業。第一次大戦でのベルダンを死守した武勲によって名声を博し、1918年元帥、20年には最高軍事会議副議長となった。34年ドゥーメルグ内閣の陸相、39年スペイン大使などを歴任。第二次大戦の勃発に伴い、40年、レノー内閣の副首相、次いで自ら首相となってドイツに樹立した。39年9月1日のポーランド侵攻で第二次大戦を引き起こした。40年9月、日独伊三国同盟を締結。ドイツ軍は当初、機甲化師団を使った電撃戦を成功させて破竹の勢いだったが、41年6月の独ソ戦開始で敗色が濃くなり、ソ連軍に包囲されたベルリンの首相府地下壕で自殺した。

フォレスタル, ジェームズ（James V. Forrestal, 1892.2.15 ～ 1949.5.22）
米国の政治家、初代国防長官。プリンストン大学卒業。第一次大戦中は海軍航空隊に所属、戦後ウォール街の投資会社に入り、1938年、社長となった。40年、ルーズベルト大統領の行政関係補佐官となり、同年、海軍次官、44年、海軍長官、47年、国防総省の創設に伴って初代国防長官となった。第二次大戦中はアメリカ海軍の拡張を指導、その後三軍の再編などを行ったが、心労のため強度の神経衰弱にかかり、49年3月、国防長官を辞任、同年5月、自殺した。

フーバー, J. エドガー（J. Edgar Hoover, 1895.1.1 ～ 1972.5.2）
米連邦捜査局（ＦＢＩ）長官。1917年、ジョージ・ワシントン大学夜間部法学修士課程修了と同時に司法省勤務。24年、司法省捜査局長。35年に捜査局が連邦捜査局と改名されたのに伴い、初代長官に就任。死去するまで長官職にとどまる。生涯独身。

フーバー, ハーバート（Herbert C. Hoover, 1874.8.10 ～ 1964.10.20）
米国の政治家。第31代大統領。1895年、スタンフォード大学卒業。1921 ～ 28年、共和党政権の商務長官。29年、大統領就任。32年の大統領選では、現職ながら民主党候補のルーズベルトに敗れた。29年10月24日のニューヨーク株大暴落とその後の大恐慌で国民人気をなくしたのが選挙敗退の遠因となった。ルーズベルトのニューディール政策に批判的で、12年に及んだルーズベル

バーンズ , ジェームズ（James F. Byrnes, 1879.5.2 ～ 1972.4.10）

米国の政治家。独学で弁護士試験に合格、1911 年、民主党から下院議員に当選して政界入りした。31 年上院議員 41 年最高裁判所判事を経て、第二次大戦中は経済安定局長官、戦時動員局長官を歴任。ヤルタ会議にはルーズベルトの側近の一人として参加した。45 年、トルーマン大統領の信任を得て国務長官。日本の無条件降伏を強く主張し、そのためには原爆を使用すべきと主張した。戦後、対ソ協調派から対ソ強硬派に転じた。

ヒス , アルジャー（Alger Hiss, 1904.11.11 ～ 1996.11.15）

米国の政治家。ハーバード大学法律大学院を経て 1933 年にルーズベルト政権に農業問題専門家として加わり、ニューディール政策を進める。36 年から国務省勤務。45 年 2 月の米英ソ 3 国首脳によるヤルタ会談に国務省を代表して参加。46 年の第 1 回国際連合総会に米国代表団主席顧問として参加するなど国連創設に活躍。48 年に元ソ連スパイのウィタカー・チェンバーズの告発でスパイ疑惑が深まり、米下院非米活動委員会の公聴会などで証言を求められる。50 年、偽証罪で有罪。4 年近く服役後、再び無罪を主張した。ＫＧＢ電文解読資料「ＶＥＮＯＮＡ」によると、ヒスはソ連赤軍第四部（情報部）のスパイ網に属し、ヤルタ会議出席後、モスクワでソ連外交官、ビシンスキーからソ連への貢献を理由に勲章を授与された。

ヒトラー , アドルフ（Adolf Hitler, 1889.4.20 ～ 1945.4.30）

ドイツの政治家で、ナチス・ドイツの指導者。オーストリア生まれ。1919 年にドイツ労働党（翌年、国家社会主義労働党と改名）に入党し、21 年には指導権を確立して党首となった。33 年 1 月に政権を把握。34 年には総統となり、全体主義的な独裁体制を

原敬（はら・たかし 1856.2.9 ～ 1921.11.4）

政治家。南部藩家老職の次男に生まれる。1879 年司法省法学校を中途退学し、郵便報知記者、大東日報主筆を経て、82 年外務省に入った。89 年農商務省に転じ、陸奥宗光に師事。96 年駐韓公使となったが、翌年辞任し大阪毎日新聞編集総理、のち社長。1900 年立憲政友会の創立には関西財界を背景に尽力、同年伊藤博文内閣の逓相、02 年衆議院議員となり、第一次、第二次西園寺内閣、山本権兵衛内閣の内相。山県有朋らの藩閥勢力を懐柔する一方、党内の指導権を握り、14 年政友会総裁に就任。18 年米騒動で倒れた寺内正毅内閣の後を受けて「平民宰相による最初の政党内閣」を組織。しかし、普通選挙の実施を拒否し、社会運動には弾圧政策で臨むなど、力と党利党略の政治家として世の批判をも受けた。21 年東京駅で中岡艮一に刺殺された。『原敬日記』(和本 82 冊、1875 ～ 1921）は明治、大正政治史の貴重な資料。

ハリマン , アバレル（William Averell Harriman, 1891.11.15 ～ 1986.7.26）

米国の実業家、政治家。グロートン校、エール大学卒業。1915 年、鉄道会社「ユニオン・パシフィック」副会長に就任し、32 ～ 42 年会長。ルーズベルト大統領の個人的知己を得て、43 ～ 46 年駐ソ連大使。46 年には駐英国大使。54 年にはニューヨーク州知事。

ハル , コーデル（Cordell Hull, 1871.10.2 ～ 1955.7.23）

米国の政治家。1891 年、カンバーランド大学卒業。87 ～ 93 年、テネシー州下院議員。1907 ～ 21 年、23 ～ 31 年、連邦議会下院議員。31 ～ 33 年、上院議員。33 ～ 44 年、ルーズベルト政権の国務長官。41 年 11 月 26 日、「ハル・ノート」を野村、来栖両大使に手交、日本は最後通牒とみなし、太平洋戦争開戦の口実とした。国際連合の創設に尽力し、45 年ノーベル平和賞受賞。

【ハ－ホ】

ハウ，ルイス（Louis M. Howe, 1871.1.14 ～ 1936.4.18）

サラトガハイスクール卒業後、ニューヨーク州議会担当記者になり、その際、州上院議員のルーズベルトと知り合った。1912 年、ルーズベルトの選挙キャンペーン参謀。13 ～ 20 年、ルーズベルトの海軍次官補時代には秘書、33 ～ 36 年、大統領秘書となり、現在の大統領首席補佐官のような役割を演じる。エレノアの政治教育も彼が行った。36 年 4 月 18 日に急死するまで終始、ルーズベルトの側近中の側近だった。

パーキンス，フランシス（Frances Perkins, 1880.4.10 ～ 1965.5.14）

米国の女性社会運動家、行政官。1910 年、コロンビア大学大学院卒業。28 年にニューヨーク州知事だったルーズベルトから同州工業委員会理事に任命される。33 年、ルーズベルト大統領就任に伴い労働長官。米国初の女性閣僚。ルーズベルト時代の遺産といわれる社会保障制度は、パーキンスの尽力によって確立した。

パットン，ジョージ（George S. Patton, 1885.11.11 ～ 1945.12.21）

米国の軍人。ウェストポイント陸軍士官学校卒業。第一次大戦で米国最初の戦車隊長となった。1932 年、第一次大戦に従軍した退役軍人が退役年金のボーナスを即座に支払うよう求める「ボーナス軍」となってペンシルベニア大通りを占拠した際、陸軍参謀総長ダグラス・マッカーサーの命を受け、6 両の戦車隊を指揮して鎮圧の先頭に立った。第二次大戦では北アフリカ進攻で軍団長、43 年のシチリア 島上陸では第七軍司令官としてパレルモを攻略した。44 年には西部戦線で第三軍司令官として、その迅速な追撃戦で有名になった。ドイツで自動車事故のために死亡。

ドゴール，シャルル（Charles Andre Joseph Marie de Gaulle, 1890.11.22 ～ 1970.11.9）

フランスの軍人、政治家。第二次大戦下の1940年、国防兼陸軍次官となる。同年6月、ドイツ機甲師団の破竹の進撃の前に敗れる。ロンドンで自由フランス委員会を組織し本国の対独レジスタンスを指導、フランスの解放をもたらす。戦後、フランス国民連合党首となり、58年6月組閣して第五共和政を樹立。同年大統領。62年アルジェリア戦争を終結させた。

トルーマン，ハリー（Harry S. Truman, 1884.5.8 ～ 1972.12.26）

米国の政治家。第31代大統領。カンザスシティー（ミズーリ州）市立法律専門学校卒業。1934 ～ 45年、上院議員。45年に発足した第四期ルーズベルト政権の副大統領。ルーズベルト大統領が同年4月12日に死亡したため、大統領に就任。48年再選（～ 52)。

【ナーノ】

ニミッツ，チェスター（Chester W. Nimitz, 1885.2.24 ～ 1966.2.20）

米国の海軍軍人。1905年、アナポリス海軍士官学校卒業。42 ～ 45年、太平洋艦隊司令長官。ミッドウェー海戦（1942）で日本の機動部隊を壊滅させ、太平洋の「飛び石作戦」を指揮して米国の制海権、制空権を確立する。45 ～ 47年、海軍作戦部長。

ノックス，フランク（W. Frank Knox, 1874.1.1 ～ 1944.4.28）

米国の実業家、政治家。1898年、アルマ大学卒業。28 ～ 31年、反ルーズベルトの論調で知られるハースト系新聞社の総支配人。36年には共和党副大統領候補。ルーズベルト大統領の挙国一致政権の呼びかけに応じて40年から海軍長官。在任中、ワシントンで死去。

チャーチル，ウィンストン（Winston S. Churchill, 1874.11.30 ～ 1965.1.24）

英国の政治家。1894 年、サンドハーストの陸軍士官学校卒業。1900 年下院議員、11 ～ 15 年海相、17 年軍需相、24 ～ 29 年蔵相を歴任。40 年に首相となり、第二次大戦で指導力を発揮する。戦後の 45 年、選挙で労働党に敗れて下野。46 年、ミズーリ州フルトンで有名な「鉄のカーテン」演説を行い、世界に東西冷戦の始まりを強く印象づけた。53 年、『第二次大戦回顧録』でノーベル文学賞受賞。

デラノ，ローラ（Laura Delano, 1885 ～ 1972）

ルーズベルト大統領の母方、デラノ家の娘でルーズベルトとはいとこ関係。兄はデラノ家当主、ライマン・デラノ。ライマンとルーズベルトがハーバード大学時代、松方乙彦がライマンのルームメートだった。ライマンの部屋をよく訪れたローラと乙彦が恋愛関係になり、結婚寸前となったが、双方の両親が反対した。生涯独身を通し、ルーズベルトの取り巻きの一人になった。大統領夫人エレノア嫌いで知られ、大統領の死に愛人が付き添っていたことをエレノアに告げた。

東郷茂徳（とうごう・しげのり 1882.12.7 ～ 1950.7.23）

外交官。1908 年東京帝国大学卒業。12 年外務省に入る。駐ドイツ、駐ソ連大使を経て、41 年東条内閣の外相になる。日米交渉において太平洋戦争の開戦回避に死力を尽くしたが、結局開戦の責任者となった。45 年再び鈴木内閣の外相となり、終戦工作に挺身。戦後Ａ級戦犯に問われたが、信念を持って戦争前後の行動の正当性を主張した。禁錮 20 年の判決を受け、服役中に死去。開戦時と終戦時外相となった運命の人である。

メモリアル（上奏文)」は、首相時代に開かれた東方会議（1927年6月27日〜7月7日、第一次山東出兵後の中国政策を決定するために開催）で決定されたとされている。

ダルラン，ジャン（Jean Louis Xavier Francois Darlan, 1881.8.7 〜 1942.12.24)

フランスの軍人、政治家。1939 〜 40年海軍司令長官、41年ビシー政権の副首相兼外相。フランス降伏の際にナチス・ドイツに協力し、その見返りとしてビシー政権の指導者、アンリ・ペタン将軍の後継者に指名された。しかし、英米連合軍の北アフリカ上陸に際して、抵抗を中止し停戦に応じ、仏領北アフリカ全域の高等弁務官の地位を保証させた。翌年、過激なフランス人青年に暗殺された。

チェンバーズ，ウィタカー（Whittaker Chambers, 1901.4.1 〜 1961.7.9)

米国のジャーナリスト。コロンビア大学卒業。1925年、米共産党に入党。32 〜 34年、米共産党機関誌「ニュー・マス」編集長。34年に党指導部から地下活動を命じられる。37年に雑誌「タイム」に記者として雇われ、41年までのタイム誌勤務中、外信部長などを歴任する。39年9月2日、国務次官エイドルフ・バーリーにスパイ網の存在を告白する。チェンバーズの離反でソ連スパイ網は一時活動を停止するが、その告発にＦＢＩは動かなかった。44年、米国に亡命したロシア人スパイが変死したことに脅威を抱き、再びＦＢＩにスパイ網を告発する。チェンバーズの告発は具体的で、しかも「パンプキン・ペーパー（カボチャ資料)」と呼ばれる証拠物件を隠し持っていたことから、疑惑を否定していた国務省高官のアルジャー・ヒスは偽証罪で有罪となった。

66年国府考試院院長に就任した。

孫文（Sun Wen, 1866.10.6 ~ 1925.3.12）

中国の革命家。中国国民党の創始者であり指導者。ハワイと香港で教育を受け、医者となったが、自国の弱さ、腐敗に危機感を抱き興中会を結成。さらに1905年、三民主義を綱領とする中国革命同盟会を東京で結成。辛亥革命後の1912年1月1日、中華民国の成立により臨時大総統に就任したが、自ら軍閥の袁世凱と交代。以後軍閥政権に対し革命運動を継続し、19年国民党を結成、24年、第一次国共合作を成立させた。さらに軍閥、帝国主義打倒を目指したが、「革命未だ成らず」の遺言を残して北京で病死。

【タ－ト】

タグウェル，レックスフォード（Rexford G. Tugwell, 1891.7.10 ~ 1979.7）

米国の経済学者。ペンシルベニア大学経済学講師、コロンビア大学講師、同教授。33年、ルーズベルト政権下の農務次官補、34年、同次官としてニューディール政策の立案と実施に貢献した。38年ニューヨーク都市計画委員会議長、41年プエリトリコ大学総長、46年シカゴ大学政治学教授を歴任するかたわら進歩党から大統領選に出馬したヘンリー・ウォレスを助けて政治活動にも従事した。

田中義一（たなか・ぎいち 1864.4.29 ~ 1944.11.7）

陸軍軍人、政治家。陸軍士官学校、陸軍大学校卒業。日清戦争に従軍し、日露戦争当時は満州軍参謀。1906年、山県有朋の命で「帝国国防方針」を作成した。27年、外相兼任で首相に就任。28年、中国軍閥の張作霖爆殺事件の責任を追及され、内閣総辞職に追い込まれた。米国における日本脅威論の有力な根拠となった「田中中国の政治家、財界人。蔣介石夫人・宋美齢の兄。1915年、ハーバード大学卒業。32～33年、中国中央銀行総裁。35～43年、中国銀行理事長。40年6月、蔣介石の特別代表としてワシントンに赴任、中国ロビー活動を開始。モーゲンソー財務長官と特に親しく、中国支援を働きかけた。同年12月に浮上した米航空義勇隊（フライング・タイガース）による日本爆撃計画は、宋子文がモーゲンソーに持ちかけたもの。41～45年、国民政府外交部長（外相）。49年、米国に亡命。

宋美齢（Soong Meiling, 1901.4.1 ～ 2003.10.23）

1917年、米国名門のウェルズリー女子大学卒業。27年、蔣介石が第一夫人と離婚したのを受けて蔣介石夫人となる。宋家三姉妹の末娘。英語が堪能で、交際術に長けていたため、中国国民政府の米国向けスポークスマンのような役割を果たした。カイロ会談でも英語のできない蔣介石の通訳をした。第二次大戦中の42年11月～43年5月米国に滞在して中国支援を訴えるキャンペーンを実施。とりわけ43年2月18日の宋美齢の米議会演説は新聞で絶賛された。しかし、私生活は貴族趣味に彩られ、エレノア大統領夫人らの批判を受けた。米国世論はその後、中国イメージを少しずつ修正することになる。

孫科（Sun Fo, 1891.10.21 ～ 1973.9.13）

中国の政治家。カリフォルニア大学、コロンビア大学卒業。1917年、父孫文とともに広東軍政府を組織、21年広州市長、26年国民党中央委員、32年から立法院院長など要職を歴任、第二次国共合作期には中ソ文化協会会長も務めた。第二次大戦中、日本の天皇制廃止を強く訴え「ミカドよ去れ」を発表する。48年に行政院長（首相）に就任するが、翌年、国共内戦激化にともない中国を脱出し、フランス、次いでアメリカに滞在。64年台湾に戻り、

ステティニアス，エドワード（Edward Stettinius, 1900.10.22 ～ 1949.10.31）
米国の実業家、政治家。バージニア大で学んだ後実業界に入り、ゼネラル・モーターズ社やUSスティール社などの幹部。1939年、ルーズベルト大統領の依頼で連邦政府入りし、戦時物資評議会総裁などを歴任した後、43年に国務次官、45年にはコーデル・ハルを継いで国務長官になった。同年2月の米英ソ首脳によるヤルタ会談に出席し、ルーズベルト大統領を補佐した。

スノー，エドガー（Edgar P. Snow, 1905.7.19 ～ 1972.2.15）
米国のジャーナリスト。1927年、コロンビア大学ジャーナリスト科在学中にカンザスシティー（ミズーリ州）の地方紙に入社。翌28年上海に渡り、地方誌編集補佐。36年に延安の中国共産党の解放区を訪ね、西側記者として初めて毛沢東らにインタビューし、『中国の赤い星（Red Star Over China)』を出版する。この一冊で中国問題を専門とする国際ジャーナリストの地位を確立する。戦後もたびたび訪中。70年8月には毛沢東の招待で中国訪問。

スミス，アル（Alfred E. Smith, 1873.12.30 ～ 1944.10.4）
米国の政治家。1895年、ニューヨーク市民主党指導層の「タマニホール」によって見いだされ、政治家の道に入り、1923年にニューヨーク州知事に当選し、28年まで三期務める。28年には民主党大統領候補となる。この頃まではルーズベルトと政治的盟友関係を結んでいたが、32年にルーズベルトが大統領候補となり、さらに大統領選で共和党のフーバー候補に勝利した後は敵対した。36年と40年の大統領選ではルーズベルトに反対するため共和党を支持した。

宋子文（T. V. Soong, 1894.12.4 ～ 1971.4.25）

鈴木貫太郎（すずき・かんたろう 1867.12.24 ～ 1948.4.17）

海軍軍人、政治家。1887 年海軍兵学校、海軍大学校を卒業。日清戦争には水雷艇艇長として参加。1901 ～ 04 年少佐としてドイツ駐在武官。舞鶴水雷隊司令官、第二艦隊司令官などを経て、14 ～ 17 年海軍次官。18 ～ 20 年海軍兵学校長。23 年大将となり、24 年連合艦隊司令長官。25 ～ 29 年軍令部長を務めて、予備役となった。その後、29 ～ 36 年侍従長兼枢密顧問官であったが、二・二六事件で重傷を負った。36 年男爵。40 年枢密院副議長、44 年議長。45 年 4 月 7 日に首相となり、8 月 9 日に開かれた最高戦争指導会議でポツダム宣言受諾を主張する東郷茂徳外相と、徹底抗戦を主張する陸軍が対立すると、和平派に立って、御前会議を開き天皇の裁断を求めた。8 月 15 日に総辞職。同年 12 月から 7 カ月間枢密院議長。

スターリン , ヨシフ（Josef Stalin, 1879.12.21 ～ 1953.3.5）

ソ連共産党の最高指導者。 本姓ジュガシュビリ（Dzhugashvili）。1903 年、ボリシェビキ運動に参加。12 年、ボリシェビキ機関誌「プラウダ」編集長。13 年初めから「鋼鉄の人」の意味からスターリンを名乗り始める。22 年、ソ連共産党書記長就任。41 年、首相も兼任。43 年、ソ連赤軍元帥。45 年には大元帥の称号を得る。

スティムソン , ヘンリー（Henry L. Stimson, 1867.9.21 ～ 1950.10.20）

米国の政治家、弁護士。1888 年エール大学卒業、90 年ハーバード大学法学院卒業。1911 ～ 13 年、共和党政権の陸軍長官。27 ～ 29 年、フィリピン総督。29 ～ 33 年、フーバー政権の国務長官。32 年に日本の満州侵略を非難する「スティムソン・ドクトリン」を発表する。40 ～ 45 年、ルーズベルト政権の陸軍長官。

ホプキンズのメモをもとに執筆した『ルーズベルトとホプキンズ』(1938) は一級の同時代史となった。

蔣介石 (Chiang Kaishek, 1887.10.31 ~ 1975.4.5)

中国、台湾の軍人、政治家。1903 ~ 07 年、日本の陸軍士官学校。17 年、孫文の軍事顧問。23 ~ 24 年、モスクワで軍事訓練。24 年、黄埔軍官学校の初代校長に就任。26 年に中国統一を目指して北伐。28 年、南京の中国国民政府主席。48 年、初代中華民国総統(72 年まで五選)。49 年、国共内戦に敗れ、中華人民共和国成立後、台湾に逃亡した。71 年、国連で議席を失って以来、さらに孤立を深めた。

ジラード, レオ (Leo Szilard, 1898,2,11 ~ 1964.5.30)

米国の物理学者。ハンガリー生まれ。ベルリン大学で学位を取得後、同大学理論物理学研究所に勤務。33 年、ロンドン大学で生物学に転向、38 年、アメリカに亡命、48 年帰化、46 年よりシカゴ大学生物物理学教授を務める。核分裂の連鎖反応が起こることを実験で確認、ルーズベルト大統領に原爆の開発を勧告するアインシュタイン書簡を起草したが、その使用には反対して奔走、戦後は核戦争の危険性をいろいろな場で強調した。

ジロー, アンリ (Henri Giraud, 1879.1.18 ~ 1949.3.11)

フランスの軍人。1940 年 5 月にドイツ軍の捕虜となる。42 年 4 月に捕虜収容所を脱出し、米軍の後ろ盾を受けて北アフリカのフランス植民地軍の指揮権を得るとともに、ドイツに抵抗する全フランス軍総司令官となる。43 年 6 月から 10 月にかけてシャルルドゴール将軍とともに自由フランス委員会の共同議長。しかし、ドゴールとの権力闘争に負け、44 年には引退を余儀なくされた。

大臣を歴任。33年（昭和8年）国際連盟脱退に際し、松岡洋右主席全権とともに退場。37年、林内閣の外相。「危機を招くも招かざるもみな日本の意図による」と議会で演説し、軟弱外交と軍部から非難された。42年、ソ連大使。ソ連を通して連合国との和平交渉に当たったが、無条件降伏のほか道なしとした。ドイツ敗戦後、ソ連の対日参戦の可能性が大きくなる一方なのに、そのソ連を通じて停戦を模索するという滑稽なほど現実離れした日本の外交感覚を批判している。47年参議院議員、49年11月～53年5月、参議院議長。

幣原喜重郎（しではら・きじゅうろう 1872.8.11 ～ 1951.3.31）

外交官、政治家。1895年、帝国大学法律学科を卒業後、農商務省に入ったが、翌年外交官試験に合格し外務省に移る。イギリス大使館参事官、オランダ公使などをを経て1915年外務次官。19年、駐米大使。21 ～ 22年ワシントン会議に全権委員として参加。24 ～ 27年、外相としていわゆる幣原外交を展開。25年貴族院議員。29 ～ 31年、再び外相として欧米との協調を図ったため、軍部から軟弱外交として非難された。45年10月～ 46年4月、首相。その間、天皇の「人間宣言」を起草、またマッカーサー元帥の指示の下に憲法改訂に当たった。46年4月～ 47年3月進歩党総裁を務め、46年5月第一次吉田茂内閣が成立すると国務相、復員庁総裁。49年2月衆議院議員となり、在職中に没した。

シャーウッド, ロバート（Robert E. Sherwood, 1896.4.4 ～ 1955.11.14）

米国の劇作家。1918年、ハーバード大学卒業。3作品でそれぞれピュリツァー賞を受賞し、ルーズベルトの注目を受ける。40年、ルーズベルトのスピーチライターとしてホワイトハウス入り。42年、戦時情報局（ＯＷＩ）海外部門局長。45年4月にルーズベルトが亡くなった後、ホワイトハウスを去る。友人だったハリー・

日米交渉の開始後、松岡外相が対ソ宣戦、対米譲歩反対を唱えたため総辞職。同年7月第三次内閣を組閣。南部仏印進駐で交渉が行き詰まり，中国からの撤兵問題で東条英機陸相と対立して、10月に総辞職。45年東条内閣の打倒と戦争の早期終結を図るため上奏文を提出、敗戦直後の東久邇内閣に国務相として入閣、次いで内大臣府御用掛となり、憲法改正案の起草に当たった。しかし戦犯容疑者として連合国総司令部（ＧＨＱ）から出頭命令を受け、服毒自殺。

【サーソ】

サッカレー，マーガレット（Margaret Suckley, 1891.12.20 ～ 1991.1.29）
通称「ディジー」と呼ばれ、ルーズベルト大統領の親しい取り巻きの一人。サッカレー家はルーズベルト家とは遠い縁戚関係にあたり、ルーズベルト家の邸宅があるハイドパークから数キロのラインベックに自宅がある。ルーズベルトが小児麻痺で下半身不随になってからはディジーが身の回りの世話をすることが多く、大西洋会談に同伴したのは妻のエレノアではなく彼女だった。ルーズベルトが脳出血で倒れた場にも居合わせた。ディジーは大統領時代のルーズベルトとの会話を中心に克明な日記を残しており、伝記作家のジェフリー・ウォードはその日記を下敷きに『最も親密な間柄』を書いた。同書はルーズベルトの私生活を知る最良の資料。ウォードはディジーとルーズベルトが男女の関係にあったと断じている。

佐藤尚武（さとう・なおたけ 1882.10.30 ～ 1971.12.18）
外交官、政治家。東京高商（現一橋大学）卒業後、1905年（明治38年）外務省に入省。1906年ロシア駐在を皮切りに、ハルビン総領事、ポーランド公使、ベルギー大使、フランス大使、外務ソ連の外交官、政治家。ミンスク農業経済大学卒業。1931 年、共産党入党。外務省アメリカ局長を経て、39 年駐米大使館参事官、43 年から 46 年まで駐米大使。ヤルタ、ポツダムなど第二次大戦の戦後処理をめぐる会談に出席した。46 年国連安全保障理事会ソ連代表、47 年外務次官に就任。51 年の対日講和サンフランシスコ会議にはソ連首席代表として出席、西側の単独講和に反対した。57 年に外相に就任し、ソ連外交の第一人者として活躍。85 年には最高会議幹部会議長（元首）となったが、88 年の第 19 回共産党大会後、公職から引退した。

コー，フランク（Frank Coe, 1907.1.5 ～ 1980.6.2）

米国の官僚。シカゴ大学卒業。1934 年、財務省入省。46 年、国際通貨基金（ＩＭＦ）事務局長。上司で財務次官だったハリー・デクスター・ホワイトとともにスパイ疑惑で追及され、52 年に財務省を辞職。スパイ容疑を否定した後、58 年に中国に移住し、社会科学院の客員研究員となる。ソ連ＫＧＢ電文を解読した「ＶＥＮＯＮＡ」資料が 95 年に公開され、第二次大戦中にソ連側に情報を流していたことが確認された。

近衛文麿（このえ・ふみまろ 1891.6.12 ～ 1945.12.16）

政治家。京都帝国大学卒業。1919 年（大正 8 年）、パリ講和会議に西園寺公望の随員として出席。31 年（昭和 6 年）貴族院副議長、33 年同議長。37 年第一次内閣を組織したが、1 カ月後に盧溝橋事件が勃発。当初不拡大方針を取ったが、軍部に押し切られ日中全面戦争に突入。38 年、「国民政府を相手にせず」の近衛声明を発表し和平の道を自ら閉ざした。38 年 11 月東亜新秩序声明、12 月日華国交調整大綱を発表。汪兆銘が重慶を脱出したのを機に総辞職。枢密院議長。40 年第二次内閣を組閣、武力南進方針の採用、日独伊三国同盟の締結、大政翼賛会の創立に踏み切った。41 年

国共産党寄りの政策を遂行したと追及された。49年、米議会下院非米活動委員会の公聴会証人席に立ち、疑惑を強く否定したが、疑惑が深まるなか経済顧問の肩書きで南米コロンビアに向かう。54年、米国市民権を失った。コロンビア国民として自宅のあるボゴダで死去。

ガルブレイス , ジョン・K.（John K. Galbraith, 1908.10.15 ～ 2006.4.29）
米国の経済学者。トロント大学卒業後カリフォルニア大学で学位を取得。ハーバード大学、プリンストン大学で教え、国防諮問委員会、物価行政局、戦略爆撃調査団など政府機関に勤務ののち、経済安全保障政策局局長。日本の工業の大半を取り除くとした戦後処理案「ポーリー報告書」に対して「私は、唯一の人間的な政策があるとすれば、日本とドイツの経済をできるだけ早く回復させることだという結論を出していた」としている。43 ～ 48年、「フォーチュン」誌編集委員。49 ～ 61年、ハーバード大学教授。61 ～ 63年、ケネディ大統領の任命によりインド大使。63年、ハーバード大学に復帰。元米国経済学会会長。

グルー , ジョセフ（Joseph C. Grew, 1880.5.27 ～ 1965.5.25）
米国の外交官。当時多くの外交官を輩出したグロートン校、ハーバード大学出身（ルーズベルトもそうであった)。1904年、カイロ領事館勤務で外交官生活をスタートさせ、24年に国務次官。27年に駐トルコ大使。32年から駐日大使を務め、42年日米開戦に伴う外交官交換で帰国。44年までコーデル・ハル国務長官の特別補佐官。国務次官、国務長官代行などの要職にも就き、戦後日本の天皇制擁護などで尽力。戦後すぐに退職。著書『滞日十年』(1944)。

グロムイコ , アンドレイ（Andrej A. Gromyko, 1909.7.18 ～ 1989.7.2）

牛場友彦（うしば・ともひこ 1901.12.16 ～ 1993.1.12）

政治家。東京帝国大学、オックスフォード大学卒業後、太平洋問題調査会（ＩＰＲ）、三菱石油勤務。1936 年（昭和 11 年）には米国ヨセミテで開かれた第六回太平洋問題調査会大会に西園寺公一、尾崎秀実とともに出席した。37 年、第一次近衛文麿内閣の内閣秘書官に就任。近衛側近の一人。戦後、日本輸出入銀行監事、日本不動産銀行顧問などを務める。外交官、牛場信彦（1909 ～ 1984）の兄。

【カーコ】

加藤友三郎（かとう・ともさぶろう 1861.2.22 ～ 1923.8.24）

海軍軍人、政治家。1880 年（明治 13 年）、海軍兵学校卒業。日露戦争時（1904 ～ 05）には第二艦隊参謀長、連合艦隊参謀長。13 年（大正 2 年）、大将。15 ～ 22 年、大隈（第二次）、寺内、原、高橋各内閣の海相。21 年、ワシントン軍縮会議全権委員。22 年 6 月 12 日、首相として貴族院中心の超然内閣を組織したが、翌年首相在任中に死去。元帥。

カリー, ロークリン（Lauchlin B. Currie, 1902.10.8 ～ 1993.12.23）

米国の経済学者、官僚。1925 年、経済学研究を通じてハリー・デクスター・ホワイトと知り合い、生涯親しい友人関係を保った。ロンドン大学留学後、ハーバード大学で経済学博士号を取得。34 年、米国市民権取得。同年、モーゲンソー財務長官に招かれ、財務省上級分析官となる。41 年、ルーズベルト大統領の経済問題補佐官になるとともに中国支援の責任者となった。41 ～ 43 年大統領特使として中国を 2 度訪問し、中国国民政府の蔣介石主席らと懇談した。親国民政府とみられていたが、戦後、ＫＧＢ電文解読資料「ＶＥＮＯＮＡ」でソ連スパイの一人として確認され、中

86年にジョンズ・ホプキンズ大学で博士号取得。1902～10年、プリンストン大学長。11～13年、ニュージャージー州知事。13～21年、大統領。17年4月、第一次大戦に参戦する際に指導力を発揮した。翌年、民族自決権など平和のための「ウィルソンの十四カ条」を提案。国際連盟の創設に力を注ぐが、米国は参加しなかった。ルーズベルトはウィルソン大統領の強い支持者で、同政権の海軍次官補。ルーズベルトが第二次大戦に参戦する過程は、第一次大戦におけるウィルソン政権時代の経験が強く影響した。

ウェデマイヤー，アルバート（Albert C. Wedemeyer, 1897.7.9～1989.12.17）
米国の軍人。ウェストポイント陸軍士官学校卒業。1936～38年、ドイツの陸軍学校留学。41年、陸軍参謀本部戦争計画部隊に配属。第二次大戦参戦前の米国の本格的な戦争計画となる「勝利の計画」の作成に加わったが、日本の真珠湾攻撃直前にこの計画書が新聞に漏れたため、親ドイツ派のウェデマイヤーが疑われ、参謀本部勤務を解任される。しかし、戦争が始まるとジョージ・マーシャル参謀総長に見込まれ、再び参謀本部に配属。44～46年、中国方面軍司令官。戦後の中国国共内戦では共産軍の勝利を予測し、国民党軍への本格的な軍事援助の必要性を説いた。

ウォレス，ヘンリー（Henry A. Wallace, 1888.10.7～1965.11.18）
米国の政治家。1910年、アイオワ州立大学卒業。農本主義者として知られ、33年にルーズベルトに請われて農務長官となる。41～45年、ルーズベルト政権の副大統領。トルーマンが副大統領になったため、45～46年、商務長官を務める。48年に米共産党の支援を受けて進歩党から大統領選に出馬するが、民主党候補のトルーマンに敗れる。50年、政界引退。

米国勤務中、「ビル・グレ インキ」「マイケル・グリーン」などの偽名で通した。ソ連スパイのウィタカー・チェンバーズが裏切って国務省やＦＢＩに駆け込んだ38年頃、一時モスクワに待避。その後、スパイ網の建て直しに成功する。ビターリ・パブロフが明らかにした対日謀略「スノー（雪）作戦」はアフメーロフのアイデアだった。多くのソ連勲章を受章。

イッキーズ，ハロルド（Harold L. Ickes, 1874.3.15 ～ 1952.2.3）

米国の政治家。1897年、シカゴ大学卒業。33 ～ 46年、内務長官。ルーズベルト大統領の側近の一人として、ニューディール政策を支えた。

イーデン，ロバート（Robert Anthony Eden, 1897.6.12 ～ 1977.1.14）

英国の政治家。オックスフォード大学卒業後、1923年、下院議員。35 ～ 38年、40 ～ 45年、さらに51 ～ 55年、外相。55 ～ 57年、首相。保守党の重鎮で、第二次大戦中はチャーチル首相に次ぐナンバー2として戦争遂行に力を発揮した。56年のスエズ危機で失脚。

犬養毅（いぬかい・つよし 1855.4.20 ～ 1932.5.15）

政治家。慶應義塾中退。1890年（明治23年）の第1回衆議院議員選挙以来、連続当選18回。藩閥政府に反対し、大正デモクラシー運動では護憲、普選を推進、その先頭に立った。1929年（昭和4年）立憲政友会総裁。31年には内閣を組織して満州事変収拾にあたったが、五・一五事件で射殺された。日本で1905年に結成された中国革命同志会の創立に関与し、亡命中の孫文らを援助した。

ウィルソン，ウッドロー（Woodrow Wilson, 1856.12.28 ～ 1924.2.3）

米国の政治家。第28代大統領。1879年プリンストン大学卒業。

■人名録

【アーオ】

アイゼンハワー，ドワイト（Dwight D. Eisenhower, 1890.10.14 ～ 1969.3.28）
米国の軍人、政治家。第34代大統領。1915年、ウェストポイント陸軍士官学校卒業。42年、欧州戦線司令官。43年には連合軍最高司令官としてフランス上陸作戦（ノルマンディー上陸作戦）を指揮。50～52年、北大西洋条約機構（ＮＡＴＯ）最高司令官。53年1月、大統領に就任。56年再選。

アチソン，ディーン（Dean G. Acheson, 1893.4.11 ～ 1971.10.12）
米国の外交官、政治家。ハーバード大学卒業。ルーズベルト政権の財務次官、国務次官補を経て、1945～47年国務次官、49～53年国務長官。51年の対日講和サンフランシスコ会議の米国全権団首席を務めた。アチソンは、国務省の元高官ヒスが48年にソ連スパイとして告発された時に擁護し、国務省への共産主義浸透を許したとして強く非難された。その後、「ソ連封じ込め政策」を推進し、51年の日米安全保障条約締結にも尽力した。56年引退後、ケネディ、ジョンソン両政権の顧問。70年、回顧録Present at the Creationでピュリツァー賞受賞。

アフメーロフ，イサク（Itzhak Akhmerov, 1901 ～ 1975）
ソ連の諜報員。タタール系ロシア人として生まれる。1919年、ボリシェビキに参加。30年、モスクワ大学国際関係学院卒業と同時にＮＫＶＤ（人民委員部＝ＫＧＢ前身）に入り、32年から対外情報部員。トルコ大使館で情報官をしたあと、34年中国駐在の非公然工作員。35年、偽パスポートで米国に潜入。42～45年、米国内非公然組織のトップ。英語力がほぼ完璧で、35～45年の

文庫本　平成十三年十一月　扶桑社刊
装　幀　伏見さつき
DTP　佐藤敦子

写真／ジョージア州立歴史記念館・ルーズベルト記念図書館・米国立公文書館・国際通貨基金（IMF）・ワシントン・ポスト紙のヒュー・ミラー・エール大学リンドバーグ文庫・ピープルズ・ウイークリー・ワールド・セーラ・デラノ・レドモンド家・アリゾナ州立大学・カリフォルニア大学理事会出版提供、トーマス・A・ビッソン著『延安　一九三七年六月』（一九三七年出版）・陳翰笙氏・カリフォルニア大学理事会出版提供、トーマス・A・ビッソン著『延安　一九三七年六月』（一九七三年出版）

産経NF文庫

ルーズベルト秘録　上

二〇二三年十一月二十日　第一刷発行

著　者　産経新聞「ルーズベルト秘録」取材班
キャップ　前田　徹

発行者　赤堀正卓

発行・発売　株式会社　潮書房光人新社
〒100-8077　東京都千代田区大手町一-七-二
電話／〇三-六二八一-九八九一代

印刷・製本　中央精版印刷株式会社

ISBN978-4-7698-7065-4　C0195
http://www.kojinsha.co.jp

産経NF文庫の既刊本

李登輝秘録　河崎眞澄

正々堂々、中国共産党と渡り合った男——本人や関係者の証言、新たに発掘した資料などから知られざる「史実」を掘り起こす。大正から令和へと生き抜いた軌跡をたどり、その生涯を通じて台湾と日本を考えることで、中国や米国などを含む地域の近現代史を浮き彫りにする。

定価1150円(税込)　ISBN 978-4-7698-7064-7

毛沢東秘録　上・下　産経新聞「毛沢東秘録」取材班

覇権を追い求め毛沢東時代に回帰する現代中国。なぜ鄧小平が定めた集団指導体制を捨て、独裁と覇権という中世に歴史の歯車を戻そうとするのか。中国共産党が毛沢東とともに歩んだ血みどろの現代史を綴る。解説／河崎眞澄。

上・定価968円(税込)　ISBN 978-4-7698-7031-9
下・定価990円(税込)　ISBN 978-4-7698-7032-6

産経NF文庫の既刊本

プーチンとロシア人
木村　汎

最悪のウクライナ侵攻――ロシア研究の第一人者が遺したプーチン論の決定版！　ロシア人の国境観、領土観、戦争観は日本人と全く異なる。彼らには「固有の領土」という概念はない。二四年間ロシアのトップに君臨する男は、どんなトリックで自国を実力以上に見せているか！

定価990円（税込）　ISBN 978-4-7698-7028-9

革命家チャンドラ・ボース
日本人とともにインドを独立させた男
稲垣　武

その熱意は東条首相以下、日本政府・軍首脳を動かした！　ベンガルの名家に生まれ、ケンブリッジ大学で学ぶも、栄達の道をなげうって独立運動に身を投じた英雄――死後も英国を翻弄させ、植民地支配を終わらせる要因ともなった、その不屈の闘志を描く。

定価1080円（税込）　ISBN 978-4-7698-7061-6

産経NF文庫の既刊本

台湾を築いた明治の日本人　渡辺利夫

なぜ日本人は台湾に心惹かれるのか。「蓬莱米」を開発した磯永吉、東洋一のダムを築いた八田與一、統治を進めた児玉源太郎、後藤新平……。国家のため、台湾住民のため、己の仕事を貫いたサムライたち。アジアに造詣の深い開発経済学者が放つ明治のリーダーたちの群像劇！

定価902円（税込）　ISBN 978-4-7698-7041-8

「賊軍」列伝　明治を支えた男たち　星　亮一

一夜にして「逆賊」となった幕府方の人々。戊辰戦争と薩長政府の理不尽な仕打ちに辛酸をなめながら、なお志を失わず新国家建設に身命を賭した男たち。盛岡の原敬、水沢の後藤新平、幕臣の渋沢栄一、会津の山川健次郎……。各界で足跡を残した誇り高き敗者たちの生涯。

定価869円（税込）　ISBN 978-4-7698-7043-2

産経NF文庫の既刊本

「令和」を生きる人に知ってほしい 日本の「戦後」 皿木喜久

なぜ平成の子供たちに知らせなかったのか……GHQの占領政策、東京裁判、「米国製」憲法、日米安保——これまで戦勝国による歴史観の押しつけから目をそむけてこなかったか。「敗戦国」のくびきから真に解き放たれるために「戦後」を清算、歴史的事実に真正面から向き合う。

定価869円(税込) ISBN978-4-7698-7012-8

子供たちに伝えたい 日本の戦争 1894〜1945年 皿木喜久

あのとき なぜ戦ったのか

あなたは知っていますか?子や孫に教えられますか?日本が戦った本当の理由を。日清、日露、米英との戦い…日本は自国を守るために必死に戦った。自国を貶める史観を離れ、「日本の戦争」を真摯に、公平に見ることが大切です。本書はその一助になる〝教科書〟です。

定価891円(税込) ISBN978-4-7698-7011-1

産経NF文庫の既刊本

封印された「日本軍戦勝史」①②　井上和彦

日本軍はこんなに強かった！快進撃を続けた緒戦や守勢に回った南方での攻防戦など、第二次大戦で敢闘した日本軍将兵の姿を描く。彼らの肉声と当時の心境、敵が見た日本軍の戦いぶり、感動秘話などを交え、戦場の実態を伝える。

①定価902円（税込）　ISBN 978-4-7698-7037-1
②定価902円（税込）　ISBN 978-4-7698-7038-8

「美しい日本」パラオ　井上和彦

なぜパラオは世界一の親日国なのか——日本人が忘れたものを取り戻せ！　太平洋戦争でペリリュー島、アンガウル島を中心に日米両軍の攻防戦の舞台となったパラオ。圧倒的劣勢にもかかわらず、勇猛果敢に戦い、パラオ人の心を動かした日本軍の真実の姿を明かす。

定価891円（税込）　ISBN 978-4-7698-7036-4

産経NF文庫の既刊本

日本が戦ってくれて感謝しています2
あの戦争で日本人が尊敬された理由
井上和彦

第1次大戦、戦勝100年「マルタ」における日英同盟を序章に、読者から要望が押し寄せたインドネシア——あの戦争の大義そのものを3章にわたって収録。日本人は、なぜ熱狂的に迎えられたか。歴史認識を辿る旅の完結編。15万部突破ベストセラー文庫化第2弾。

定価902円(税込)
ISBN978-4-7698-7002-9

日本が戦ってくれて感謝しています
アジアが賞賛する日本とあの戦争
井上和彦

インド、マレーシア、フィリピン、パラオ、台湾……日本軍は、私たちの祖先は激戦の中で何を残したか。金田一春彦氏が生前に感激して絶賛した「歴史認識」を辿る旅——涙が止まらない! 感涙の声が続々と寄せられた15万部突破のベストセラーがついに文庫化。

定価946円(税込)
ISBN978-4-7698-7001-2